백두대간, 눈으로 그리다 1

백두대간, 눈으로 그리다 1

지리산에서 진부령까지 백두대간을 걷다!

백두대간!

종주를 완주한 것만으로도 영광인데, 출간까지 하게 되어 마음이 설레고 가슴이 뛴다. 이 책은 지리산 천왕봉에서 진부령까지 720.5km를 34구간으로 나누어 2012년 6월 9일부터 2014년 5월 25일까지 2년 동안의 멀고도 험난한 여정을 담고 있지만 아직도 다 끝난 것이 아니다.

白頭大幹은 백두산에서 지리산까지 국토를 남북으로 내 닫는 대동맥이며, 정간과 13개 정맥의 모태가 되는 하늘길이자 한반도 자연환경과 생태계의 중심축을 이루며, 한민족의 인문·사회·역사의 기반을 이루는 산줄기이다.

그동안 백두대간 종주는 전문 산악인들의 영역에서 점차 일반인까지 확대되었고 최근에는 부모님과 함께하는 중·고등학생까지 있을 정도로 범국민적 트레킹 코스가 되어가고 있다. 일상생활에 지친 이들에게는 휴식을, 병든 사람에게는 치유를, 학생들에게는 나라사랑 국토사랑과 더불어 생태계도 공부할 수 있는 교육현장이 되었다.

이렇듯 국민적 관심도가 높아진 만큼 산맥도의 문제점을 나열하며 비판하는 사람들도 점차 늘어가고 있는데 정작 학계는 아직까지도 이렇다 할 움직임조차 없다. 산맥도를 모두 부정하는 것은 아니지만 독립한 지 70여 년이 흐른 지금, 우리 손에 의한 체계적인 조사가 이루어지지 못하고 100여 년 전에 만들어진 이론을 제대로 된 검증도 없이 지금까지 수용하고 있다는 점이다.

때문에 직접 걸어보리라 다짐했건만 매번 공허한 메아리가 되어 머릿속에 머물 뿐 실행에 옮길 엄두가 나지 않아 그렇게 몇 년이 흘러버렸다. 누구나 한번쯤은 일상생활에서 벗어나고 싶고 산을 좋아하는 사람이라면 백두대간을 걸어보고 싶어 한다. 또한 인생의 목표는 아니지만 자신을 뒤돌아보고 자신의 위치를 찾으려고도 한다.

내 나이 벌써 불혹(不惑)을 지나 하늘의 이치를 깨닫는 지천명(知天命)에 접어들었는데, 천(天)의 뜻은 물론 지(地)의 이치(理致)도 다 모르면서 이순(耳順)으로 향하는 평범한 삶에 무료함을 느끼기 시작할 무렵, 그동안 소리 소문 없이 지리산부터 대간종주를 해온 이동희 형님 부부(송미숙)의 소식을 접하고 함께 하기로 하면서 오랫동안 꿈꿔왔던 백두대간 종주의 길이 열리게 되었다. 나와 아내 그리고 친구 고한규가 합류해 5명의 원정대가 꾸려졌고 마침내 2012년 6월 9일, 백두대간 첫 종주가 시작되었다.

이후 몇 년이 흘렀지만 지금도 대간 종주의 첫발을 내디딘 육십령의 잔잔한 감동은 잊혀지지 않는다. 얼마나 기다렸던 순간이었던가. 떨리는 발걸음으로 들머리에 올라섰다. 그러나 무더운 날씨와 무거운 배낭이 큰 짐이 되어 할미봉에 오르다 지쳐버려 백두대간은커녕 덕유산 종주도 어려울 것 같은 생각이 밀려오기도 했다.

무거운 발걸음으로 서봉과 남덕유산을 넘고 겨우 삿갓재 대피소에 닿았고 이튿날 무룡산, 백암봉을 돌아 우여곡절 끝에 빼재에 도착하니 대간 절반은 마친 것 같았다. 너무 힘들어 빼재~부항령 구간은 건너뛰고 부항령부터 시간 날 때마다 조금씩 진행하다가 신의터재 이후 군산 대간산악회와 함께 하면서 한 달에 두 번씩 정기적으로 종주에 나섰다.

나름대로 지리(地理)에 해박한 지식을 갖고 있다고 자부했는데 횟수가 거듭될수록 바람재, 회룡재, 개터재 같은 산중 고개는 그렇다 치더라도 빼재, 소사고개, 괘방령, 작점고개, 큰재, 신의터재 등 동서를 잇는 비교적 큰 고개임에도 처음 들어 보았고 황악산, 국수봉,

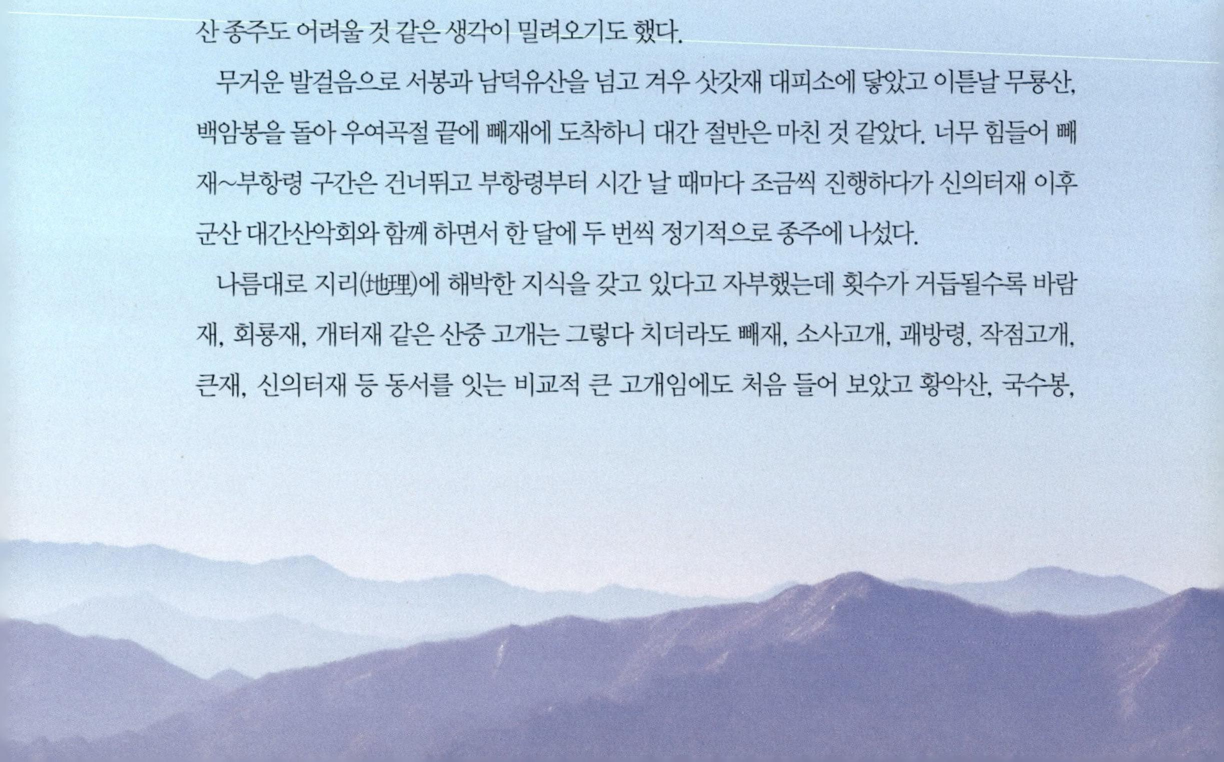

백학산, 대야산, 희양산 등은 지역의 이름난 산임에도 불구하고 매우 생소하게 다가왔다.

이처럼 처음 접하는 고개와 봉우리가 하나둘씩 늘어갈수록 적지 않은 충격으로 다가왔고 미지에 대한 동경은 열정으로 바뀌어 대간을 완주할 수 있는 밑거름이 되었다. 소백, 태백, 함백, 두타, 소황병, 두로봉, 갈전곡봉, 대청봉을 타고 허벅지까지 빠지는 눈을 헤치며 마산봉을 넘어 마침내 진부령에 닿았다.

다시 남쪽으로 내려와 남겨두었던 백운산, 지리산 구간을 끝으로 대간을 종료하였으나 미세먼지와 우천으로 시야확보가 어려운 구간, 무박 산행에서 야간에 실시한 구간을 개인적으로 시간 날 때마다 지금도 보충하며 아직도 진행 중에 있다.

한 구간 평균 거리는 21km(4만2천 걸음), 하루에 9~10시간 동안 오르는 봉우리만도 20여개나 된다. 때론 땡볕에 열다섯 시간 이상 걸어야 했던 고통스런 순간도 있었고 한치 앞도 분간할 수 없는 폭우와 허벅지까지 빠지는 눈길에 살을 애는 듯한 추위와 씨름하기도 하였다.

이 땅에 터를 이루고 살아온 사람들에게 조금씩 그 품을 내주며 반만년을 지켜왔던 백두대간은 일제에 이르러 쇠말뚝과 멍에 돌로 혈맥(穴脈)이 차단되었고, 광산 개발로 산은 파헤쳐졌으며 고개는 잘려 나갔다. 1960~1970년대에 이르러 대규모 개발이 이루어지면서 고개는 더욱 넓어지고 낮아졌다.

현재 백두대간은 개발과 보호라는 두 가지 큰 과제를 안고 있다. 이미 주민들의 생활터전이 되어버린 운봉과 소사고개, 큰재~화령재, 매봉산, 귀네미, 흘리 주변은 개간이 더욱 더 확대되고 있고 금산은 석산 개발로 절반이 날아갔으며 자병산은 지금도 석회암 채굴이 한창 진행 중이다. 곳곳에 송전탑이 줄지어 늘어서 있고 이 와중에도 설악산 케이블카 설치를

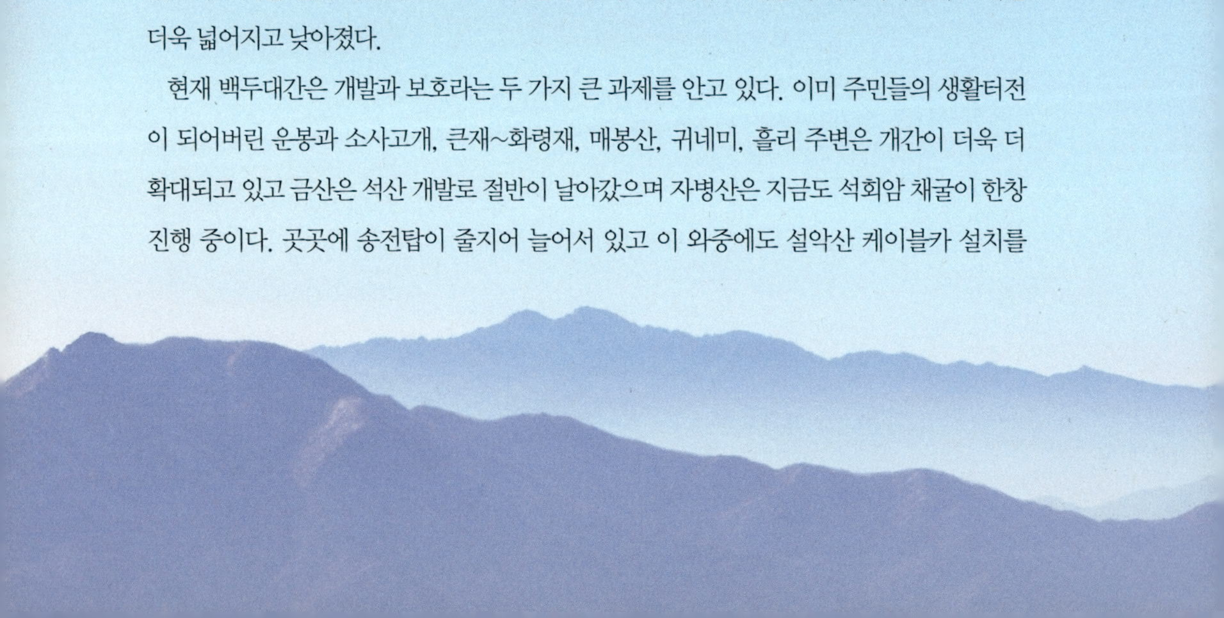

놓고 찬반이 분분하다.

이에 반해 지리산의 노고단과 종석대는 우회로가 있어 다행이지만 문장대~늘재, 대야산~악휘봉, 마골치~벌재, 매봉~노인봉, 두로봉~신배령, 단목령~한계령, 마등령~대간령은 우회로 없이 출입 통제만 하고 있는 현실이 안타깝다. 자연보호와 체험을 병행할 수 있는 방안이 마련되어 마음 놓고 지리산에서 진부령을 지나 분단된 철조망 넘어 두류산·낭림산·원산을 거쳐 백두산에 이르는 날이 하루 빨리 오길 바랄 뿐이다.

그동안 백두대간은 5천년 유구한 역사만큼이나 오래전부터 자연스럽게 열린 것으로 생각했는데 그렇지 않음을 최근에 알게 되었다. 「산경표」를 접하고 각고의 노력 끝에 「산경도」를 작도한 이우형 씨와 이를 알리는 데 앞장선 조석필 씨 그리고 한치 앞도 보이지 않는 가시덤불을 헤치며 대간길을 개척하겠다고 나선 한국대학산악연맹의 대학생들과 산악잡지 「사람과산」의 종주팀을 이끈 남난희·권경업 씨를 비롯한 많은 산악인들의 노력이 있었기 때문에 가능한 일이었다. 이러한 분들의 헌신적인 노고에 다시 한 번 감사드리고 싶다.

또한 백두대간 종주에 잠시라도 몸을 실었던 군산 대간산악회, 군산종주팀, 전주 제일산악회, 익산 백두산악회, 부안 마실산악회, 녹원산악회 뿐만 아니라 물심양면으로 협조를 해 준 부안고등학교, 김제여자고등학교와 사진현상에 도움을 준 김제 명광사진관 그리고 책을 펴낼 수 있도록 도움을 준 「사람과산」 출판사에 대해서도 감사의 말씀을 드리고 싶다.

2018년 4월
김태연

1990년 첫 대간 종주를 시작으로 여섯 번째 백두대간 종주 중이었을 것이다. 나는 지리산에 터를 잡고 산으로 들어오고 난 이후에도 백두대간 종주를 꾸준히 해왔고 앞으로도 체력이 될 때까지 그러할 것이다. 나는 자칭 타칭 백두대간 일 세대로서 백두대간을 하는 혹은 한다는 사람을 만나면 무조건 반갑다 못해 동지애를 느끼는 습관이 있다. 꼭 무언가를 해줘야 할 것 같고 실제로 뭔가 도움이 되는 일을 하고 싶다.

4월 어느 날, 백두대간을 종주하며 사진을 찍는다는 김태연 선생의 연락을 받았고 마침 우두령 구간 산행이 잡혀 있어 함께 하기로 했다. 그날 하루 함께 산행을 하며 우리의 공동 관심사인 백두대간 이야기는 끝없이 이어졌다. 그는 고등학교에서 지리를 가르치는 교사로서 본인은 물론 학생들에게 우리의 지리 인식을 제대로 알고 알리고 싶은 열망이 넘쳤고 또한 직접 발로 밟아보고 직접 눈으로 확인하고 직접 사진으로 남기는 일에 사명감을 가지고 있는 듯했다.

백두대간을 하는 사람은 누구나 직접 밟고 보고 사진도 찍겠으나 아이들에게 제대로 된 지리 교육을 시켜 보겠다고 길을 나서기는 쉽지 않을 것이다. 나는 부러웠다. '저런 선생님께 교육을 받는 아이들은 얼마나 좋을까. 많은 선생님들께서 저런 마음으로 아이들을 대한다면 미래는 참 괜찮은 세상이 될 텐데…'라는 생각을 했었다.

그는 백두대간의 모든 것에 완전히 빠져 있었고 그런 자신에 만족해 보였다. 인생을 살면서 온전히 한 대상에 빠질 수 있다면 아마 행복한 사람일 것이다. 그와 나를 비롯해서 많은 백두대간에 빠진 사람들은 그럼으로 행복해야 마땅하다고 본다.

책을 쓴다는 것은

등반기를 쓴다는 것은

그곳을 다시 한 번 가는 것과 같다.

가령 백두대간 종주기를 쓴다는 것은 백두대간을 다시 한 번 종주하는 것만큼 설레고 힘겹고 벅차고 숨 가쁘고 감동하고 절망하고 포기하고 싶고 다시 가고 싶고 그립고 지겨운 그 길을 다시 되짚어가는 것이다. 그 길은 자신의 발로 가지 않으면 절대 만날 수 없는 길이며 깨어나는 산과 저무는 산을 만나는 길이다. 감사함과 겸손의 마음이 생기는 길이다.

그 길의 소중한 한 컷 한 컷 사진을 담기 위해 그는 날씨가 안 좋거나 풍광이 마음에 들지 않으면 몇 번이고 다시 올라 기어이 마음에 드는 사진을 찍고야 마는 집념이 있다 보니 한 구간을 여러 번 올라가기도 한다. 이렇듯 올바른 우리 산줄기의 지리 인식을 가르치고 싶은 그의 열정과 노력들이 이 책에 고스란히 담겨 있어 자라나는 우리 아이들에게는 올바른 지리 인식을 심어주고 백두대간 초보 종주자들에게는 등산코스 가이드가 아닌 백두대간의 의미와 가치를 생각할 수 있게 되는 좋은 안내서가 될 것이다.

특히 책에서도 거론한 바 있듯 백두대간은 지리에서 백두까지가 아닌가. 북녘의 대간 산줄기를 제외하고 백두대간을 어찌 더 이상 말할 수 있겠는가. 이제 북쪽 백두대간이다. 그와 나의 바람대로 우리 모두 손에 손잡고 북녘 백두대간을 갈 수 있기를 강력히 희망해 본다.

남난희

일러두기

1. 이 책은 지리산에서 진부령까지 34구간으로 구성되어 있으며 육십령(2012년 6월 9일)에서 시작하여 노치마을(2014년 5월 25일)에서 끝맺음을 하였다.
2. 구간산행은 날씨와 현지 사정으로 인하여 순차적으로 이루어지지는 않았지만 이 책은 날짜순이 아닌 구간순으로 기술하였다.
3. 지리산과 덕유산은 여러 구간으로 나누어 실시하였으나 한 구간으로 기술하였고 1권은 1~17구간(중산리~하늘재), 2권은 18~34구간(하늘재~진부령)으로 구성하였다.
4. 우천과 야간산행으로 진행된 구간은 별도 자료 수집에 나섰기 때문에 내용과 사진이 불일치할 수도 있다.
5. 구간별 거리는 고산자의 후예들의 지도첩을 기준으로 삼고 「사람과산」에서 발행한 종주지도집을 참고해서 계산한 만큼 실제와 오차가 있을 수 있다.
6. 구간별 시간은 실제 총소요시간과 예상시간을 계산하여 시간차를 구하고 이를 누적기록 하였다.

   (출발-도착 = 소요+휴식 = 총소요시간[총소요시간누적]-예상시간[예상시간누적] = 시간차[시간차누적])
7. 수록된 사진은 구간별 특징과 최고의 조망점을 찾아 지리산 천왕봉에서 진부령까지의 대간 산줄기를 사진으로 모두 담아내려고 노력하였다.

   (■ 정방향, ■ 역방향, ■ 고갯마루, ■ 부능선, ■ 지명 또는 지형지물)
8. 구간별 지도는 산행구간에 맞추어 별도 제작하였다.

목차

1. 백두대간의 개념

백두대간에 대한 개념과 정의는 아직까지 체계적으로 정립되지 않은 상태이다. 사람마다 백두대간을 설명하기 위해 자신이 알고 있는 지식을 토대로 이렇게 저렇게 말하고 있을 뿐이다. 백두대간의 길이는 백두산에서 지리산까지 1,625km, 남한구간은 향로봉에서 지리산까지 690km이지만 무엇을 근거로 했는지 정확히 알 수 없어 의견이 분분하다.

우리 선조들은 이 땅을 산과 강이 정연한 원칙에 따라 어우러져 있는 유기체와 같은 존재로 보았다. 산의 흐름을 살아있는 나무에 비유하여 줄기와 가지로, 가지는 큰 가지와 곁가지로 나누고 큰 가지와 곁가지 사이에 강이 형성되어 흐르는 것으로 이해하였다.

이 때문에 '국토'를 표현할 때 '산과 강'을 일컬어 산천, 강산이라 한다. 이렇게 山과 水가 어우러지는 것을 '산수분합(山水分合)' 또는 '산자분수령(山自分水嶺)'의 원리라고 한다. 이런 원리로 설명되는 것이 우리 조상들의 산천관이요, 지리관, 국토관인 것이다. 백두대간은 이러한 전통적인 국토지리 인식체계를 가리키는 말로 나무 한 그루가 곧 국토 전체를 의미한다.

백두대간은 우리 국토의 근간을 이루는 산줄기로서 좁게는 백두산에서 지리산까지 1,625km, 남한구간은 향로봉에서 지리산까지 690km에 이르는 장대한 산줄기를 말하고 넓은 의미는 대간(大幹), 정간(正幹), 13정맥(正脈) 뿐만 아니라 기맥(岐脈) 또는 지맥(支脈)을 모두 포함한다. 즉 백두대간은 '연속된 산지체계'이고 백두대간 종주는 연속된 산지의 '정상부 능선'을 따라 걷는 것을 의미한다.

2. 백두대간의 역사

백두산은 고대 단군신화로부터 시작해서 언제나 크고 높은 성스러운 산으로 여겨졌으며 본격적으로 우리 역사에 등장하기 시작한 것은 조선 세종 때 압록강, 두만강을 경계로 하는 국경을 확보함에 따라 백두산은 영토의식 성립과 함께 민족의 영산으로 자리 잡게 되었다.

문헌상으로 백두대간의 개념이 처음 등장한 것은 10세기 초 고려의 승려였던 도선이 지은 「옥룡기」로서 "우리나라는 백두(白頭)에서 일어나 지리(智異)에서 끝났으며 물의 근원, 나무 줄기의 땅이다"라는 표현으로 보고 있다. 이처럼 백두대간 지리 인식은 조선시대 이전부터 존재하고 있었고 조선 중기까지의 지도에 그 모습이 조금씩 드러나다가 후기에 들어 본격적으로 대간에 대한 구체적인 용어들이 등장하였다.

백두대간을 의미하는 대간(大幹)이라는 용어를 최초로 사용한 문헌은 1751년 이중환의 「택리지」이고 백두대간과 정간이라는 말은 1761년 이익의 「성호사설」이다. 다음으로 신경준의 「산수고」와 「동국문헌비고」의 「여지고」에서 산줄기 흐름을 명확하게 설명하고 있다.

끝으로 백두산에서 지리산에 이르는 산줄기와 산의 갈래, 산의 위치를 일목요연하게 표로 나타낸 지리서가 1770년경 여암 신경준이 저술한 것으로 알려진 「산경표」이나 저자나 제작 시기에 대하여 다른 의견도 있다. 이후 1861년 김정호에 의해 고지도의 결정판인 「대동여지도」가 편찬되었다.

3. 산경표 속의 백두대간

「산수고」와 「여지고」를 바탕으로 작성된 「산경표」는 산줄기들에 구체적인 이름을 부여한 족보 형식의 독특한 지리서로 백두산에서 시작한 산줄기를 1대간과 1정간, 13정맥으로 분류하였다. 그 중 백두산에서 지리산에 이르는 산줄기로 산과 고개를 다음과 같이 123개 항목으로 표현하고 있다.

白頭山(백두산)~臙脂峰(연지봉)~虛項嶺(허항령)~寶多會山(보다회산)~沙伊峰(사이봉)~緩項嶺(완항령)~漁隱嶺(어은령)~圓山(원산)~馬騰嶺(마등령)~掛山嶺(괘산령)~黃土嶺(황토령)~天秀嶺(천수령)~趙哥嶺(조가령)~厚致嶺(후치령)~香嶺(향령)~太白山(태백

산)~赴戰嶺(부전령)~大白亦山(대백역산)~黃草嶺(황초령)~麝香山(사향산)~雪寒嶺(설한령)~狼林山(낭림산)~上劍山(상검산)~馬踰山(마유산)~橫天嶺(횡천령)~頭蕪山(두무산)~艾田山(애전산)~鐵瓮山(철옹산)~吳江山(오강산)~雲嶺(운령)~亐羅鉢山(울라발산)~巨次山(거차산)~土嶺(토령)~莊佐嶺(장좌령)~大峨峙(대아치)~竹田嶺(죽전령)~麒麟嶺(기린령)~載靈山(재영산)~花餘山(화여산)~豆流山(두류산)~蘆洞峴(노동현)~盤龍山(반룡산)~馬恩山(마은산)~老人峙(노인치)~朴達嶺(박달령)~白鶴山(백학산)~洩雲嶺(설운령)~雪呑嶺(설탄령)~分水嶺(분수령)~靑霞嶺(청하령)~楸浦嶺(추포령)~風流山(풍류산)~鐵嶺(철령)~板機嶺(판기령)~騎竹嶺(기죽령)~猪踰嶺(저유령)~楸池嶺(추지령)~板幕嶺(판막령)~酒嶺(쇄령)~温井嶺(온정령)~金剛山(금강산)~檜田嶺(회전령)

珍富嶺(진부령)~磨耆羅山(마기라산)~屹里嶺(흘리령)~彌時坡嶺(미시파령)~雪嶽(설악)~五色嶺(오색령)~連水嶺(연수령)~曺枕嶺(조침령)~九龍嶺(구룡령)~五臺山(오대산~大關山(대관산)~揷當嶺(삽당령)~百福嶺(백복령)~頭陀山(두타산)~靑玉山(청옥산)~竹峴(죽현)~建儀嶺(건의령)~大朴山(대박산)~太白山(태백산)~水多山(수다산)~白屛山(백병산)~馬兒山(마아산)~串赤山(관적산)~小白山(소백산)~竹嶺(죽령)~兜率山(도솔산)~鵲城山(작성산)~黛眉山(대미산)~鷄立山(계립산)~鷄立嶺(계립령)~鳥嶺(조령)~伊火峴(이화현)~曦陽山(희양산)~周峴(주현)~大耶山(대야산)~佛日山(불일산)~華山(화산)~俗離山(속리산)~九峯山(구봉산)~鳳凰山(봉황산)~熊峴(웅현)~熊耳山(웅이산)~高山(고산)~黑雲山(흑운산)~秋風嶺(추풍령)~桂榜山(계방산)~黃岳山(황악산)~三聖山(삼성산)~牛頭山(우두산)~三道峰(삼도봉)~大德山(대덕산)~德裕山(덕유산)~白巖峰(백암봉)~鳳凰山(봉황산)~六十峙(육십치)~長安峙(장안치)~本月峙(본월치)~白雲山(백운산)~箕峙(기치)~柳峙(유치)~女院峙(여원치)~智異山(지리산)

4. 산경표(山經表)의 부활

현재 우리가 사용하고 있는 태백산맥, 소백산맥과 같은 명칭을 창안한 인물은 고토 분지로(小藤文次郎)이다. 그는 1900년부터 1902년까지 14개월 동안 단 2회에 걸쳐 전국을 답사하고 「조선산악론」에서 조선산맥 이론을 요약 정리하였고,

이를 바탕으로 1904년 야스 쇼에이(失津昌永)의 「한국지리(韓國地理)」가 저술되었다.

급기야 1908년 평양의 대동서관에서 발행한 지리 교과서인 「고등소학대한지지」에 "우리나라 산지체계가 정확하지 못하여 야스 쇼에이의 이론을 채용한다"고 서문에서 밝히고 있다. 따라서 한일합방 이전부터 우리 손에 의해 무비판적으로 수용되어 왔던 것이다.

이에 대응으로 우리고전의 보존과 보급을 통한 민족문화의 선양을 위해 1910년 최남선이 조선광문회를 설립하고 2011년 「동국통감」, 「열하일기」, 1912년 「택리지」, 「도리표」가 발간되었으며, 갈수록 일본학자들에 의해 왜곡되어가는 우리나라 산줄기의 이름을 바로 잡기 위해 1913년에 「산경표」가 발행되었지만 불행하게도 일제의 식민지 교육과 민족 간의 전쟁 등으로 잊혀지게 되었다.

그 후 1980년 옛 지리서인 「산경표」가 산악인이자 고지도 연구가인 이우형씨에 의해 발견되어 다시 빛을 보게 되었다. 배우의 길을 걷다 산악인으로 변신하여 1969년에 우리나라 최초의 산악 전문지 「山水」를 발행하면서 지도와 인연을 맺게 되었고, 본격적인 지도 제작자로 나서면서 등고선 표현 이전(1900년) 우리 선조들의 이 땅을 표현한 방법에 관심을 갖게 되었다. 그러던 중 1970년대 말부터 「대동여지도」를 연구한 끝에 1985년 「대동여지도」 원본과 같은 크기의 영인본을 제작하였다.

뿐만 아니라 족보형식의 「산경표」를 현대 지형도에 작도하여 지도화한 「산경도」가 제작되어 월간 산악지를 통해 널리 알려졌고 이를 처음 검증하겠다고 나선 것은 한국대학산악연맹 백두대간 등반대였다. 48명으로 구성된 대원들은 671km를 15개 구간으로 나누어 1988년 7월 2일~9일(7박8일)

동안 실시하고 한국대학산악연맹 학술지 「엑셀시오」에 글을 실었으나 준비 소홀로 미완의 검증이 되었다.

이후 대학생들과 일부 산악단체 등 비공식적인 백두대간 종주에 나서는 이들도 있었지만 기록에 의한 대간 첫 종주는 「사람과산」에서 남난희, 권경업 씨의 발을 빌어 1990년 10월 6일 지리산 천왕봉을 출발, 1991년 9월 10일 향로봉에서 막을 내리고 1년 동안 연재 기사를 실었다.

1993년 광주 소아과 의사인 조석필 씨가 수 개월간의 노력 끝에 산악인들 사이에서만 회자되던 '대간과 정맥'의 의미와 개념을 정리한 「산경표를 위하여」를 출판하면서 백두대간에 관심을 갖는 사람들이 늘어났고 산악인들 사이에 백두대간 종주의 붐이 일기 시작하였다.

오늘날 우리가 백두대간을 할 수 있었던 것은 최남선이 설립한 조선광문회의 고전 간행사업과 이우형의 산경도 제작의 노력, 이를 검증하겠다고 나선 용기 있는 한국대학산악연맹의 대학생들과 「사람과산」의 남난희, 권경업 그리고 조석필 씨와 같은 분들의 노력이 있었기 때문이라고 사료된다.

산행구간별 현황

구분		구간	구간거리(km)	누적거리(km)	예상 시간	소요 시간	실시일
1	1	중산리~세석	10.4	10.4	6:40	6:35	2014.01.12
	2	세석~벽소령	6.1	16.5	2:50	2:40	2014.01.26
	3	벽소령~화개재	7.5	24	3:40	3:40	2014.02.09
	4	화개재~성삼재	11	35	4:50	5:05	2014.05.11
2		성삼재~노치마을	13.1	48.1	5:35	6:30	2014.05.25
3		노치마을~사치재	19.1	67.2	8:45	8:15	2014.03.31
4		사치재~중재	18.4	85.6	7:50	11:15	2014.05.03
5		중재~육십령	19.1	104.7	9:00	8:15	2014.05.05
6	1	육십령~삿갓재	11.9	116.6	7:10	9:45	2012.06.09
	2	삿갓재~빼재	18.8	135.4	9:00	11:50	2012.06.10
7		빼재~부항령	20.1	155.5	8:35	8:20	2014.02.23
8		부항령~우두령	18.7	174.2	8:00	10:05	2012.07.29
9		우두령~추풍령	22.8	197	9:40	10:55	2012.09.15
10		추풍령~큰재	18.7	215.7	8:20	9:40	2012.10.03
11		큰재~신의터재	23.2	238.9	9:20	10:00	2012.10.13
12		신의터재~비재	19.2	258.1	8:20	8:55	2012.11.25
13		비재~늘재	21.3	279.4	11:40	12:15	2013.05.26
14		늘재~밀재	11.2	290.6	5:10	6:45	2013.01.13
15		밀재~은티재	14.2	304.8	6:40	8:05	2013.02.17
16		은티재~이화령	19.7	324.5	9:25	9:30	2013.03.10
17		이화령~하늘재	17.5	342	8:40	10:00	2013.03.24
18		하늘재~작은차갓재	19.1	361.1	8:55	7:20	2013.04.14
19		작은차갓재~저수령	13	374.1	7:00	7:20	2013.05.12
20		저수령~죽령	19.8	393.9	9:35	9:25	2013.04.28
21		죽령~고치령	25.3	419.2	11:05	10:05	2013.06.09
22		고치령~도래기재	26.5	445.7	13:10	10:05	2013.06.23
23		도래기재~화방재	24.4	470.1	11:45	11:00	2013.07.14
24		화방재~삼수령	21.6	491.7	9:35	11:05	2013.07.28
25		삼수령~댓재	25.2	516.9	11:05	10:55	2013.08.11
26		댓재~백봉령	28.6	545.5	13:15	11:30	2013.09.29
27		백복령~삽당령	18.3	563.8	8:30	9:00	2013.10.13
28		삽당령~대관령	25.9	589.7	11:25	11:30	2013.10.27
29		대관령~진고개	23.4	613.1	9:35	9:45	2013.11.10
30		진고개~구룡령	21.7	634.8	10:15	11:50	2013.11.24
31		구룡령~조침령	20.3	655.1	9:05	10:55	2013.12.08
32		조침령~한계령	23.1	678.2	10:25	10:15	2013.08.25
33		한계령~미시령	25.8	704	15:15	16:25	2013.09.08
34		미시령~진부령	16.5	720.5	7:55	13:15	2013.12.22

01 白頭大幹

지혜로운 산, 지리산

중산리~천왕봉~촛대봉~형제봉~반야봉~노고단~성삼재

35.0km / 18:00

천왕봉~영신봉은 낙동강·남강수계 덕천강의 지류인 시천천·내대천과 낙동강·남강수계 임천의 지류인 의탄천·강청천의 분수계이며, 경남 산청군 시천면과 함양군 마천면의 군계를 이루고, 영신봉~성삼재는 섬진강 지류인 화개천·범왕천·내서천·토지천·마산천·천은천·무동천과 낙동강·남강수계 임천의 지류인 강청천·덕전천·만수천의 분수계이며, 하동군 화개면 구례군 토지·마산·광의·산동면과 함양군 마천면·남원시 산내면·구례군 산동면의 경계를 이루다가 종석대 끝자락에서 구례군 산동면으로 들어간다.

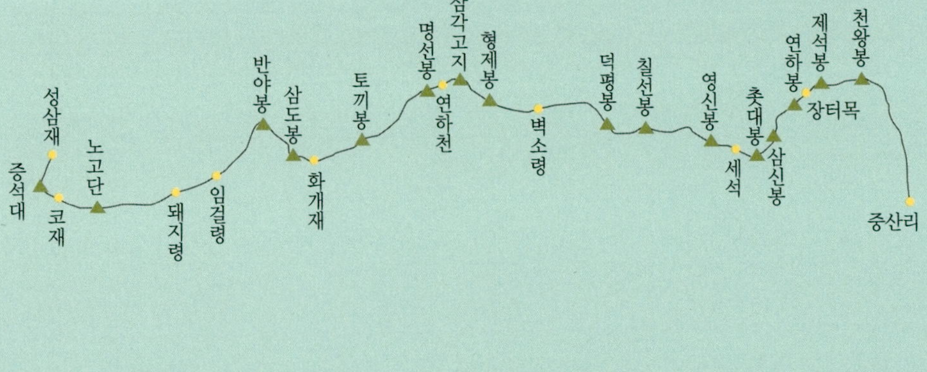

2014년 1월 12일, 그동안 진부령까지 북진하느라 남겨두었던 지리산 구간 종주를 시작하는 날이라 가슴이 설렌다. 산행은 군산 대간산악회 계획에 따라 4구간으로 나눠 실시하는데 첫 구간은 중산리~천왕봉~세석~거림까지 16.5km를 걷고, 두 번째는 거림~세석~벽소령~의신까지 19.1km, 세 번째는 음정~벽소령~화개재~반선까지 23.7km, 마지막은 반선~화개재~성삼재까지 20.9km로 총 80.2km 중 대간은 중산리에서 성삼재까지 35km를 걷는 일정이다. 지리산 구간산행은 개인에 따라 백두대간의 시작점이기도하고 끝맺음을 하는 뜻깊은 구간인데, 나는 시작도 끝도 아닌 대간종주 후반에 해당한다.

중산리(640m)~천왕봉(1,915m)은 5.4km / 3:50(누적 : 5.4km / 3:50)으로 가파른 긴 오르막 구간이다.

중산리 주차장에서 40여 분 도로를 따라 올라가면 공원관리소(천왕봉 5.4km ⇨)가 나오고 반듯한 돌길로 한 굽이 돌아가면 하늘로 통하는 '통천길'이 시작된다. 울퉁불퉁한 바윗길로 20여 분 올라가면 칼바위가 나오고 산모퉁이를 돌아 출렁다리를 건너가면 장터목으로 곧장 가는 갈림길(⇦ 천왕봉 4.1km / 장터목대피소 4km ⇩ / 중산리 1.3km ⇨)이 나온다. 참나무와 산죽이 어우러진 돌계단이 나타나면서 본격적인 오르막이 시작된다. 가파른 나무계단과 돌길을 번갈아 오르면 정작 망바위는 보이지 않고 이정표(1,177m)만 자리를 지키고 있다. 주변을 돌아보고 싶지만 그럴만한 여유가 나지 않는다.

통천길

개선문

계속되는 오르막은 그 끝이 어딘지 한 없이 올라가기만 한다. 앞에 바위봉우리가 있지만 좌측 비탈길로 진행되니 얼마나 다행인지 모른다. 망바위에서 25분, 중산리 주차장을 출발한 지 두 시간 만에 천왕봉이 올려다보이는 넓은 공터에 도착했다. 잠시 휴식을 취하고 올라가니 로타리 대피소가 나타난다. 산행에 지친 이들에게 휴식을 제공하는 고마운 대피소이지만 쉬지 않고 곧바로 천왕봉으로 향했다.

법계사를 지나 연달아 나타나는 돌길과 계단을 하나씩 발아래 남기고 위로만 올라간다. 난간이 설치된 기다란 암반을 지나 30여 분 올라가니 좁은 바위틈을 지나가는 개선문이 나타난다. 천왕봉 정상에 오르는 세 길 중 하나로 '하늘을 여는 문'이라는 뜻을 지닌 '개천문(開天門)' 이었는데 언제부터인지 개선문으로 알려져 있다. 그 의미를 되살려 바로 잡았으면 한다. 개천문을 지나면 하늘이 열리고 마침내 천왕봉이 위용을 드러낸다.

하얀 속살을 지닌 자작나무 숲을 지나 긴 나무계단과 돌계단을 올라가면 넓은 공터가 나타난다. 잠시 숨을 돌리려는 순간 바람은 더욱 거세지고 찬 공기는 걸러질 틈도 없이 그대로 몸속으로 파고든다. 머리 위로 한반도 남쪽 땅 제일봉이 올려다보이고 좌측으로 연하봉, 삼신봉, 촛대봉으로 이어지는 영봉들이 눈높이로 펼쳐진다.

조금 올라서면 바위 틈바구니에서 솟아나는 옹달샘 옆을 지나간다. 남한에서 가장 높은 곳에 위치한 천왕샘(1,850m)으로 시천천과 덕천강으로 흐르다가 남덕유산 참샘에서 발원한 남강과 진양호에서 만나 경남의 젖줄이 된다.

구상나무 군락지를 통과하면 머리가 저절로 숙여지는 가파른 돌계단이 기다린다. 한발 한발 있는 힘껏 이를 악물고 올라가는데 나도 모르게 숨소리가 거칠어진다. 마지막 계단에 올라서면 이정표(⇦ 장터목대피소 1.7km / 중산리 5.4km ⇩)가 좌측으로 안내한다. 드디어 중산리를 출발한지 4시간 만에 그토록 원하던 지리산 천왕봉에 올라섰다.

천왕샘

천왕봉 표지석

천왕봉에서 시작되는 지리산 대간길

지혜롭고 이로운 지리산! 오른 것만으로도 지혜를 얻을 수 있고 절을 하고 가면 누구나 똑똑해진다는 영산이다.

천왕봉(天王峰 1,915m)은 경남 산청군 시천면과 함양군 마천면 사이에 솟아난 산으로 남한에서 한라산(1,950m) 다음으로 높다. 거대한 암괴가 하늘을 떠받치고 있는 형상을 하고 있으며 서쪽 암벽에는 하늘을 받치는 기둥이라는 의미의 '천주'라는 음각 글자가 있다. 항상 구름에 싸여 있어 3대에 걸쳐 선행을 쌓아야 해돋이를 볼 수 있다는 천왕봉 일출은 지리산 제1경으로 꼽히지만 오늘은 종주를 위해 오른 것만으로 만족한다.

서 있기 조차 힘들 만큼 세찬 칼바람이 볼을 때리는데도 인증사진을 찍기 위해 장사진을 친다. 지혜로운 산 가장 높은 곳에 올랐으니 그럴 만도 하다. 동서남북 사방팔방을 둘러봐도 거침이 없다. 세 번째로 높다던 제석봉(1,808m)도 한낱 뫼에 지나지 않고 만복대에 이르는 지리산 백리길이 손금처럼 훤히 드러난다. 하늘이 허락해 주지 않으면 볼 수 없는 광경이다. 바래능선 뒤에 숨어 있던 대간길은 사치재를 건너 덕유산으로 거침없이 달려가고 저 멀리 지평선 위로 대덕산과 삼도봉이 가물거린다.

8:15출발-11:55도착 = 3:40+20분 = 4:00[4:00]-3:50[3:50] = 10분[10분]

천왕봉(1,915m)~장터목 대피소(1,653m)는 1.5km / 1:00(누적 : 6.9km / 4:50)으로 중간에 제석봉을 넘어가는 구간이다.

정상 암봉을 내려가면 칠선계곡 갈림길에 현위치 「01-52」가 있다. 지리산의 원시림 지대를 간직한 칠선계곡은 계곡 전체가 청정한 선경으로 일일이 그 이름조차 명명할 수 없을 만큼 아름답다고 하여 지리산 9경으로 꼽히지만 탐방예약 가이드제가 아니고서는 '2027.12.31' 이후에나 탐방이 가능하다고 한다. 내리막 전망대에 올라서면 천왕봉 못지않은 경관이 또 한 번 펼쳐진다. 천왕봉 안부에 있는 통천문에서 저 멀리 벽소령과 형제봉 주변의 숨겨진 능선까지 조망된다.

통천문(通天門)

제석봉에서 노고단 방향

장터목 대피소

쉽게 오를 수 없는 곳이기에 더 머물고 싶지만 시간이 마냥 기다려주지 않는다. 내려가는 길은 온통 바위투성이다. 가파른 바윗길과 계단길이 모두 얼어붙어 발걸음을 더욱 더디게 한다. 정신 바짝 차리고 내려가면 2단 사다리가 있는 통천문이 나타난다. '하늘에 오르는 문'이라는 뜻으로 노고단에서 천왕봉으로 오르는 마지막 관문인데 예로부터 부정한 사람은 출입할 수 없고 선인들도 반드시 이곳을 통과해야 정상에 오를 수 있다는 문이다.

돌탑 안부를 지나 거친 바위능선을 하나 넘고 올라가면 제석봉이지만 정상은 보호지역이라 비탈길로 진행된다. 정상에서 우측으로 내려가는 능선이 낙동강·남강수계 임천의 지류인 의탄천과 강청천을 가른다. 제석봉은 천왕봉과 중봉에 이어 세 번째 높은 봉우리로 산신제를 올리던 제석단과 샘터가 있어 천혜의 명당으로 알려져 있다.

제석봉 고사목 군락지는 1950년대 까지만 해도 아름드리 전나무·잣나무·구상나무 숲이 울창하여 대낮에도 어두울 정도로 푸르렀으나 도벌과 화재로 고사목 군락이 생겼다. 전망대에 올라서면 지나온 천왕봉이 높게만 보이고 촛대봉에서 만복대에 이르는 하늘길이 일직선으로 조망된다.

고사목 군락지를 지나 가파른 돌계단으로 내려서면 지리산 대피소 중에서 가장 높은 곳에 위치한 장터목 대피소에 도착한다. 장터목은 산청군 시천면과 함양군 마천면을 잇는 옛 고갯길로 이 두 지역 사람들이 물건을 사고파는 장이 열린 데서 그 유래를 찾을 수 있다.

대피소 취사장은 추운 날씨 탓에 등산객들로 붐벼 발 디딜 틈조차 없다. 서로 자리를 차지하겠다고 식탁 위까지 배낭을 올려놓고 아우성치는 사람들을 피해 밖으로 나가니 해발 1,600m 칼바람이 폐부 깊숙이 파고든다.

괜히 나왔나 금방 후회가 되었지만 2년 동안의 백두대간을 하면서 내공이 쌓여 그런지 어딘들 어떠하리. 바람만 막아줘도 고마울 뿐이다. 대피소 남쪽 벽에 기대 점심 한 끼 해결하고 나니 어느새 산 꾼이 다 된 것 같은 기분이 든다.

⏱ **12:15출발–13:05도착 = 50분+25분 = 1:15[5:15]–1:00[4:50] = 15분[25분]**

장터목 대피소(1,653m)~세석 대피소(1,557m)는 3.5km / 1:50(누적 : 10.4km / 6:40)으로 해발 고도가 1,600m 이상 되는 고봉이 즐비한 구간이다.

3년 전(2011.6.4) 친구 김수형, 고한규와 난생처음 비박하면서 별을 보고 누웠던 곳을 지나려니 감회가 새롭다. 인생도 지나간 자리 한번쯤 되돌아갈 수 있다면 얼마나 좋을까? 부질없는 생각을 하며 산마루에 올랐다.

현위치 「01–48」을 지나 낮은 능선 봉우리에 올라서면 넓은 나대지에 '일출봉'이라 표기된 이정표가 있다. 좌측으로 내려가는 능선이 낙동강·남강수계 덕천강의 지류인 시천천과 내대천을 가른다. 지나왔던 천왕봉과 앞으로 진행될 촛대봉 가는 대간길이 조망된다. 바로 앞에 연하봉에서 촛대봉에 이르는 능선을 바라보며 얕은 안부를 건너가면 좌측으로 우뚝 솟아 있는 바위봉우리가 있고 그 아래 여기저기 바위들이 널려 있는 넓은 바위 분지에 연하봉 이정표(⇦ 세석 2.6km / 장터목 0.8km ⇨)가 있다.

기암괴석과 고사목이 어우러진 연하봉에 한신계곡에서 넘어온 운무가 잠시 머물면 신선이 홀연히 나타날 것만 같은 꿈같은 선경이 펼쳐진다 하여 이를 '연하선경(煙霞仙境)'이라 한다.

연하봉에서 한신계곡 전경

운무라도 꼈더라면 좀 실감 날 텐데 오늘은 맑은 하늘이 열리면서 해발 1,500m의 고봉들과 한신계곡이 어우러져 선경 못지않은 환상적인 풍경화를 그려낸다.

연하봉 정상부에 있는 암릉 구간을 벗어나면 무명봉으로 향하는 널찍한 돌길이 나타난다. 1,700m 고지답게 주변이 거침없이 열려 있는 순한 능선 안부를 건너 철계단에 올라서면 무명의 바위봉우리(1,667m)에 도착한다. 둥글둥글한 바위 암봉은 연하봉에서 삼신봉으로 가는 길목에 위치해 있고 모양새가 비슷해 가끔 연하봉으로 착각하기도 한다.

비록 무명의 바위봉우리에 지나지 않지만 둥근 바위로 이루어진 천혜의 전망봉이기도 하다. 방금 지나온 연하봉과 천왕봉이 조망되고 앞으로 진행될 삼신봉에서 삼각고지에 이르는 지리산 영봉들이 겹치지 않고 일렬로 늘어선다. 함양 마천을 넘어 남원의 인월까지 일직선으로 뻗어있는 한신계곡을 바라보면 가슴속까지 시원해진다. 그 너머로 봉화산과 백운산이 지평선을 이룬다.

무명봉에서 내려서면 이정표와 현위치 「01-46」이 서 있고 돌계단으로 올라서서 능선을 우측으로 바꾸어 진행하면 얼마가지 않아 이번에는 좌측으로 넘어간다. 삼신봉으로 가는 가파른 오르막에 지나왔던 천왕봉과 중산리 계곡이 한눈에 볼 수 있는 전망바위가 있다.

조금 올라가면 숲에 가려진 삼신봉이 올려다보이지만 바위봉우리를 우회하느라 서서히 북쪽 비탈길로 진행되고 철계단을 지나 능선에 오르면 여기저기 바위들이 흩어져있는 곳에 현위치 「01-45」가 있다. 좌측으로 더 높은 암봉이 삼신봉 정상이지만 오르지 못하고 우측에 있는 전망바위에 올라서면 촛대봉에서 영신봉에 이르는 능선과 한신계곡이 조망된다.

영신봉, 청학동의 삼신봉과 더불어 지리산에서 영(靈)적으로 성숙한 세 봉우리 중의 하나로 알려져 있다. 삼신봉의 기운을 한 몸 가득히 받고 촛대봉으로 향하는데 울퉁불퉁한 바윗길도 힘들지 않다. 이정표(⇦ 세석 1.4km / 장터목 2.0km ⇨)를 지나면 자연스럽게 흘러내린 바위봉우리 촛대봉이 올려다보이는 안부가 나타난다.

안부를 건너 숲에 들어서자마자 철계단이 나타나고 거친 돌길을 거슬러 올라가면 촛대봉 턱밑에 도착한다. 관목이 터널을 이루는 반듯한 돌계단은 처음에는 완만하지만 갈수록 급경사를 이룬다. 중간에 길게 늘어뜨린 밧줄을 잡고 올라서면 서쪽으로 허리를 굽힌 곳에 마치 촛농이 흘러내린 듯해서 불려지는 촛대봉(⇦ 세석 0.7km / 장터목 2.7km ⇨)에 도착한다.

촛대봉 바위에 올라서면 지나온 천왕봉이 웅장하게 다가오고 지리산의 최대 고원지대인 세석평전 너머로 영신봉, 반야봉, 노고단에 이르는 영봉들 뿐만 아니라 깊이를 알 수 없는 백

삼신봉 오르막에서 천왕봉 전경

촛대봉에서 지리산 전경

세석 대피소

무동계곡 너머로 백운산과 덕유산자락까지 시원스럽게 조망된다. 바람은 서 있기조차 힘들 만큼 매섭게 불지만 펼쳐지는 전경에 감탄사가 절로 나온다. 그리 큰 공덕을 쌓지도 않았는데 이런 날이 또 있을까 싶다. 세석평전은 경남 산청군의 시천면 내대리 일대의 고위평탄면으로 잔돌이 많은 평야와 같다고 하여 세석평전이라 한다. 우리나라 몇 안 되는 산간고원습지 중 하나로 주변에 많은 연못들이 있고 봄철 연분홍 철쭉은 지리산 8경으로 꼽는다.

드넓게 펼쳐지는 평전을 바라보며 10여 분 내려가면 거림과 백무동 갈림길이다. 세석 대피소에서 잠시 쉬었다 가파른 거림 계곡으로 2시간가량 달려 내려가 아담한 길상사가 있는 거림에 도착했다. 지리산 첫 번째 산행을 마쳤을 뿐인데 감회가 새롭다.

13:30출발-14:50도착 = 1:20+00분 = 1:20[6:35]-1:50[6:40] = -30분[-05분]

세석 대피소(1,557m)~덕평봉(1,522m)은 3.5km / 1:50(누적 : 13.9km / 8:30)으로 영신봉을 넘어 비교적 완만하게 진행되며 곳곳에 전망대가 많은 구간이다.

2014년 1월 26일, 지리산 두 번째 산행이다. 지난번에 내려왔던 거림을 출발해 3시간 만에 세석에 도착했다. 대피소에 삼삼오오 둘러 앉아 아침 겸 이른 점심을 먹고 대피소 뒤 능선에 올라가니 잔돌들이 드러난 넓은 공터가 나타난다. 백무동계곡 건너 사치재에서 덕유산을 지나 대덕산에 이르는 대간길이 아득히 조망된다.

부드러운 능선으로 고도를 조금씩 높여 가면 천왕봉에서 촛대봉에 이르는 대간길과 드넓은 평전을 빼곡히 메운 침엽수 지대가 이채롭게 다가온다. 이런 광경은 이곳이 아니고서는

세석평전

영신봉에서 칠선봉 방향

영신봉 낙남정맥 분기점

칠선봉에 올라선 대원들

볼 수 없는 풍경이다.

양지바른 순한 길로 올라가면 넓고 평퍼짐한 영신봉(⇦ 세석 0.6km / 벽소령 5.7km ⇨)에 도착한다. 남쪽 삼신봉으로 내려가는 능선이 낙동강·남강수계 덕천강의 지류인 내대천과 섬진강의 지류인 화개천을 가르며 산청군과 하동군의 경계이자 낙남정맥의 출발점이 된다. 주변 남쪽 비탈면에 산청군 시천 거림골, 하동군 화개면 대성골, 북쪽 비탈면에 함양군 마천면 한신계곡 등이 있다.

이후 대간길은 북쪽으로 굽어지면서 칠선봉 능선이 조금씩 보이기 시작한다. 등산로 우측에 있는 바위에 올라서면 지리산 남부능선의 모든 물이 흘러든다는 대성골 계곡이 시원스럽게 펼쳐지고 칠선봉에서 노고단에 이르는 지리산 주능선과 덕유산으로 이어지는 실타래 같은 대간길이 거침없이 조망된다.

울퉁불퉁한 돌길을 따라 내려가면 숲이 무성한 낮은 봉우리가 앞을 가로 막는다. 데크계단으로 올라서면 암릉과 고사목이 어우러진 칼날 같은 바위능선에 아찔한 절벽이 펼쳐진다. 영신봉 남쪽 사면에 바짝 달라붙은 영신대와 섬진강수계 화개천으로 흘러드는 대성계곡의 큰새개골이 어우러진 절경에 탄성이 절로 난다.

영신봉(靈神峰 1,651m)의 신령스런 기운을 고스란히 내려 받는 곳에 위치한 영신대는 지세와 경관이 빼어난 명당자리로 알려져 기도하는 사람들이 자주 찾는다. 주변에 영신사로 추정되는 절터가 있고 기도를 위한 제단과 수행자들의 좌대 흔적이 곳곳에 남아 있다고 한다.

현위치 「01-40」부근에서 내리막이 시작된다. 철계단과 가파른 비탈길이 이어지고 북사면에 얼어붙은 긴 데크계단이 고도를 급격히 내려놓는다. 이정표(⇦ 벽소령 4.9km / 세석 1.4km ⇨)에서 조금 진행하면 전망바위가 바쁜 걸음을 붙잡는다. 방금 내려왔던 영신봉 바위봉우리가 웅장하게 다가오고 남사면에 큰새개골과 대성계곡이 시원스럽게 내려다보인다.

산죽이 무성한 현위치 「01-39」를 지나 낮은 능선을 넘어가면 칠선봉이 조망되고 능선 북쪽 비탈길로 진행하다가 남쪽사면으로 넘어가면 계절은 한 겨울인데 포근함이 느껴진다. 거친 바윗길을 따라 조금 진행하면 앞에 높은 바위봉우리가 칠선봉이지만 보는 각도에 따라 다르게 보이는 굴뚝 모양의 바위 밑에 칠선봉 이정표(⇦ 벽소령 4.2km / 세석 2.1km ⇨)가 있다. 주변에 일곱 개 신선바위가 있어 칠선봉이라 불려진다.

바위봉우리에 오르지 않고 등산로는 우측 비탈길로 진행된다. 가파른 암릉 구간을 벗어나 관목지대를 10여 분 올라가면 현위치 「01-37」과 안내도가 있는 바위 전망대가 나온다. 여느 평범한 바위에 지나지 않지만 주변 경치만큼은 이보다 더 좋을 수가 없다. 가끔 시간이 멈췄으면 하는 바람이 있는데 이 순간이 아닌가 싶다.

무명봉 전망대에서 천왕봉 방향

하얀 눈을 뒤집어쓴 천왕봉은 여느 봉우리에서 볼 수 없는 아우라가 느껴지고 굽이굽이 몸부림치며 걸어왔던 웅장한 대간길이 군더더기 하나 없이 조망된다. 뿐만 아니라 섬진강수계 화개천으로 흘러드는 대성계곡의 수많은 골짜기들이 손바닥처럼 훤히 내려다보인다. 사람도 자기가 걸어왔던 길을 돌이켜 볼 수 있는 전망대가 하나쯤 있었으면 하는 생각도 해보지만 이런 대자연을 보는 것만으로 에너지가 온 몸 가득히 충전되는 것 같다.

잡목이 무성한 능선을 넘어가면 능선처럼 길쭉하게 뻗은 덕평봉과 명선봉, 반야봉이 조망되고 연속되는 데크계단을 내려가면 양지바른 순한 능선이 나타난다. 주변이 좀 어수선한 곳에 이정표(⇦ 벽소령 3.6km / 세석 2.7km ⇨)가 있고 밧줄이 매달린 암반이 나타나면서 북사면 비탈길로 진행된다. 얼어붙은 돌길을 오르락내리락 하면 우측으로 꺾어지는 지점에 세석과 벽소령 대피소의 중간 지점을 알리는 이정표(⇦ 세석 3.2km / 벽소령 3.1km ⇩)가 있다.

계속해서 북사면을 따라 진행하면 현위치 「01-35」가 나오고 반듯한 돌계단을 따라 바위능선을 넘어가면 추락방지 밧줄 밑에 아찔한 작은새개골과 대성계곡이 펼쳐진다. 좌측으로 방금 내려왔던 전망대와 영신봉, 촛대봉이 올려다보이고 능선 남사면으로 5분여를 진행하면 덕평봉 자락에 고즈넉하게 자리한 선비샘이 나온다.

옛날 덕평골에 평소 천대와 멸시를 받으며 살아온 이(李) 씨 노인은 죽어서라도 남에게 존경을 받고 싶어 자신이 죽으면 상덕평 샘터 위에 묻어달라는 유언을 하고 죽자 효성이 지극한 자식들이 아버지 유언대로 샘터 위에 묻었다고 한다. 그 후 지리산을 찾는 사람들이 샘물을 마시려면 제아무리 지체 높은 선비라도 허리를 구부리게 되니 죽어서 존경 아닌 존경을 받게 되었다는 이야기가 전해진다. 비록 배우지 못한 촌로에 지나지 않지만 그의 지혜에 탄복하지 않을 수 없다.

11:20출발-13:05도착 = 1:45+10분 = 1:55[8:30]-1:50[8:30] = 05분[00분]

덕평봉 선비샘

덕평봉(1,522m)~벽소령 대피소(1,340m)는 2.6km / 1:00(누적 : 16.5km / 9:30)으로 완만한 내리막 구간이다.

촌로의 지혜에 감탄하며 넓은 돌길을 따라 선비샘 우측으로 굽어 올라가면 이정표(⇦ 벽소령 2.4km / 세석 3.9km ⇨)가 있다. 뒤로 숲이 우거진 봉우리가 덕평봉이지만 6·25때 만들어진 빨치산의 비밀 아지트인 비트와 토벌대의 벙커 흔적이 남아 있다고 하니 올라갈 엄두가 나지 않는다.

넓은 돌길은 오솔길이 되어 덕평봉 비탈길로 올라가면 급경사는 아니지만 거친 돌길이 자주 나타나고 가끔 좌측 나무 사이로 벽소령 대피소가 보였다가 사라진다. 간절한 마음이 통했는지 내리막 직전에 벽소령 방향으로 열린 공간이 나타난다. 비록 고사목에 가려지지만 1,426m 고지 이마에 상처를 남기고 지나가는 도로 자국이 선명하고 깊은 안부에 위치한 벽소령과 형제봉에서 토끼봉에 이르는 복잡한 대간길을 숨김없이 그대로 보여준다.

대간길은 점점 왼쪽으로 굽어지고 이정표가 있는 낮은 능선을 넘어가면 곡선 지점에 전망이 좋은 공터가 나타난다. 좌측으로 여느 계곡과 확연히 구분되는 신기한 계곡 하나가 눈에 들어온다. 공터에서 시작된 일직선 계곡은 여러 개의 능선을 관통하며 삼정을 지나 범왕리를 넘어서까지 이어진다. 수억 년에 걸쳐 형성된 능선과 계곡이 교차하는 방향으로 어떤 힘에 의

덕평봉에서 벽소령 대간길

큰 힘이 느껴지는 삼정계곡

해 한번 접혔다 펼쳐진 흔적이다. 마치 우주선이 불시착한 것은 아닌지 의구심이 들 만하다.

우측으로 낙동강수계 임천의 지류인 강청천과 덕전천을 가르는 오공능선이 시작되는 낮은 능선을 넘어가면 의신에서 벽소령을 거쳐 음정으로 넘어가는 옛벽소령(⇦ 세석 5.2km / 벽소령 1.1km ⇨)이 나온다. 이 비포장도로는 1960년대 후반 무장공비들의 은신처로 이용될 것에 대비하여 개설한 군사도로라고 한다.

1,426m 고지 남쪽 경사면에 개설된 군사도로를 따라 벽소령으로 향한다. 중간에 금방이라도 무너져 내릴 것 같은 첫 번째 낙석 위험지대를 통과하면 깊은 안부에 숨겨진 벽소령 대피소와 형제봉에서 명선봉에 이르는 대간길이 보이는 조망점이 있다.

벽소령 전경

두 번째 위험천만한 낙석 위험지대를 무사

히 통과해 벽소령 대피소에 도착했다. 벽소령은 덕평봉과 형제봉 사이에 있는 대피소로 북쪽 함양군 마천면 삼정리에서 남쪽 하동군 화개면 대성리로 내려가는 길목에 있다. 지리산 등줄기 한 가운데 위치하고 있는 벽소령은 주변의 빼어난 경관과 고사목 위에 떠오르는 달이 차갑도록 시리고 푸르다 하여 '벽소명월(碧宵明月)'이라고 한다. 이를 지리산 4경으로 꼽지만 오늘은 지리산 종주에 만족한다.

의신까지는 6.8km 벽소령에서 정비가 되지 않은 가파른 너덜길과 임도를 따라 한 시간 반 정도 내려가면 아담한 곳에 네댓 가구가 모여 사는 삼정마을이 나오고 포장된 마을길로 30여 분 더 내려가면 의신마을에 도착하게 된다. 6·25때 빨치산 본부가 있었던 마을로 '지리산 역사 전시관'이 있지만 둘러보지 못하고 귀가한 것이 못내 아쉬움으로 남는다.

13:15출발-14:00도착 = 45분+00분 = 45분[9:15]-1:00[9:30] = -15분[-15분]

벽소령 대피소(1,340m)~연하천 대피소(1,495m)는 3.3km / 1:40(누적 : 19.8km / 11:10)으로 암릉이 많고 잔 기복이 심한 구간이다.

2014년 2월 9일, 지리산 세 번째 산행이다. 벽소령 북쪽에 위치한 음정마을에서 두 시간 가량 임도를 따라 굽이굽이 산허리를 감고 올라가면 벽소령 턱밑에 다다른다. 옛벽소령(마른

바위 협곡 전망대에서 형제봉 방향

형제봉에서 벽소령 방향

재)으로 향하는 임도를 버리고 우측 능선으로 300여 미터를 올라가면 벽소령에 도착한다.

운무가 짙게 드리워져 벽소령 대피소만 보일 뿐 백두대간은 고사하고 가까운 산자락조차도 보이지 않는다. 삼각고지까지 가시거리가 20m가 채 되지 않은 가운데 실시한 구간이라서 2016년 12월 30일 내친김에 천왕봉에서 벽소령을 지나 삼각고지까지 다시 찾기도 했다.

대피소에서 능선 봉우리 북쪽 비탈길로 접어들어 진행되는데 잘 닦아놓은 돌길에 갑자기 내리막 밧줄이 나타나면서 산행을 더디게 한다. 바윗길도 힘든데 눈까지 덮여 있으니 거북이걸음으로 진행되고 완만한 돌길은 어느새 돌계단으로 변해 가파르게 올라간다.

개선문 같은 바위 틈바구니로 넘어가면 음정계곡에서 불어오는 차가운 공기와 달리 삼정계곡의 따뜻한 기운이 느껴지고 우측 전망바위에 오르면 조망점은 낮지만 지나온 벽소령과 앞으로 진행될 형제봉에서 반야봉에 이르는 대간길이 조망된다.

중간에 현위치 「01-28」을 지나 매우 험한 암릉 구간을 내려서서 조금 진행하면 현위치 「01-27」이 있는 넓은 암반이 나온다. 형제바위까지 얼마나 남아 있는지 한번 올려다보고 가파른 너덜길로 올라가면 커다란 형제바위 밑에 이정표(⇦ 노고단 12.6km / 벽소령 1.5km ⇨)가 있다.

형제봉에서 삼각고지 방향

형제봉 정상

바위를 등지고 암릉 구간을 올라서면 바위 밑에 현위치 「01-26」이 있는 형제봉(1,452m)에 도착한다. 천왕봉과 노고단의 중간 지점에 위치해 있어 대간 전후 조망이 매우 좋다. 좌우로 삼정과 음정계곡 뿐만 아니라 형제바위와 벽소령 건너 천왕봉까지 시원스럽게 열려 있고 앞으로는 삼각고지에서 반야봉에 이르는 대간길이 동네 뒷동산 능선처럼 다가온다.

형제봉에서 울퉁불퉁한 바윗길로 내려가면 돌을 하나 둘씩 올려놓은 큰 바위가 나오고 가파르게 한 번 더 내려가면 암릉에서 갈라져 나온 외돌개 바위가 나타난다. 이후 숲이 무성한 순한 능선은 암반과 큰 바위를 지나 현위치 「01-25」까지 이어지고 앞에 낮은 능선 봉우리를 보고 한발 한발 올라서면 바위 협곡과 다리 난간이 나타난다. 형제봉에서 볼 때 좀 편안한 길인가 싶었는데 결코 만만치 않다.

여기저기 무너져 내린 암반과 가파른 암릉 구간을 올라채면 넓은 공터에 현위치 「01-24」가 있는 삼각고지에 도착한다. 옆에 낮은 바위에 오르면 뒤로는 천왕봉 능선이, 앞으로는 삼각고지와 명선봉 사이 아늑한 곳에 터를 잡고 있는 연하천 대피소가 조망된다. 와운골 최상류에 위치한 연하천 대피소는 한눈에 봐도 천혜의 보금자리로 여겨진다.

산죽길로 조금 내려가면 최근에 새로 만들어진 관리소가 있는 음정갈림길(⇦ 연하천

삼각고지에서 명선봉 대간길

연하천 대피소

0.7km / 벽소령 2.9km ⇩ / 음정 7.5km ⇨)이 나온다. 우측 삼정산으로 내려가는 능선이 만수천(뱀사골 계곡)과 임천의 지류인 덕전천을 가르고 경남 함양군 마천면과 전북 남원시 산내면의 도계를 이룬다.

삼각고지에서 명선봉으로 향하는 능선이 분수계이지만 등산로는 연하천 대피소로 향한다. 설경과 어우러진 대간길은 고요하고 포근한 풍경을 자아낸다. 명선봉 아래 고즈넉하게 자리 잡은 연하천 대피소는 한 폭의 산수화가 따로 없다. 취사장은 민생고를 해결하려는 산객들로 붐빈다. 곳곳에서 김이 모락모락 피어나고 진동하는 라면 냄새, 사람 냄새가 정겹다.

⏱ 10:00출발-11:40도착 = 1:40+00분 = 1:40[10:55]-1:40[11:10] = 00분[-15분]

연하천 대피소(1,495m)~화개재(1,316m)는 4.2km / 2:00(누적 : 24.0km / 13:10)으로 토끼봉을 제외하고 대체로 완만한 내리막 구간이다.

대피소 앞마당을 가로질러 그대로 화개재로 향했다. 순백의 눈꽃 세례를 받으며 긴 나무계단을 타고 연하천을 빠져나가면 능선은 완만해진다. 앙상한 나뭇가지 사이로 반야봉이 나타나고 가끔 지리산 주능선이 조망되지만 벽소령은 여전히 북서풍을 타고 넘는 구름 속에 묻혀 있다.

총각샘을 지나 긴 나무계단을 내려가면 이정표(⇦ 연하천 1.0km / 토끼봉 2.0km ⇨)가 나오고 좌측으로 대간길이 조망되는 전망대가 또 나타난다. 하늘이 열리기를 학수고대했던 마

토끼봉에서 명선봉 방향

토끼봉 전경

음이 통했을까? 준령을 넘던 구름이 잠시 멈추더니 그 사이에 지리산 영봉들이 제 모습을 드러낸다.

1,463m 고지를 넘어가면 이름과 달리 반야봉 못지않은 웅장한 산세를 지닌 토끼봉이 올려다 보이고 얕은 안부를 건너 올라가면 지나온 대간길이 조금씩 드러난다. 좀처럼 보기 힘든 형제봉, 삼각고지 명선봉으로 이어지는 주름진 대간 능선은 드러나지만 촛대봉 이후는 어느새 다시 구름 속으로 들어가 버린다.

관목지대를 통과하면 축구장만한 넓은 공터가 있는 토끼봉 정상에 도착한다. 좌측으로 내려가는 능선이 섬진강의 지류인 화개천과 범왕천을 가른다. 토끼봉(1,534m)의 옛 이름은 묘봉으로 반야봉을 기점으로 24방위의 정동(正東)에 해당되는 묘방(卯方)에 있다 하여 붙여진 이름이라고 한다.

주변에 진달래 군락지가 있어 5월에는 진달래꽃이 장관을 이루지만 지금은 눈꽃이 한창이다. 정상 이정표에서 차가운 눈을 뒤집어쓰고서도 푸르름을 잃지 않는 산죽길을 가파르게 내려가면 잠시 완만한 지점에 중간 이정표가 있고 10여 분 더 내려가면 넓고 평탄한 화개재(⇦ 노고단 6.3km / 반선 9.2km ⇧ / 연하천 4.2km ⇨)가 나온다.

화개재

화개재는 남원시 산내면 부운리와 하동군 화개면 범왕리를 잇는 산중 고개이지만 화개 방면은 전망대로 막혀 있고 반선 방면으로만 등산로가 개설되어 있다. 아직 이른 시간이지만 반선까지 적잖은 거리가 남아 있어 산악회 대원들과 함께 서둘러 하산을 한다. 처음에는 가파르지만 갈수록 완만해지고 중간에 간장소, 병풍소, 병소, 뱀소 등 수많은 소(沼)와 다리를 건너 2시간 넘게 내려가 뱀사골 입구에 도착했다.

11:40출발-13:40도착 = 2:00+00분 = 2:00[12:55]-2:00[13:10] = 00분[-15분]

화개재(1,360m)~임걸령(1,320m)은 4.2km / 2:10(누적 : 28.2km / 15:20)으로 긴 계단이 유명한 삼도봉과 반야봉을 넘어가는 구간이다.

2014년 5월 11일, 군산 대간산악회와 함께 했으나 황사로 인해 가시거리가 짧아 매우 아쉬움이 남았다. 1년 후(2015.12.25) 홀로 반선에서 화개재로 향한다. 내려올 땐 수월했는데 올라가려니 다리가 고생한다.

화개재에 도착하니 날씨는 이보다 더 좋을 수는 없다. 계절은 겨울의 한복판인데 하늘은 아직 가을 같고 고지대에도 불구하고 바람은 잔잔하고 포근함이 느껴진다. 잠시 숨만 돌리고 숲으로 들어가니 나무계단이 나타나는데 오르고 또 오르지만 끝이 보이지 않는다. 직접 세어보지 않았지만 550여 개나 된다고 한다.

중간에 두 번 쉬고 계단 정상에 올라서면 현위치 「01-12」가 있고 가파른 바윗길로 한 번 더 올라채면 삼도봉 정상이다. 넓은 암반 한가운데 전남과 전북, 경남의 삼도를 의미하는 조형물과 이정표(⇦ 노고단고개 5.5km / 천왕봉 20km ⇨)가 있다. 봉우리 모양이 낫날과 같다 하여 '낫날봉' 또는 '날라리봉'이라 불리기도 하며 대간 전후 조망은 좋은 편이다. 남쪽 불무장등 능선이 범왕천과 내서천을 가르고 경남 하동군 화개면과 전남 구례군 토지면의 도계가 되며 반야봉으로 올라가는 능선이 전남 구례군 산동면과 전북 남원시 산내면의 도계가 된다.

삼도봉에서 노고단 가는 길

삼도봉에서 내려서서 조금 진행하면 첫 번째 삼거리가 나온다. 직진하는 방향이 노루목으로 가는 지름길이지만 산자분수령[1]을 위반한다. 우측 반야봉 방면으로 200m 지점에 두 번째 삼거리가 있고 가파른 암반길로 올라가면 섬진강과 낙동강을 가르는 분수계의 꼭지점에 해당하는 능선 봉우리가 나온다. 이후 반야봉까지 좌우 모두 낙동강수계가 되는 능선을 타고 가파른 철계단을 오르면 삼도봉에서 굵직하게 뻗어 내려가는 불무장등 능선과 노고단이 조망된다.

관목지대를 통과하면 암반이 넓게 드러나 있는 반야봉(般若峰 1,732m) 정상에 도착한다. 반야봉은 전북 남원시 산내면과 전남 구례군 산동면의 도계에 위치한 산으로 천왕봉(1,915m), 중봉(1,875m), 제석봉(1,808m)에 이어 지리산에서 네 번째 높은 봉우리임에도 불구하고 지리산 제2봉으로 자리매김하고 있다. 반야봉 서쪽 하늘의 황홀한 낙조는 지리산 3경에 꼽힐 만큼 유명하지만 오늘은 천왕봉에서 만복대에 이르는 지리산 주능선을 보는 것만으로 만족한다.

---

1) '산자분수령'이란 '산줄기는 물을 건너지 않고, 산이 곧 물을 나눈다'는 의미이다.

반야봉에서 토끼봉 방향

반야봉에서 노고단 방향

반야봉의 유래는 천신의 딸 마고할미가 지리산에서 불도를 닦고 있던 반야와 결혼하여 여덟 명의 딸을 낳고 살았는데 반야가 더 많은 깨달음을 얻기 위해 반야봉으로 떠나 돌아오지 않자 반야를 기다리다 석상이 되었다는 이야기가 전해진다.

임걸령

반야봉에서 노고단 방향으로 내려가면 '노루의 목'처럼 높고 길게 솟아오른 고갯마루란 의미를 가진 노루목(⇦ 노고단고개 4.5km / 반야봉 1.0km ⇧ / 삼도봉 1.0km ⇨)이 나온다. 계단과 돌길을 내려서서 현위치 「01-09·08」을 지나 완만하게 올라가면 1,432m 고지이지만 봉우리에 오르지 않고 우측 비탈길로 내려간다. 각목과 돌계단을 내려가면 평탄한 곳에 이정표와 현위치 「01-07」이 있고 거칠고 가파른 돌길로 또 한 번 내려가면 약간 경사진 암반이 펼쳐져 있는 임걸령에 도착한다.

노고단과 반야봉 중간 지점에 있는 임걸령은 고령(高嶺)임에도 불구하고 아늑하고 조용한 천혜의 요지로 옛날에 임걸이라는 의적이 은거했다고 하여 임걸령이라 한다. 우측으로 조금 내려가면 언제나 차가운 물이 솟으며 물맛 또한 좋기로 유명한 샘이 있다.

10:10출발-12:15도착 = 2:05+00분 = 2:05[15:00]-2:10[15:20] = -5분[-20분]

임걸령(1,320m)~노고단(1,507m)은 3.3km / 1:20(누적 : 31.5km / 16:40)으로 평탄하고 완만하게 진행되는 구간이다.

비탈길로 진행되는 낮은 능선을 넘어가면 피아골 삼거리가 나오고 조금 더 올라가면 갈림길 같은 넓은 공터가 나오는데, 원래 야생화 군락지였으나 훼손이 심해 현재는 복원 중에 있다. 골이 깊은 등산로를 따라 올라가면 양지바른 남사면에 넓은 광장 같은 공터가 나온다. 예전에 멧돼지가 자주 나타났다고 해서 돼지령(⇦ 노고단고개 2.1km / 1,390m / 반야봉 3.4km ⇨)으로 불리는 곳이다. 실제 주변에는 멧돼지들이 좋아하는 원추리와 둥굴레가 많이 자란다고 하는데 지금은 눈밭에 사람 발자국만 무성하다.

숲길 능선에서 현위치 「01-04」와 이정표가 차례로 나타나면서 오르막이 시작된다. 골이 깊은 등산로를 따라 올라가면 추락방지 목책이 쳐진 넓은 암반 봉우리가 1,424m 고지이다. 반야봉 이후 임걸령과 돼지령이 뚜렷하게 조망된다. 넓고 평탄한 정상부 관목지대에 헬기장

돼지령

노고단 대간길

이 있고 내리막길에 돌탑 너머로 육중한 노고단이 조망된다.

관목지대로 진행을 하다가 낮은 능선 숲으로 들어가면 이정표가 있고 잡풀이 무성한 헬기장을 지나면 직진하는 능선이 분수계이지만 길이 보이지 않고 등산로는 우측 노고단 비탈길로 진행된다. 분수계 방향으로 앞서간 희미한 발자국을 따라 20여 분 올라가면 왕시루봉 갈림길이 나온다. 반야봉에서 노고단에 이르는 대간길은 물론 좌측으로 섬진강으로 흘러드는 내서천과 토지천을 가르는 왕시루봉 능선이 시원스럽게 조망된다.

태양광으로 작동하는 무인 중계기 옆으로 올라가면 이전보다 큰 바위들이 종종 나타나고 희미한 길을 찾아 더듬더듬 올라가면 넓은 암반지대가 나타나면서 주변 조망이 좋아진다. 달궁계곡을 감싸고 내려가는 바래능선을 감상하며 관목지대를 가로질러 노고단(1,507m)에 도착했다.

넓은 나대지에 커다란 돌탑과 표지석이 있는 노고단은 주변 조망이 이루 말할 수 없이 좋다. 동쪽으로는 백두대간이 시작되는 천왕봉에서 노고단에 이르는 육십리 지리산 주능선이 한눈에 들어오고, 서쪽으로는 성삼재 아랫동네 산동 넘어 서해 바다가 아스라이 보이는 것만 같다. 남쪽에는 구례를 굽이치며 흐르는 섬진청류가 흐르고 북쪽에는 하늘아래 첫 동네 심원마을 품은 달궁계곡이 시원스럽게 조망된다.

지리산 서쪽에 위치한 노고단은 천왕봉, 반야봉과 함께 지리산 3대 봉우리 중 하나로 전남 구례군 산동과 토지면에 걸쳐 있는 지리산의 영봉이다. 지명은 할미에서 유래되었는데 '할미(老姑)'는 도교에서 국모신으로 모시는 '서술성모' 또는 '선도성모'를 의미한다. 신라 때까지는

왕시루봉 갈림길에서 반야봉 방향

천왕봉에서 제사를 지냈으나 고려시대에 이곳으로 옮겨 노고단이 조성되었다고 한다. 지리산에 오른 것만으로도 지혜로운 사람이 되며 절을 하고 가면 누구나 똑똑해지고 노고단에서 제(祭)를 지내면 자손이 번창하고 소원 성취한다는 속설이 전해져 노고단을 찾는 사람들로 사시사철 붐빈다.

⏱ 12:15출발-13:40도착 = 1:25+05분 = 1:30[16:30]-1:20[16:40] = 10분[-10분]

노고단(1,507m)~성삼재(1,102m)는 3.5km / 1:20(누적 : 35.0km / 18:00)으로 완만한 내리막 구간이다.

중계소 좌측으로 내려가는 능선이 섬진강의 지류인 토지천과 마산천을 가르고, 토지면과 마산면의 경계가 된다. 중계소 좌측 언저리로 내려가는 능선이 분수계이지만 등산로는 노고단 대피소를 향해 내려간다. 1990년 「사람과산」 종주팀이 도착한 노고단은 흙먼지 펄펄 날리는 공사장이었는데 지금은 깔끔하게 정돈된 나무계단이 설치되어 있다. 지리산 종주의 시작점이 되는 노고단고개 옆에 노고단 정상부 보호를 위해 돌을 쌓아 올린 작은 단이 있다. 조망은

노고단에서 지리산 육십리 길

노고단에서 성삼재 방향

정상만 못하지만 그런대로 좋은 편이다. 넓은 돌계단을 내려가면 쉬어가기 좋은 노고단 대피소가 나온다. 앞마당을 가로질러 돌계단 지름길로 내려가면 임도와 만나는 지점에 이정표가 있고 좌측 모퉁이에는 노고단에서 내려오는 물줄기를 막아 놓은 보(洑)가 있다. 만수천(달궁

무넹기 보

무넹기 이정표

계곡)의 근원이 되는 이 물은 남원 산내면에서 람천이 되고 함양 마천면에서 임천으로 흐르다가 함양 유림면에서 남강과 합류해 낙동강물이 되지만 임도 좌측의 좁은 수로를 통해 코재 부근에서 마산천으로 흘려보내 섬진강물이 되기도 한다.

도로를 따라 200여 미터를 내려가면 좌측에 화엄사계곡(마산천)으로 넘어가는 무넹기[2]이정표(⇦ 노고단 1.1km / 화엄사 5.7km ⇧ / 성삼재 1.8km ⇨)가 있다. 화엄사에서 노고단에 오를 때 코가 땅에 닿을 만큼 가파르다 하여 '코재'라고 불려지는 곳이다.

무넹기는 1929년 구례군 마산면 소재에 큰 저수지를 준공하였으나 유입량이 적어 만수를 하지 못해 가뭄이 들자 마을 주민들은 그 이듬해 1930년에 해발 1,300m 노고단에서 남원으로 내려가는 물줄기 일부를 구례 화엄사계곡으로 내려 보낼 수 있도록 보(洑)를 만들고 유도 수로 224m를 개설하여 화엄사계곡으로 흘려보내 저수량을 확보하였으며 지금까지도 매년 풍년 농사를 이루고 있다고 한다.

성삼재로 내려가는 도로 곡선 지점에서 등산로를 따라 10여 분 올라가면 리본도 안내판도 없는 곳에 소나무 서너 그루가 있는 갈대밭이 나오고 사람들의 발길이 닿지 않은 희미한 길을 찾아 올라가면 등산로가 조금은 선명해진다. 주변을 감상하며 마지막 암릉을 타고 올라가면 종석대(1,356m) 정상에 도착하게 된다. 왼쪽으로 내려가는 능선이 마산천과 천은천을 가르고, 마산면과 광의면의 경계가 되며 종석대 끝자락에서 시암재로 내려가는 능선이

2) '무넘기'의 전라남도 방언으로 물(水)을 넘긴다는 뜻이다.

종석대에서 노고단 방향

종석대에서 성삼재 방향

섬진청류

천은천과 무동천을 가르고, 광의면과 산동면의 경계가 된다.

지리산 천왕봉에서 서진(西進) 하던 대간길이 북으로 굽는 길목에 있어 주변 풍광은 노고단 못지않다. 품이 넉넉한 노고단에서 종석대를 거쳐 만복대로 내려가는 대간 능선 뿐만 아니라 푸르고 맑은 강물과 하얀 백사장이 어우러진 섬진청류(蟾津淸流)의 풍경이 고스란히 내려다보인다. 성삼재 방면은 출입금지 구역이라 코재로 복귀해 도로를 따라 20여 분 내려가면 성삼재(⇦ 만복대 5.5km / 천왕봉 28.1km, 노고단 2.6km ⇨)에 도착한다.

성삼재(性三峙)는 지리산 능선 서쪽 끝에 있는 고개로 마한 때 성씨가 다른 세 명의 장군이 지켰던 고개라 하여 성삼재라 한다. 고갯마루에 주차장과 휴게소 그리고 전망대가 조성되어 있고 전북 남원시 산내면 뱀사골 입구에서 전남 구례군 천은사까지 1988년 개통된 861번 지방도로가 지나간다.

13:45출발–15:15도착 = 1:30+00분 = 1:30[18:00]–1:20[18:00] = 10분[00분]

1구간

중산리~천왕봉~반야봉~성삼재(35.0km / 18:00)는 18시간(6:35+2:40+3:40+5:05) 소요, 예상시간 내에 도착했다. 4회에 걸쳐 나누어 실시한 산행으로 시간상의 의미보다 남한구간에서 평균 고도가 가장 높고 가장 긴 구간(35.0km)을 마친 것에 큰 의미를 부여하고자 한다. 지리산은 많은 사람들이 꼭 한번 오르고 싶은 산이지만 산체가 크고 고도가 높아 웬만큼 큰마음 먹지 않고서는 쉽게 접근할 수 있는 산은 아니다. 전체적으로 산의 규모와 기복이 매우 크고 정상부 능선은 대표적인 흙산답지 않게 암릉이 많다.

지리산은 우리나라 최초의 국립공원(1967.12.29)으로 지정되었으며 3개도(경남, 전남, 전북), 1개시(남원시), 4개 군(구례군, 하동군, 산청군, 함양군), 15개 읍·면에 걸쳐 있는 거대한 산으로 예로부터 금강산, 한라산과 함께 삼신산(三神山)의 하나로 민족적 숭앙을 받아 온 민족의 영산으로 알려져 있다. 가장 높은 천왕봉(1,915m)에서 시작하여 가장 낮은 성삼재(1,102m)까지 표고차가 자그마치 813m나 된다. 이는 백두대간 구간 중 가성산(730m), 눌의산(744m), 봉황산(740m)보다 높고 속리산 형제봉(829m)과 비슷하다.

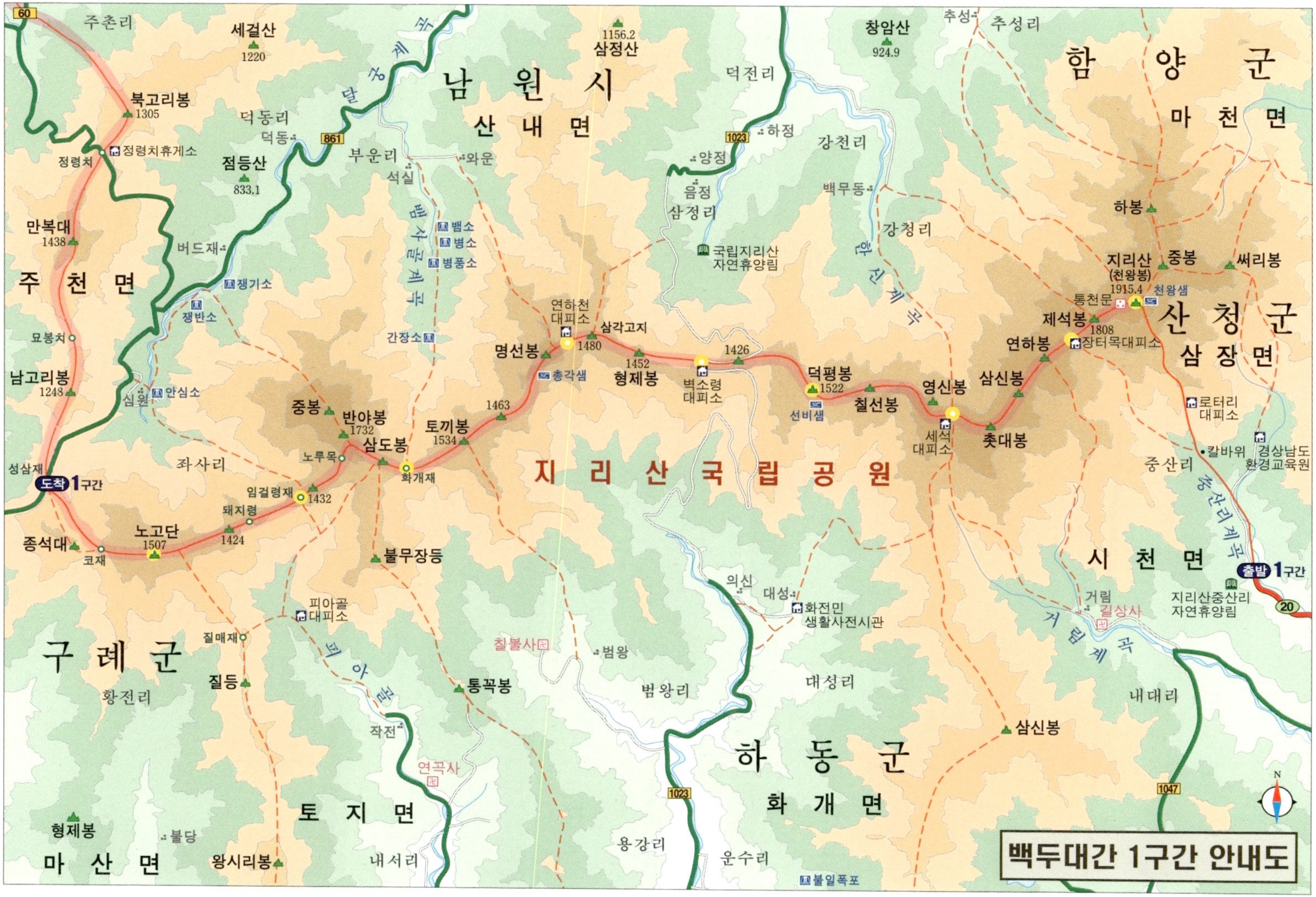

백두대간 1구간 안내도
지리산국립공원
남원시
산내면
함양군
마천면
산청군
삼장면
시천면
하동군
화개면
구례군
토지면
마산면
주천면
지리산(천왕봉) 1915.4
천왕샘
통천문
제석봉 1808
장터목대피소
연하봉
삼신봉
촛대봉
영신봉
세석대피소
칠선봉
덕평봉 1522
선비샘
1426
벽소령대피소
형제봉 1452
삼각고지
1480
연하천대피소
명선봉
총각샘
1463
토끼봉 1534
화개재
삼도봉
반야봉 1732
중봉
노루목
임걸령재 1432
돼지령
1424
노고단 1507
코재
종석대
성삼재
도착 1구간
출발 1구간
남고리봉 1248
묘봉치
만복대 1438
정령치
정령치휴게소
북고리봉 1305
주촌리
세걸산 1220
덕동리
덕동
점등산 833.1
버드재
쟁기소
쟁반소
심원
안심소
부운리
석실
와운
뱀사골계곡
뱀소
병소
병풍소
간장소
달궁계곡
삼정산 1156.2
덕전리
하정
양정
음정
삼정리
국립지리산자연휴양림
강천리
백무동
강청리
한신계곡
창암산 924.9
추성
추성리
하봉
중봉
써리봉
로터리대피소
칼바위
경상남도환경교육원
중산리
중산리계곡
지리산중산리자연휴양림
거림
길상사
거림계곡
내대리
삼신봉
대성
의신
화전민생활사전시관
대성리
범왕
범왕리
칠불사
피아골대피소
피아골
질매재
질등
통꼭봉
불무장등
좌사리
황전리
작전
연곡사
형제봉
불당
왕시리봉
내서리
용강리
운수리
불일폭포
60
861
1023
1047
20

02
白頭大幹

만복이 깃든 만복대

성삼재~남고리봉~묘봉치~만복대~저령치~북고리봉~고기리~노치마을
13.1km / 5:35

성삼재에서 노치마을까지 섬진강수계 서시천의 지류인 무동·서시·용추천, 섬진강수계 요천의 지류인 원천천과 낙동강·남강·임천수계 람천의 지류인 만수천·주촌천의 분수계를 이룬다. 만복대까지 전남 구례군 산동면을 지나가고, 다름재 갈림길까지 전라남북 도계를 이루며, 고리봉까지 남원시 주천면과 산내면의 경계가 되고, 노치마을까지 주천면과 운봉읍의 경계를 이룬다.

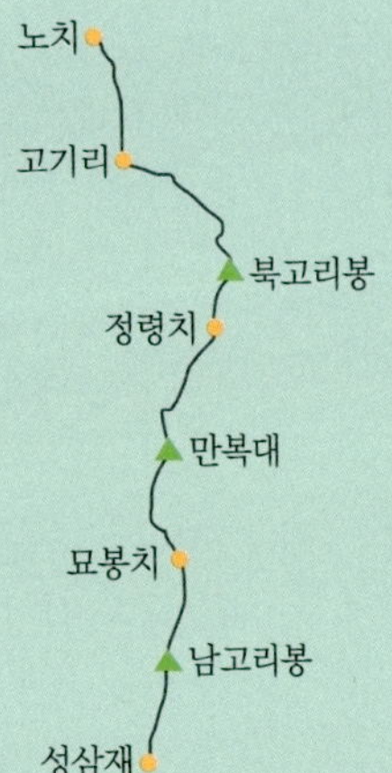

2014년 5월 25일, 지난 2년 동안 어려운 역경을 극복하며 힘들게 진행되었던 백두대간 종주를 매듭 짓는 날이다. 시작이 있으면 끝도 있는 법, 2012년 6월 9일 육십령에서 시작해서 진부령을 찍고 남쪽에 남겨 두었던 고남산, 봉화산, 백운산, 지리산 구간을 차례로 마치고 드디어 720.5km의 대장정을 마무리하기 위해 만복대 산행에 나섰다. 그러나 하루 종일 흐린 날씨와 우천으로 완주라는 벅찬 감동에는 못내 아쉬움이 남는 산행이 되고 말았다.

기회를 엿보다가 2015년 2월 1일, 부안 마실산악회의 일반산행에 따라나섰다. 성삼재는 동절기 차량진입이 어려워 산동면 당동마을에서 산행을 시작하였다.

성삼재(1,102m)~만복대(1,438m)는 5.0km / 2:10(누적 : 5.0km / 2:10)으로 중간에 남고리봉을 넘고 묘봉치를 건너가는 긴 오르막 구간이며 정상부로 갈수록 조망이 매우 좋다.

성삼재 주차장에서 반선 방면으로 200여 미터 내려가면 좌측으로 들머리(만복대 5.3km ⇨)가 있다. 얼마 지나지 않아 넓은 헬기장과 당동마을 갈림길이 나오고 한동안 완만하게 진행된다. 이정표(⇦ 성삼재 1.0km / 만복대 4.3km ⇨)를 지나자 오르막이 시작되고 짧은 숲길을 빠져나가면 갈대밭이 남고리봉까지 이어진다.

남고리봉에서 성삼재 방향

남고리봉에서 만복대 방향

작은 바윗돌들이 드러난 뾰족한 봉우리 정상에 남고리봉 표지석이 있다. 종석대와 만복대 중간에 위치해 있어 주변 조망은 좋은 편이다. 특히 능선과 골짜기 모두 부드러운 자태를 지닌 만복대는 아무것도 감추지 않고 민낯을 그대로 보여주고 발아래 산수유로 유명한 산동분지가 고스란히 육안으로 들어온다. 좌측 산동을 향해 가파르게 내려가는 능선이 섬진강수계 서시천의 지류인 무동천과 서시천을 가른다.

산죽길을 미끄러져 내려가면 남고리봉 턱밑에 넓은 헬기장이 나오고 앞에 능선 봉우리가 있지만 비탈길로 편안하게 진행된다. 계속해서 능선과 비탈을 번갈아 진행하면 깊이를 가늠할 수 없는 달궁계곡 넘어 반야봉과 심마니 능선이 조망되는 무명봉이 나온다.

눈이 얼어붙은 긴 내리막과 양지바른 낮은 능선들을 여러 개 넘어가면 넓은 공터가 있는 묘봉치(⇦ 성삼재 3.1km / 상위마을 3.0km ⇧ / 만복대 2.2km ⇨)에 도착한다. 유래는 정확하게 알 수 없지만 마을 사람들에 의하면 위안리 상위마을에서 이 고개에 오르면 묘봉(토끼봉)이 보인다고 해서 묘봉치라 하는데 정작 반야봉에 가려져 보이지 않는다.

무명봉우리 너머로 조망되는 만복대를 향해 잡목지대를 완만하게 올라가면 능선을 깎아 만든 헬기장이 나오고 조금 더 올라가면 지나온 남고리봉이 조망되는 갈대밭이 나타난다. 남고리봉에서 볼 때에는 부드러운 곡선미를 자랑하던 능선은 온데간데없이 사라지고 날카롭고 주름진 능선만 조망된다.

묘봉치

숲이 울창한 능선을 넘고 안부를 건너 올라가면 현위치 「23-04」를 지나 좌측으로 전망바위가 있다. 남고리봉에서 내려오는 주름진 능선뿐만 아니라 지리산 자락에 아늑하게 자리 잡은 산동 분지가 시원스럽게 내려다보인다.

이정표(⇦ 성삼재 4.0km / 만복대 1.3km ⇨) 뒤로 솟아 있는 능선 봉우리에서 좌측으로 내려가는 능선이 섬진강의 지류인 서시천과 용추천을 가른다. 등산로는 봉우리에 오르지 않고 비탈길로 진행되고 웅장하면서도 부드러운 자태를 지닌 만복대 능선이 일직선상으로 보이기 시작한다.

현위치 「23-03」에서 완만하게 올라가면 산죽과 돌계단이 나타나면서 주변이 열리고 고도가 높아지면서 그동안 숨어 있던 지리산 천왕봉이 얼굴을 내밀기 시작한다. 만복대 남사면에

현위치 「23-04」 부근 전망대

만복대에서 남고리봉 방향

만복대에서 북고리봉 방향

드넓게 형성된 억새 군락지를 감상하며 마지막 암릉을 올라채면 만복대(1,438m) 정상이다. 표지석과 정성스럽게 쌓아올린 돌탑 뒤로 이정표(⇦ 정령치 2.0km / 성삼재 5.3km ⇨)가 있다.

만복대는 풍수지리적으로 지리산의 많은 복을 가지고 있다고 하여 붙여진 이름이라고 한다. 산 높이에 비해 산세가 부드럽고 사방팔방이 모두 열려 있어 시선을 어디에 두어야할지 모를 지경이다. 이래서 만복대라 불리게 된 것 같다.

지리산 백리 주능선과 삼대 주봉(천왕봉·반야봉·노고단)을 모두 볼 수 있고 멀리는 운봉고원 넘어 남덕유산까지 조망된다. 만복대에서 다름재 갈림길로 내려가는 능선이 섬진강수계 서시천의 지류인 용추천과 람천의 지류인 만수천을 가르고 전라남북 도계를 이룬다.

⏲ 9:45출발- 11:40도착 = 1:55+20분 = 2:15[2:15]-2:10[2:10] = 05분[05분]

만복대(1,438m)~북고리봉(1,304.8m)은 3.0km / 1:30(누적 : 8.0km / 3:40)으로 정령치까지 긴 내리막과 고리봉의 짧은 오르막 구간이다.

중간에 낮은 암릉을 넘고 내려가면 능선이 북으로 굽힌 지점이 다름재 갈림길이다. 암릉에 올라서는 순간, 마치 번지점프대 같아 숨이 저절로 멈춰진다. 남쪽으로 구례군 산동 분지 넘어 수많은 산줄기 위로 솟아오른 무등산이 아른거린다.

서쪽 다름재를 향해 내려가는 능선이 섬진강 수계 서시천과 요천의 지류인 원천천을 가르고, 전남 구례군 산동면과 전북 남원시 주천면의 도계를 이루는데 남원시와 고도차가 무려 1,000m가 넘는다. 북쪽 고리봉에서 운봉고원으로 내려가는 비탈길은 720m의 고도차만큼이나 웅장하게 다가오는데 마치 천상에서 지상으로 내려가는 거대한 에스컬레이터를 보는 것 같다.

부드러운 능선을 건너 올라가면 조망이 좋은 암릉 구간이 나온다. 내려온 만복대는 높게만 보이고 내려갈 정령치는 한없이 깊어 보인다. 산죽이 무성한 비탈길로 내려가면 중간 지점을 알리는 이정표(⇦ 만복대 1.0km / 정령치 1.0km ⇨)가 있고 내리막이 시작되는 지점에 있는 전망바위에 올라서면 정령치 깊은 안부가 훤히 들여다보이고 북고리봉에서 세걸산을 거쳐 바래봉으로 가는 산줄기가 대간능선처럼 보인다.

20여 분 가파르게 내려가면 좌측으로 조망이 좋은 낮은 봉우리가 있고 나무계단으로 내

다름재 갈림길에서 고기리 방향

려가면 광장 같은 주차장과 휴게소가 있는 정령치(1,172m)에 도착한다. 주천면 고기리와 산내면 달궁계곡을 잇는 고개로 1988년에 737번 지방도가 개설되면서 단절이 되었지만 최근 2016년 11월 12일 단절 된지 28년 만에 복원이 이루어졌다.

지명 유래는 서산대사의 「황령암기(黃嶺庵記)」에 의하면 기원전 84년 마한(馬韓)의 왕이 달궁을 방어하기 위해 십리 밖의 령(嶺)에 정씨 성을 가진 장군(정령치, 정령재)을, 동쪽 이십 리 밖의 영마루에 황 장군(황령치, 황령재)을, 남쪽 20리 밖에는 성이 각기 다른 3명의 장

정령치 전경

복원된 정령치

군(성삼재)을 배치하였고, 북쪽 삼십 리 밖에는 8명의 젊은 장군(팔랑치, 팔랑재)을 배치해 외적의 침공을 막아냈다고 하여 각각 정령재, 황령재, 성삼재, 팔랑재 등의 이름이 지금까지 전해오고 있다.

한국대학산악연맹 ——— 1988년 한국대학산악연맹 소속 대학생들이 진부령에서 천왕봉까지 15개 팀으로 나눠 대간길 탐사에 나설 때 15구간(정령치~천왕봉)과 14구간(정령치~중재) 탐사팀의 출발점이기도 하다. 지리산으로 가는 15구간 팀은 만복대에서 잠시 헤맨 것 말고는 천왕봉까지 수월하게 진행되었지만 중재로 가는 14구간 팀은 고리봉에서 지도 오류 또는 독도 착오인지 정확히 알 수 없지만 수정봉이 아닌 바래봉 능선으로 진행하였다.

바래봉에서 덕두산을 거쳐 낙동강수계인 람천을 건너 황산에서 방(방현)고개와 사치재(아실재)가 아닌 모래재를 넘어 지리산 휴게소로 갔고, 시리봉에서 치재를 향해 내려가는 도중 아막성 부근에서 흥부마을로 알려진 성리의 하성마을에서 멈추었으며, 아영고원을 가로질러 연비지맥을 거슬러 올라가려 하였으나 부상당한 대원이 있어 함양군 백전면 대안리 오매실에서 등반을 중단하였다.

사람과산 ——— 뒤를 이어 1990년 10월 6일, 「사람과산」 창간 1주년을 맞아 특집으로 백두대간 종주를 기획하고 1984년 76일간 태백산맥을 단독 종주했던 여성 산악인 남난희 씨와 부산 산악인 권경엽 씨가 주축이 되어 천왕봉에서 진부령까지 672km를 12구간으로 나누어 매달 한 구간씩 종주에 나섰다.

휴게소 앞마당에는 천왕봉에서 반야봉에 이르는 열두 폭 병풍이, 휴게소 뒤 능선에 올라가면 대관령 동해전망대 못지않은 수려한 자연경관이 펼쳐진다. 비록 안부에 위치해 있지만 절경 감상에 발걸음이 떨어지지 않는다. 쌈지 공원에서 백두대간 공부를 많이 하고 북고리봉으로 향한다. 개활지 능선에서 숲으로 들어서자마자 마애불상군 갈림길(⇦ 고리봉 0.5km / 마애불 0.3km ⇧ / 정령치 0.3km ⇨)이 나온다. 오른쪽으로 300여 미터를 가면 바위에 새겨진 개령암지 마애불상군이 있다.

마애 불상군은 보물 1,123호로 절벽을 이루는 바위에 12가지 모습의 부처가 새김되어 있지

개령암지 마애불상군

만 세월의 흔적만큼이나 희미해 잘 보이지 않는다. 서둘러 숨은 그림을 찾아보지만 불심이 깊지 않아 두 군데를 제외하고는 잘 보이지 않는다. 부처님의 10대 제자 중에서 잠을 자지 않고 정진하다가 실명했으나 더욱 정진하여 천안(天眼) 얻은 '아니룻다'라면 눈감고도 열두 모습을 쉽게 찾을 수 있을 텐데 하면서 북고리봉으로 향했다.

갈림길로 뒤돌아와 암벽을 우회하는 나무계단을 타고 올라가자 주변이 조망되기 시작하고 돌계단을 오르면서부터 시선은 자꾸 전망이 좋은 지리산으로 향한다. 가파른 돌계단을 한 번 더 올라가면 고리봉 정상부 암반에 이르게 된다. 천왕봉에서 만복대에 이르는 지리산 영봉들의 파노라마가 전개되고 바래능선 갈림길에 홀로 서 있는 이정표(⇦ 바래봉 8.6km / 고기삼거리 3.0km ⇩ / 정령치 0.8km ⇨)는 백두대간의 그 어떤 이정표보다 위풍당당하게 보인다.

고리봉은 만복대를 중심으로 남과 북에 하나씩 솟아 있는데 남쪽 고리봉을 작은고리봉

정령치 휴게소 앞에 펼쳐지는 지리산 전경

북고리봉 이정표

북고리봉에서 정령치 방향

북고리봉에서 운봉 전경

(1,248m), 북쪽 고리봉을 큰고리봉(1,305m)이라 한다. 통상 고리봉하면 해발고도가 높은 북고리봉을 지칭한다. 정상에서 고기리 방향이 대간길이고 직진하는 바래봉 능선은 남강수계 람천의 지류인 만수천과 주촌천을 가르고 남원시 산내면과 운봉읍의 경계가 된다.

12:00출발–14:05도착 = 2:05+15분 = 2:20[4:35]–1:30[3:40] = 50분[55분]

북고리봉(1,304.8m)~고기리(585m)는 3.1km / 1:15(누적 : 11.1km / 4:55)으로 숲이 울창한 급경사 긴 내리막 구간이다.

고기리

고기리 방면으로 들어서면 가만히 서 있기조차 힘들 만큼 가파른 내리막이 시작된다. 미끄러지듯 10여 분 내려가면 보기 드물게 고기리 방향으로 열린 공간이 나타난다. 남원시 주천과 운봉의 고도차만큼이나 두부침식[3]이 급격히 일어나고 있는 구룡계곡과 운봉고원 최상류를 내려다 볼 수 있다.

그대로 직진하는 능선을 두고 우측의 가느다란 능선으로 갈아타기 위해 거칠고 미끄러운 비탈길로 내려가면 이정표(⇦ 고기삼거리 2.5km / 고리봉 0.7km ⇨)가 있다. 조망점 하나 없는 울창한 숲에 0.5km마다 서 있는 이정표를 지표 삼아 20여 분 낙엽송과 소나무 숲길을 따라 내려가면 우측으로 산약초 재배를 위해 철망을 쳐놓은 곳에 도착하게 된다.

완만한 곳도 있지만 계속해서 가파른 푸른 솔밭 능선으로 내려가기만 한다. 좌측으로 저수지가 보이는 양지바른 곳에 넓은 묘지(4기)가 있고 아름드리 소나무 지대를 가파르게 내려가면 고기리 갈림길(고리봉 3.2km ⇨)에 도착한다. 미끄러운 눈길에 엉덩방아를 찧지 않고 내려온 것만 해도 천만다행이다.

주변이 평탄하고 아스팔트로 포장되어 있어 분수계 구분이 쉽지 않다. 좌측 저수지에서 내려가는 하천이 섬진강수계 요천의 지류인 원천천이다. 다리를 건너가면 정령치와 주천 방면으로 갈라진다.

14:20출발–15:20도착 = 1:00+25분=1:25[6:00]–1:15[4:55]=10분[1:05])

---

3) 하천 침식형태의 하나로 하천이 상류 쪽으로 침식하여 그 길이를 증가해 가는 현상을 말한다. 즉 하천에 발달한 폭포가 상류 쪽으로 점차 그 위치를 이동시키는 것은 두부침식의 전형적인 예이다.

고기리(585m)~노치마을(541m)은 2.0km / 40분(누적 : 13.1km / 5:35)으로 평지나 다름없는 구간이다.

운봉읍으로 향하는 도로가 섬진강수계 요천의 지류인 원천천과 낙동강수계 람천의 지류인 주촌천의 분수계를 이루고 남원시 주촌면과 운봉읍의 경계가 된다. 좌우를 둘러봐도 경사도가 1도 정도 밖에 되지 않는 넓은 농경지가 펼쳐진다. 20여 분 내려가면 버스 승강장이 있는 덕치삼거리가 나오고 좌측으로 들어서면 노치와 회덕마을 갈림길이 나온다.

우측으로 남원 백두대간 생태교육장 전시관 공사가 한창 진행 중이고 좌측으로 포장도로를 따라 내려가면 억새집으로 유명해진 덕치리 회덕마을이 나온다. 만복대 부근에서 자생하는 억새를 이엉에 얹은 초가집은 지붕의 경사가 매우 급해 빗물이 스며들 새 없이 빠르게 내려가기 때문에 이엉을 한번 입히면 30년은 너끈히 버틴다고 한다.

1990년대 만해도 8채가 있었으나 지금은 한 채만이 명맥을 유지하고 있다. 초가집은 억새풀로 지붕을 이은 샛집으로 1895년에 박창규 씨가 처음 지었으나 6·25때 불타 1951년에 다시 지었다고 한다. 안채와 사랑채, 헛간채 등으로 이루어진 이 집은 이 마을에서는 구석집이라고 부른다.

덕치 삼거리 입구 표지석(노치마을 ⇨)에서 덕치보건진료소를 지나 조금 내려가면 멍에돌이 발견된 논두렁 분수계가 나온다. 일제가 우리 민족정기를 말살하기 위해 대간·정간·정맥·기맥을 끊어버린 대표적인 사례 현장이다.

덕치리 회덕마을 초가

노치마을 앞 전경

노치 마을 입구

숯으로 뜸을 뜨고 돌로 만든 멍에 돌을 묻어 덕유산과 지리산의 기(氣)를 차단하려는 참으로 놀라운 발상이 아닐 수 없다. 일제가 묻은 멍에 돌은 1976년 경지정리 사업을 하면서 주민들에 의해 발견되었고 숯을 묻어 뜸을 떴다는 곳은 지금도 웅덩이로 남아 있다고 한다.

마을에 들어서면 마을의 안녕을 기원하는 돌탑과 생동감 넘치는 구룡폭포 벽화가 반갑게 맞이한다. 마을회관 옆에는 수령 500년이 넘는 느티나무가 있고 그 밑에 대간과 정맥을 표기한 산경도와 백두대간이 통과하는 유일한 마을임을 알리는 노치(蘆峙)마을 표지석이 있다.

조선 초 경주 정 씨가 터를 잡고 이어 경주 이 씨가 들어와 형성되었다는 이 마을은 해발 550m의 고랭지로서 본래 이름은 갈재이다. 마을 앞 지리산의 관문인 고리봉과 만복대에 억새가 많이 있어 갈재라고 불렀는데 지금은 노치(蘆峙)로 쓴다. 한국전쟁 때에는 지리산 공비토벌 작전으로 완전히 불타버린 아픔이 있는 이 마을은 전국에서 백두대간 능선이 유일하게 통과한다고 한다. 대간이 통과하는 동쪽은 운봉읍에, 서쪽은 주천면에 속한다. 한 마을에 두 개의 행정구역이 존재하는 마을 뒷산에는 삼국시대 때 축성된 노치산성이 있다. 신라와 백제의 국경지대로서 중요한 방어지역이었으며 아영면 아막성에서 정령치 고리봉의 산성까지를 연결하는 중요한 기점이 된다. 지금은 백두대간을 찾는 사람들의 지친 발걸음을 거둬 주는 따뜻함이 있는 마을로 알려져 있다.

마을 공원

멍에 돌

대간인들이 쉬어가는 모정 옆에는 소 멍에와 비슷하게 생긴 큼지막한 돌 다섯 개가 전시되어 있는데 지금까지 쇠말뚝은 알고 있었지만 이런 멍에 돌은 처음 보았다. 보고만 있어도 내 어깨가 짓눌려 일어서지 못할 것만 같은 느낌이 든다.

포크레인 기사에 의해 우연히 발견된 멍에 돌은 노치마을 앞 논의 시작과 끝 지점에서 4개씩 총 8개가 발견되었는데, 3개는 그 당시 분실되었고 현재 5개만 남아 있다. 아직 발견되지 않은 멍에 돌과 쇠말뚝이 있다면 하루 빨리 모두 제거하여 백두대간의 정기가 정맥과 지맥을 통해 전국 방방곡곡 막힘이 없이 뚫려 지역 간 소통이 잘 이루어지고 남북한이 하나가 되는 날이 하루 빨리 오기를 기원해 본다.

15:45출발-16:15도착 = 30분+00분 = 30분[6:30]-40분[5:35] = -10분[55분]

백두대간! 그 어느 곳 하나 의미 없는 구간은 단 하나도 없지만 이번 산행은 여러모로 그 의미가 매우 크다. 첫발은 육십령에서 내디뎠지만 지리산 산불방지기간을 틈타 노치~육십령은 개인적으로 실시하고 이번 지리산 구간을 끝으로 노치마을에서 공식적인 종지부를 찍었다. 백두대간 720.5km 대장정을 마치기까지 24개월이 소요되었는데 그 중에서 1년 6개월이라는 결코 짧지 않은 시간을 군산대간산악회와 함께 했다. 때때로 길동무, 말동무하며 고락을 함께 했던 산악회원들은 하나같이 따뜻한 사람들로 기억된다. 어쩌다 늦게 오면 기다려주고 빗물이 콧등을 타고내리는 가운데 라면 끓였다고 꼬박꼬박 챙겨주던 다정다감했던 회원들이다.

적잖은 나이임에도 불구하고 열성적으로 팀을 이끈 홍성흠 팀장님과 김종수 산대장님 이하 이윤석,

백두대간 완주 기념사진

배진성, 이동준 대장님, 윤병호 총무님을 비롯하여 최용재, 한태희, 유창수, 이승관, 최용섭, 이병윤, 최윤도, 김경호, 도균영, 황선인, 산들, 이점순, 정영희, 백영민, 김현성, 유만복, 이정이, 박기순, 임인택, 고장완, 박현기, 이동희, 송미숙, 고한규, 손정숙, 양병기, 김희중 회원들과 함께 할 수 있어서 행복했습니다.

모두들 수고 많이 했습니다.

그리고 감사합니다.

2구간

성삼재~만복대~노치마을(13.1km / 5:35)은 6시간 30분(9:45 출발 – 16:15 도착) 소요, 예상보다 55분이 지체되었다. 날씨가 좋았을 뿐만 아니라 조망점이 많아 지리산 백리 영봉들의 황홀한 풍경을 눈에 담아가려니 시간 가는 줄도 모르게 빠르게 지나갔다.

고기리에서 노치마을까지는 남북 약 14㎞, 동서 약 6~8㎞로 반합 뚜껑 모양을 하고 있는 운봉고원 최상류 지역으로 아스팔트 도로가 분수계가 된다. 왼편은 섬진강, 오른편은 낙동강 유역이다. 좌우를 둘러봐도 경사도가 거의 없는 매우 넓은 농경지가 펼쳐져 백두대간 고봉준령과는 거리가 멀게 느껴지나 해발고도까지 낮은 것은 아니다.

도로 왼편은 섬진강수계 요천의 지류인 원천천 유역으로 구룡계곡에서 두부침식이 활발하게 이루어져 과거 낙동강 최상류 구간을 쟁탈한 곳이다. 따라서 도로를 경계로 농경지 바닥의 고도는 왼편이 오른편에 비해 10m가량 더 낮다. 이처럼 분수계가 능선에 있지 않고 계곡이나 분지 바닥에 나타나는 것을 곡중 분수계라 한다.

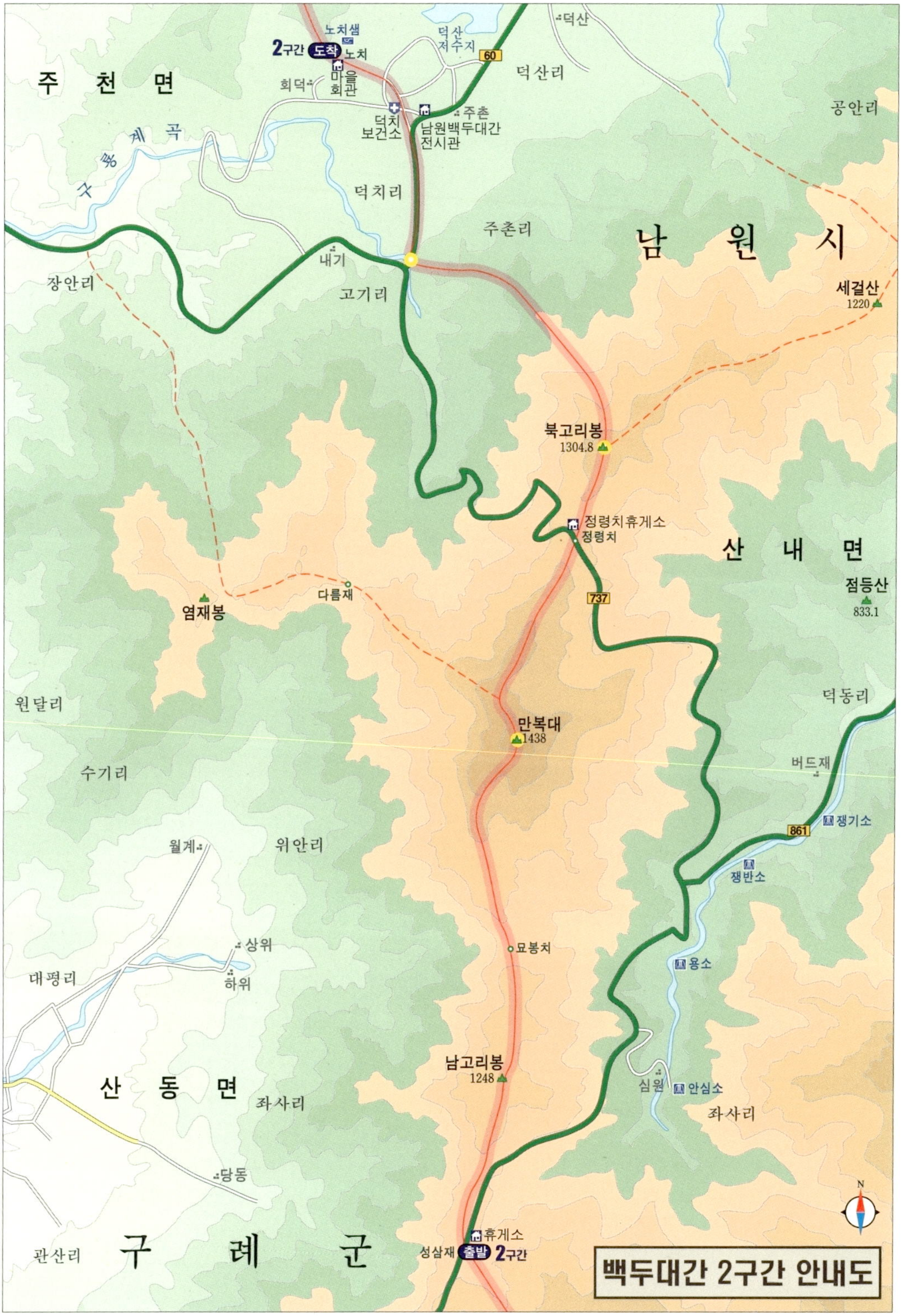

2구간 도착 노치
노치샘
마을회관
회덕
덕산저수지
덕산
덕산리
60
주천면
구룡계곡
덕치보건소
주촌
남원백두대간전시관
덕치리
주촌리
남원시
공안리
내기
장안리
고기리
세걸산 1220
북고리봉 1304.8
정령치휴게소
정령치
산내면
점등산 833.1
737
다름재
염재봉
원달리
덕동리
만복대 1438
수기리
버드재
쟁기소
861
쟁반소
월계
위안리
상위
하위
대평리
묘봉치
용소
남고리봉 1248
산동면
좌사리
심원
안심소
좌사리
당동
구례군
관산리
휴게소
성삼재 출발 2구간
N

백두대간 2구간 안내도

03

白頭大幹

이성계의 숨결이 남아 있는 태조봉, 고남산

노치마을~수정봉~여원재~고남산~사치재

19.1km / 8:45

사치재까지 섬진강수계 요천의 지류인 원천천·효촌천·백암천·강기천·요천·유정천과 낙동강·남강·임천수계 람천의 지류인 주촌천·람천·풍천의 분수계이며, 남원시 주천·이백·산동면·장수번암면과 남원시 운봉읍·아영면의 경계를 이룬다.

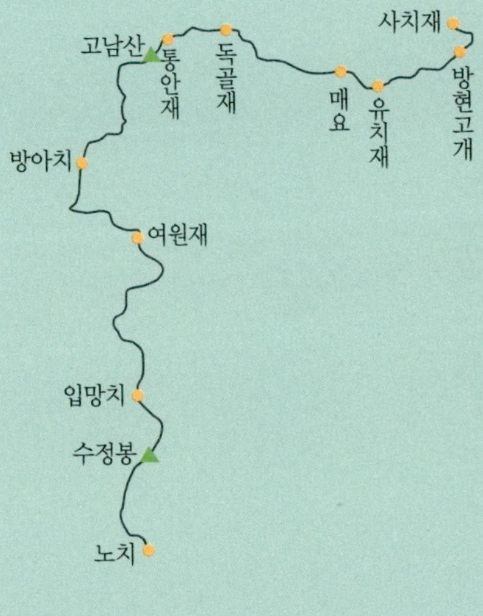

빼재~부항령에 이어서 두 번째 홀로 산행을 위해 2014년 3월 31일, 사치마을에 도착해 예약해둔 운봉 택시를 타고 노치마을로 향했다. 남겨진 구간 종주를 위해 길을 나섰지만 날씨가 썩 좋지 않아 2016년 5월 5일과 11월 23일에 개인적으로 부분산행에 나섰다.

노치마을(541m)~입망치(545m)는 3.0km / 1:20(누적 : 3.0km / 1:20)으로 가파른 오르막과 기복이 심한 수정봉을 넘어가는 구간이다.

마을회관 옆 마을길로 올라가면 가뭄에도 마르지 않는다는 '노치샘'이 나오고 우물 옆 골목으로 올라가면 소나무 네 그루가 마을을 굽어보고 있는 당산이 나온다. 당산에 올라서면 고기리 일대의 너른 들이 펼쳐지고 만복대에서 흘러내린 바래능선이 웅장하게 다가온다. 왜 초기 대학생들이 바래능선을 타고 사채재로 향했는지 조금이나마 알 수 있을 것 같다.

보호수 옆 들머리에서 통나무계단을 타고 올라간다. 장대 같은 적송이 밀림을 이루고 가파른 암반과 암릉이 나타나면서 길은 험해진다. 아직 정상이 남았는데 구룡폭포 갈림길(⇦ 구룡폭포 3.3km / 노치 0.42km ⇩ / 여원재 5.7km, 수정봉 1.34km ⇨)이 나온다. 봉우리 정상에서 좌측으로 내려가는 능선이 섬진강수계 요천의 지류인 원천천과 효촌천을 가르고 주천면과 이백면의 경계가 되는데 구분이 쉽지 않다.

이제 수정봉까지 큰 오름 없이 진행되지만 잔 기복은 매우 심한 편이다. 폭이 좁은 오솔길로 진행하다가 가파르게 올라채면 어느 작명가가 임의로 지어놓은 덕운봉(745m)이 나온다.

노치샘

노치마을 보호수

노치마을 뒤 전경

얕은 능선 안부를 건너가면 좌우 모두 급경사를 이루지만 이백면과 운봉읍의 고도차는 비교가 되지 않는다.

암릉 끝자락에 자연이 만들어 놓은 고인돌 바위를 지나 가파르게 올라가면 연산골 갈림길(⇦ 노치마을 1.5km / 연산골 2.1km ⇧ / 수정봉 0.6km ⇨)이 나온다. 곧게 뻗은 통나무계단으로 올라가면 무명봉 좌측으로 내려가는 능선이 요천의 지류인 효촌천과 백암천을 가르지만 구분이 쉽지 않고 완만하게 올라가면 큰 소나무들로 둘러싸인 수정봉(804.7m)에 도착한다.

수정봉은 운봉읍 행정리와 이백면 양가리 경계에 있는 수려한 산으로 산 중턱에 수정이 생산되었던 암벽이 있어 붙여진 이름이다. 특히 기암절벽이 장관을 이루고 섬진강 유역과 낙동강 유역의 분수계가 되며 이백면 쪽에서 보면 700m의 높은 산이 운봉에서는 300m의 낮은 산이 된다. 입망치를 사이에 두고 양지산성 남쪽에 위치한 수정봉은 운봉읍 주촌리와 이백면 과립리를 경계로 두 개의 산봉우리를 포함하여 표주박 형태를 이룬다.

숲이 울창하지만 고남산 방면으로 열린 전망대가 있다. 노치마을 뒷산에 불과한 잔잔한 능선과 입망치 안부 건너편 700m 고지에서 고남산을 거쳐 가산까지 운봉 언저리를 돌아가

수정봉에서 입망치 방향

입망치

는 대간 능선이 모두 조망되고 우측으로 내려가는 능선 끝자락에서 주촌천과 람천이 갈라진다.

성벽으로 추정되는 돌길로 내려가면 심하게 훼손된 넓은 소나무 숲이 나타나고 입망치까지 긴 내리막이 펼쳐진다. 중간에 가파른 곳도 있지만 대체로 무난하다. 헬기장을 지나 완만하게 내려가면 깊은 안부에 위치한 입망치가 나온다. 고갯마루에 무거운 관(冠)을 얹혀놓은 복잡한 이정표(⇦ 노치 3km, 수정봉 1.3km / 이백과립리 2.3km ⇧ / 운봉엄계리 2.5km ⇩ / 여원재 3.1km⇨)가 장승처럼 서 있다.

이백면 입촌마을에서 운봉읍 갓바래마을로 넘어간다고 하여 갓바래 고개라 불렀는데 이를 한자로 표기하면서 입망치(笠望峙)가 되었다고 한다. 폭은 소달구지가 지나갈 정도로 넓은 편이지만 과립리는 급경사를 이루고 엄계리는 매우 완만하게 내려간다.

8:30출발-9:55도착 = 1:25+00분 = 1:25[1:25]-1:20[1:20] = 05분[05분]

입망치(545m)~여원재(480m)는 3.2km / 1:30(누적 : 6.2km / 2:50)으로 700m 고지만 올라서면 주지봉 갈림길까지 잔잔한 능선을 이루고 이후는 완만하게 내려가는 구간이다.

묘지 옆으로 올라가면 광장처럼 넓은 솔밭이 나타난다. 낮은 구릉성 능선을 넘고 잡목과 잡풀이 우거진 안부를 지나 가파른 통나무계단과 돌계단으로 올라가면 입망치의 깊은 안부와 수정봉의 수려한 자태가 조망되는 전망대가 있다.

돌계단으로 올라가면 바윗돌이 흩어져있는 700m 고지이지만 평범한 무명봉에 지나지 않고 두 갈래 길이 있는데 리본이 많이 붙어 있는 좌측으로 내려간다. 무너진 성터 옆으로 내려가면 좌측 벼랑 위에 아슬아슬한 전망바위가 있다. 운봉읍과 이백면의 고도차만큼이나 운봉에서 200~300m의 낮은 산이 이백에서는 700m의 높은 산임을 실감하게 된다.

소나무가 주류를 이루는 잔잔한 능선에 이정표(⇦ 수정봉 2.7km / 여원재 1.65km ⇨)가 있고 안부를 건너 성벽을 두른 무명봉에 올라서면 여원재에서 이백면 아랫동네로 내려가는 24번 국도가 훤히 내려다보이는 전망대가 나타난다. 잔잔한 능선을 넘어가면 이정표도 없는 갈림길이 나오는데 여원재는 우측 비탈길로 내려가고 직진으로 임도를 건너 200여 미터 진행하면 전망이 좋은 주지암봉이 나온다. 지나온 700m 고지 능선과 앞으로 진행될 여원재에서 사치재에 이르는 백두대간이 거침없이 조망된다. 특히 여원재 주변의 분수계는 삼국시

700m 고지 내리막 전망대

주지암봉에서 수정봉 방향

주지암봉

대 백제와 신라의 영토 분쟁이 치열했던 격전장만큼이나 섬진강과 낙동강의 하천쟁탈[4]이 치열하게 진행되고 있는 현장을 볼 수 있다.

갈림길로 복귀해 임도와 능선을 번갈아 내려가면 임도를 버리고 좌측 능선으로 안내하는 이정표(⇦ 수정봉 3.54km / 여원재 0.84km ⇧)가 나온다. 가파른 통나무계단으로 내려가면 펑퍼짐한 넓은 솔밭이 펼쳐지는데 능선과 골(谷)이 뚜렷하지 않지만 내려갈수록 서서히 분수계 모습을 되찾는다.

운봉고원 바닥에 내려서서 좌측 포장길로 진행하다가 이정표(⇦ 수정봉 4.2km / 여원재 0.2km ⇨)에서 비포장 농로에 접어들고 밭두렁과 숲길 능선을 넘어 휴게소 옆으로 돌아 내려가면 산경표에 여원치로 기록된 여원재에 도착한다.

---

4) 급경사의 하천이 완경사의 인접 하천을 흡수하는 현상이다.

주지암봉에서 여원재 전경

남원시 이백면 양가리와 운봉읍 장교리를 잇는 고갯길로 24번 국도가 지나가는 여원재는 날머리에 이정표(⇦ 고남산 5.4km / 수정봉 4.8km ⇨)가 있고 그 옆에 '운성대장군(雲城大將軍)' 이라는 석장승과 함께 백두대간 등산안내도, 동학농민혁명 기념비가 있다.

운봉은 삼국시대에는 쟁탈전이 치열했던 백제와 신라의 국경지역으로 남원과 함양을 오가는 길손이라면 반드시 거쳐야 하는 고개이다. 부근 지명은 고려 말 왜구 노략질과 이성계에 얽힌 이야기가 많이 전해진다. 왜구를 토벌하기 위해 당도한 이성계가 꿈을 꾸었는데, 왜구에 의해 억울한 죽음을 당한 주막집 주모가 혼백이 되어 나타나 알려준 계책대로 싸워 대승을 거두자 이성계는 고갯마루 암벽에 여상을 암각하고 주모의 넋을 위로하기 위해 사당을 지어 여원(女院)이라고 불렀다는 이야기가 전해진다.

또한 조선시대에는 권율 도원수 휘하의 군사로 백의종군하라는 명을 받고 서울을 출발한 이순신 장군이 경기, 충청도를 지나 전라도 여산, 삼례, 전주, 남원을 거쳐 운봉에 당도하여 머물다가 권율 도원수가 순천에 있다는 소식을 접하고 구례를 거쳐 순천으로 갔다는 이순신

평지 같은 여원재 대간길

여원재

장군의 고독한 발자취가 남아 있는 곳이기도 하다.

⏱ 9:55출발-11:40도착 = 1:45+00분 = 1:45[3:10]-1:30[2:50] = 15분[20분]

여원재(480m)~고남산(846m)은 5.1km / 2:00(누적 : 11.3km / 4:50)으로 고남산 정상부를 제외하고 완만하게 진행되는 구간이다.

여원재 들머리(⇦ 유치삼거리 10.5km)로 올라가면 우측에 농가를 끼고 평탄한 오솔길이 나타난다. 구불구불 300여 미터를 돌아가면 좌측 농가와 연결된 옛 고개가 나오고 소나무 숲을 빠져나가면 평범한 밭두렁 건너편에 고즈넉하게 자리 잡은 장동마을 전경이 펼쳐진다.

장동마을 전경

장동고개

방아치

섬진강의 지류인 요천에서 600~700미터의 높은 산줄기가 이곳에서는 대간길이라고 믿어지지 않을 정도로 낮은 능선이 된다. 대간길은 농로 두 개와 장동고개를 건너 561m 고지로 올라가지만 분수계가 뚜렷하지 않고 방아성 갈림길 이후로는 그마저 아예 보이지도 않는다.

밭두렁으로 진행하면 첫 번째 포장된 농로가 나오고 우측 밭두렁으로 거슬러 올라가면 두 번째 포장된 농로가 또 나온다. 묘지 옆으로 20여 미터를 거슬러 올라가 이정표를 보고 우측으로 내려가면 좁고 깊은 장동고개가 나온다. 장동마을 주민들이 백두대간 건너편에 있는 농경지를 좀 더 수월하게 넘나들기 위해 파놓은 고갯길이다.

가느다란 밭두렁을 건너 솔밭 능선으로 올라가면 묘지가 있는 561m 고지 정상이다. 그대로 직진하는 능선이 요천의 지류인 백암천과 강기천을 가른다. 대간은 우측으로 굽어 비탈길로 내려가는데 짧지만 급경사를 이룬다. 매우 넓은 개활지와 솔밭 경계선으로 진행하다가 소나무 숲으로 올라가면 철탑 밑에 지나온 561m 고지가 조망되는 넓은 묘지대가 나타난다.

장교리 뒷산 산불 흔적(1995년)이 남아 있는 솔밭 길로 올라가면 방아산성 갈림길이 나온다. 좌측 방아산성(641m)으로 가는 능선이 강기천과 요천을 가르고, 우측 고남산 방면으로 조금 내려서면 옛 고개 흔적이 남아 있는 방아치 고개가 있다.

방아치는 북쪽의 남원 평원과 남쪽의 운봉고원을 가로지르는 백두대간을 넘나드는 산중 고개로 동학농민혁명(1894년)때 전라좌도를 관장하던 김개남 장군이 농민군의 정예부대를 이끌고 북상한 뒤 영남지방 교두보를 마련하기 위해 1894년 11월 14~15일 고개를 통해 운봉

현을 공격하였으나 박봉양이 이끄는 민보군이 방아산성의 성돌을 무기로 사용하여 농민군을 물리친 곳이라 한다.

이후 대간길은 기복이 적은 소나무 능선이 펼쳐지고 변변한 조망점 하나 없이 진행된다. 지루함이 느껴질 무렵에 가파른 오르막이 나타나는데 그리 높지는 않지만 오를수록 숨소리는 거칠어지고 정상에 가까워질수록 질주하는 차량들의 굉음소리는 더욱더 요란을 떤다. 능선 분기점에서 우측으로 굽어 진행되는데 가끔 요천 유역의 깊은 협곡이 시원스럽게 내려다 보인다. 이를 보는 것만으로도 가슴속까지 시원해진다.

밧줄이 매달린 경사진 암반을 올라가면 바위 뒤에 숨겨진 계단이 나타나고 계단을 하나씩 올라갈 때마다 그동안 숨어 있던 비경이 나타나기 시작한다. 반야봉, 만복대가 아른거리고 운봉고원 서쪽을 굽이치며 올라오는 수정봉, 여원재, 방아성 갈림길이 한눈에 들어온다.

좌측으로 요천 계곡과 장수군 번암 일대의 수많은 산군들을 감상하며 좁고 깊은 바위 협곡을 건너가면 고남산(846m) 정상이다. 매우 협소한 정상에는 송신탑과 산불감시 초소 그리고

고남산에서 여원재 방향

고남산에서 사치재 방향

삼각점이 있다.

고남산 제단지는 고려 우왕6년(1380) 왜구가 인월에 진을 치고 약탈을 일삼자 이를 토벌하기 위하여 고려군을 이끌고 운봉에 도착한 이성계 장군은 고남산에 올라 제단을 쌓고 필승의 산신제를 올렸다고 한다. 이 때문에 고남산은 태조봉 또는 제왕봉이라고 불린다.

고남산은 운봉고원 북서쪽에 솟아 있는 산으로 주변 조망은 서쪽 일부를 제외하고 좋은 편이다. 넓은 들을 가진 운봉고원과 그 건너편에 바래능선이 펼쳐지고 아침부터 걸어왔던 대간길은 물론 앞으로 진행될 사치재 건너 봉화산, 백운산까지 시원스럽게 조망된다.

11:40출발-13:40도착 = 2:00+10분 = 2:10[5:20]-2:00[4:50] = 10분[30분]

고남산(846m)~유치재(420m)는 4.8km / 2:40(누적 : 16.1km / 7:30)으로 부담없이 완만하게 내려가는 구간이다.

좁은 정상에서 내려서면 넓은 공터에 고남산 표지석이 있다. 표지석 뒤로 난 길은 권포리 마을로 내려가게 되니 유의해야 한다. 리본이 붙어 있는 좌측 방향으로 조금 내려가면 넓은 헬기장이 나오고 비탈길로 내려서서 포장길로 올라가면 사치재 방향으로 열려 있는 조망점이 있다. 운봉을 품은 고남산이 올려다보이고 사치재로 달려가는 대간길이 아무런 걸림돌 없이

고남산 전경

고남산에서 통안재와 독골재 전경

통안재

독골재

시원스럽게 내려다보인다.

곡선 구간 좌측으로 나무에 매달린 리본을 따라 숲속으로 내려가면 첫 번째 포장도로가 나오고 짧게 한 번 더 내려가면 두 번째 포장도로와 접한다. 좌측으로 50m 정도 내려가면 곡선 구간 부근이 통안재(670m)이다. 지역 간 왕래를 위한 고개가 아니라 권포리 주민들이 고남산 자락의 임산물이나 땔감 등을 얻기 위해 지역 내(관내)를 넘나든다고 하여 통안재라 한다.

고목나무 좌측 들머리에서 능선으로 접어들어 올라가면 무명봉(704m)이 있는데 좌측으로 내려가는 능선이 요천과 유정천을 가르고, 장수 번암면과 남원 운봉읍의 경계가 된다. 우측으로 불당저수지를 보며 내려가면 좁고 깊은 안부가 독골재이다. 남원시 운봉읍 권포리에서 산동면 월석리 석동(독골)마을로 내려가는 옛 고개이지만 중간에 번암면 구선동마을로 갈라진다. 옛날부터 권포리 사람들이 남원이나 전주 등 외지로 나가기 위해 독골재를 넘나들었다고 한다.

대간 능선은 우측 불당저수지를 끼고 삼각점이 있는 573m 고지를 넘어가면 좌측으로 구선동마을 하늘 위에 건설되는 고속도로 공사 현장이 내려다보인다. 10여 분 밋밋하게 진행하면 훌쩍 건너뛰기 좋은 작은 도랑이 나온다. 주변에서 흔히 볼 수 있는 도랑에 불과하지만 섬진강과 낙동강을 가르는 분수계가 된다.

좌측 계단식 경작지로 올라가야 하지만 넓은 길을 따라가다 보면 매요마을로 들어간다. 대간길이 궁금해 뒤돌아서 능선으로 올라가니 흔적이 미미하다. 대간 능선은 우측에 아늑하게 들어앉은 매요마을을 끼고 돌아가는데 뙈기 밭[5]과 대나무 밭두렁이 분수계가 된다. 분기점에서 능선 가운데에 걸터앉은 교회를 보고 내려가야 하지만 집과 밭이 뒤엉켜 있어 진행을 할 수가 없다. 하는 수 없이 분기점을 지나 우회해 내려갔다. 교회에서 카메라에 잡힌 좌측 밭두렁이 분수계가 된다. 예전에는 백두대간이 마을을 휘감고 돌아갔지만 언제부터인지 마을이 점차 대간 분수계를 완전히 점령해버렸다.

매요마을은 지세가 말의 형국을 닮았다 하여 '말 마(馬)'자와 '허리 요(腰)'자를 합하여 마요리로 불리다가 사명대사가 마을 사람들이 매화같이 순결하고 선량하다고 해서 매요리(梅要里)로 부르게 되었다는 이야기가 전해진다.

마을 입구에서 좌측 능선이 분수계이지만 마을길과 도로를 따라 진행된다. 도로에서 좌측

매요마을 뒤 능선 갈림길

매요마을 뒤 전경

매요마을 앞 전경

유치재 삼거리

5) 다랭이 논처럼, 산 능선을 따라 좁고 길게 조금씩 일구어 놓은 밭이다.

능선으로 접어들어 밭두렁으로 내려가면 산경표에 유치(柳峙)로 기록된 유치삼거리가 나온다. 평범한 시골 삼거리에 불과하지만 해발고도가 420m로 추풍령(220m)보다 두 배나 높다. 유치재는 운봉읍 매요리와 장수군 번암면 유정리 사치마을을 잇는 고갯길로 743번 지방도로가 지나간다. 백두대간 남원시 구간 중 고도차가 가장 낮고 경사도가 완만하여 삼국시대 이전부터 교류가 활발했던 만큼 분쟁이 심한 지역이었으며 동학혁명 당시에는 동학농민군의 영·호남의 통로 역할을 했던 곳이기도 하다.

⏱ **13:50출발-15:50도착 = 2:00+00분 = 2:00[7:20]-2:40[7:30] = -40분[-10분]**

유치재(420m)~사치재(500m)는 3.0km / 1:15(누적 : 19.1km / 8:45)으로 그리 높지 않은 618m 고지를 넘어가는 구간이다.

유치 삼거리에서 인월 방면 50m 지점에 사치재로 가는 들머리가 있다. 사치재가 공사 중인 관계로 사치마을로 우회하라는 안내 문구가 있지만 대간의 의미를 되새기며 가산(618m)으로 들어섰다. 솔밭 능선으로 200여 미터 정도 완만하게 올라가면 좌측에 산불 흔적이 남아 있는 넓은 개활지가 나타난다.

보기 흉하지만 분수계 구분이 쉽지 않은 매요마을과 인간의 역사만큼이나 치열하게 전개되고 있는 약육강식의 하천쟁탈전이 일어나고 있는 유치재 부근을 조망할 수 있는 곳이다. 즉 낙동강으로 흘러드는 평탄하고 완만한 운봉고원이 섬진강 수계 요천의 지류인 유정천으로 조금씩 흡수되어 가고 있는 현장이다.

두어 번 출렁이는 능선을 따라 조금 더 올라가면 개활지 정상부에 도착한다. 이전보다 조망점이 높아 운봉이 훤히 내려다보인다. 사치재 방향으로는 약간 잡목에 가려지지만 고속도로가 지나가는 사치재에서 시리봉으로 이어지는 대간길이 조망된다.

정상부 능선을 따라 조금 더 올라가면 마을 사람들이 가산리(佳山里)의 뒷산이라서 가산(618m)이라고 부르는 무명봉에 도착한다. 주변에 널브러진 산성 흔적이 삼국시대와 고려 말 격전지였음을 말해준다.

무너진 성벽을 디딤돌 삼아 10여 분 내려가면 주변에 묘지가 많은 방현(방)고개가 나온다. 이 고개는 옛날 장수 번암면 사치마을 주민들이 남원시 인월 장(場)을 보기 위해 넘던 고개로

693m 고지에서 고남산 방향

693m 고지에서 사치재 전경

방현고개에서 방현마을 전경

사치마을 방향은 급경사를 이루고 방현마을은 시멘트 포장길로 완만하다.

묘지가 있는 낮은 능선 우측으로 모래재, 베틀바위, 황산으로 내려가는 산줄기가 낙동강·남강수계 임천의 지류인 람천과 풍천을 가르고, 운봉읍과 아영면의 경계가 된다. 14구간(정령치~중재) 탐사에 나선 대학생들이 바래능선 덕두산에서 내려와 황산을 거쳐 모래재에서 지리산 휴게소로 간 곳이다.

둥그런 바위를 지나 조금 내려가니 사치재가 나온다. 유치재에서 어떻게 되겠지 하면서 사치재로 향했지만 막상 절개지가 나타나니 난감해진다. 공사가 한창 진행 중인 경사면을 내려와 사치재를 횡단했다.

공사 중인 사치재

완공된 사치재

사치재는 장수군 번암면 유정리와 남원시 아영면 아곡리를 잇는 고개로 아실재라고도 하며 2차선 88올림픽고속국도가 지나간다. 현재(2014.3.31.) 4차선 확장공사와 더불어 158m 길이의 터널 공사가 한창 진행되고 있었는데 2015년 12월 22일에 번암 2터널로 완공되어 광주-대구고속국도로가 지나간다.

15:50출발-16:45도착 = 55분+00분 = 55분[8:15]-1:15[8:45] = -20분[-30분]

이 구간은 역사적 흔적이 많이 남아 있는 곳이다. 노치마을의 뼈아픈 멍에 돌과 여원재의 슬픈 이야기, 노략질을 일삼던 왜구를 무찌른 이성계 장군의 승전비뿐만 아니라 수정봉, 고남산, 가산 등 백두대간 주변의 많은 산성이 말해 주듯 뺏으려는 자와 지키려는 자 모두 사라졌지만 그 흔적이 격전장이었음을 말해준다.

가산리 비전(碑前)마을에는 이성계 장군이 왜구를 무찌른 황산대첩비지와 동편제를 탄생시킨 가왕 송흥록과 명창 박초월의 생가가 있는 마을이다. 송흥록(1780~1863)은 조선 정조 때 송첨지의 아들로 태어나 12세에 백운산 월광선사에게 공부하였고, 철종 10년(1859) 정3품 벼슬에 제수된 명창으로 모든 가사를 집대성하여 판소리의 중시조라 불리며 가왕(歌王)의 칭호를 받은 인물이라고 한다.

황산 대첩비

가왕 송흥록 생가

국악의 성지 기념관

그의 소리는 제자 박만순과 동생 광록의 손자 송만갑으로 이어졌고 1930년 전주대사습놀이에서 장원을 차지한 박초월이 1935년부터 10년간 전수를 받아 국창이 되었다고 한다. 국악의 성지답게 마을 옆 황산 입구에는 야외 공연장까지 갖추어진 국악의 성지 기념관이 있다.

3구간

노치마을~고남산~사치재(19.1km / 8:45)는 8시간 15분(8:30 출발 – 16:45 도착) 소요, 예상보다 30분이 단축되었다. 반합 뚜껑 모양을 하고 있는 운봉고원 서쪽 언저리를 돌아가는 대간길은 백두대간 중에서 자연에 대한 인간 간섭의 역사가 가장 오래된 곳 중의 하나로 훼손이 매우 심하다. 특히 여원재~장동마을, 매요마을~유치재 구간은 밭 가운데가 분수계이지만 밭두렁과 마을길로 진행하기도 한다. 리본은 가끔 하나씩 붙어 있고 이정표를 유심히 살피며 가야 한다. 이런 길을 찾겠다고 나선 초기 개척자들에게 감사할 뿐이다.

수정봉이나 고남산은 백두대간이 아니었다면 동네 뒷산으로 머물렀을 산이라고 말하는 사람도 있지만 결코 그렇지 않다. 운봉고원에서 보면 그렇게 보이지만 산동면 요천 방향에서 보면 700~800m의 고도차만큼이나 동해안을 따라 올라가는 백두대간 못지않게 웅장하다는 것을 잊어서는 안 되는 구간이다.

백두대간 3구간 안내도
광주-대구고속국도
12
당동
평선
석동
구선동
대기리
유정리
만항
남양
620
사처재
3구간 도착
통안재
독골재
모래재
방현고개
고남산
846
573.2
매요
618
가산
산동면
임리
유치재
가산리
권포리
매요리
641.1
방아치
황산대첩비
743
인월면
장교리
강기리
운봉읍
신기리
561.8
화신동
장동고개
운성대장군
여원재
GNKC 리조트
북천리
19
서천리
양가리
24
주지암봉
화수리
운봉읍 사무소
준향리
용산리
평촌리
바래봉철쭉군락지
운지암
동천리
700
이백면
과립리
입망치
행정리
남원시
삼산리
산덕리
수정봉
804.7
용은산
효기리
60
주촌면
덕산저수지
노치샘
3구간 출발 노치
마을회관
덕산리
회덕
덕치리
공안리
덕치 보건소
구룡계곡
주촌
주촌리

04

白頭大幹

덕유와 지리산의 길목, 봉화산

사치재~복성이재~봉화산~월경산~중재

18.4km / 7:50

중재까지 섬진강수계 요천의 지류인 유정천·요천·백운천과 낙동강·남강·임천수계 람천의 지류인 풍천, 낙동강·남강수계 함양 위천의 지류인 평정천·백운천의 분수계이며, 장수군 번암면과 남원시 아영면·함양군 백전면의 시·군계 및 도계를 이룬다.

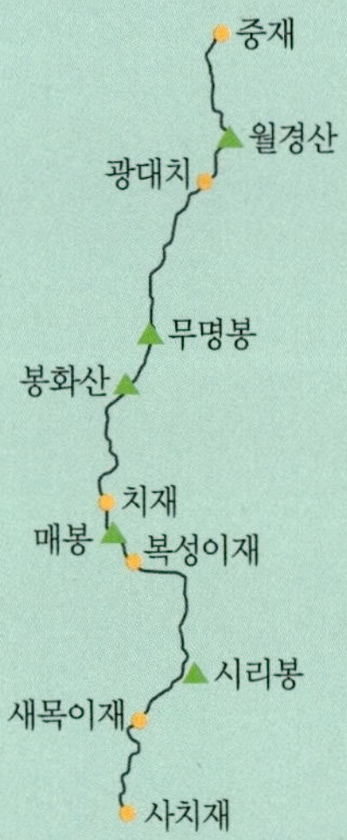

2014년 5월 3일, 사치재~중재를 목표로 그동안 밀린 종주산행을 위해 이른 새벽에 집을 나섰다. 장수군 번암면 지지터널에 도착해 예약해 둔 번암택시를 타고 사치마을로 향하는데 기대 보다 우려와 걱정이 앞선다. 한동안 종주산행을 접었던 아내가 봉화산 철쭉을 보겠다고 따라 나섰기 때문이다. 비상시 복성이재나 치재에서 탈출하면 된다 생각하고 장수군 번암면 사치마을 길을 따라 사치재로 올라갔다.

사치재(500m)~781m 고지는 4.9km / 2:00(누적 : 4.9km / 2:00)으로 잔 기복과 굴곡이 심하고 조망점이 없이 지루하게 진행되는 구간이다.

고속도로 터널 공사가 한창 진행 중인 사치재 들머리(⇦ 복성이재 7.2km / 유치삼거리 2.5km

693m 고지 전망대에서 운봉 전경

새목이재

693m 고지 정상에서 시리봉 방향

남근석

781m 고지에서 복성이재 방향

⇨)에서 완만하게 올라가면 헬기장(620m)이 나온다. 예전에 소나무가 무성한 곳인데 산불로 잡목으로 천이가 이루어지고 있어 조망은 비교적 좋은 편이다.

사치재로 내려오는 숨겨진 대간 능선과 앞으로 진행될 693m 고지 너머로 시리봉이 조망된다. 만물이 소생하는 싱그러운 5월, 여기저기 연녹색 새싹들이 얼굴을 내민다. 아영의 너른 들과 그 언저리로 진행되는 고속도로를 보며 완만하게 올라가면 693m 고지 턱밑에 사치재 방향으로 열려 있는 전망바위가 나타난다.

멀리 만복대에서 사치재에 이르는 대간길이 한눈에 들어오고 운봉에서는 낮은 봉우리에 불과했던 고남산이 제법 제왕봉 다운 면모를 보여준다. 잡풀이 무성한 693m 고지에 오르면 시리봉에서 복성이재에 이르는 대간길과 봉화산, 백운산이 조망된다. 이제 봉우리 하나 올랐을 뿐인데 시간이 제법 흘러가 버렸다.

서둘러 새목이재로 향하는데 능선과 고도차가 거의 없는 곳에 좌우로 제법 널찍한 고개 흔적이 남아 있는 열십자 안부가 나오고 조금 더 내려가면 이번에는 좁고 깊은 안부가 나온다. 장수군 번암면 논곡리와 남원시 아영면 아곡리 사이를 넘나든다 하여 새목이재로 불리는데, 우측 고갯마루에는 넓게 개간된 흔적이 남아 있다.

망부석이 있는 묘지를 지나 20여 분 소나무 숲길로 올라가면 시리봉 갈림길이지만 숲이 울창해 주변 조망은 좋지 않다. 철쭉과 잡목이 뒤엉킨 십자 안부를 건너 20여 분 진행하면 보는 각도에 따라 남근석 같기도 하고 부채 같은 바위가 있는 781m 고지에 도착한다.

발아래 아막성과 복성이재 그리고 매봉에서 봉화산을 거쳐 백운산에 이르는 대간길이 눈부실 정도로 선명하게 조망된다. 날씨는 화창하지만 철쭉 꽃피는 시기를 맞추지 못해 아쉬움이 남는다. 연분홍 철쭉은 화사해 보기 좋지만 저물어가는 철쭉꽃은 쓸쓸하기 짝이 없다.

7:50출발–10:55도착 = 3:05+00분 = 3:05[3:05]–2:00[2:00] = 1:05[1:05]

781m 고지~복성이재(550m)는 2.0km / 1:00(누적 : 6.9km / 3:00)으로 중간에 아막성이 있는 완만한 내리막 구간이다.

정상부에 넓게 분포하는 철쭉지대를 벗어나 그늘이 짙게 드리워진 숲속으로 들어가니 시원하다 못해 싸늘한 한기가 느껴진다. 11시가 조금 넘었을 무렵 벌써 배가 고파 그늘에 앉아 이른 점심을 먹고 있는데 등산객 한 분이 지나간다. 어디서 오냐고 물으니 중재에서 출발했다고 한다. 중재까지 간다고 하니 시간상 힘들 거라고 염려해 준다.

사치재로 향하는 택시에서 염려했던 일이 현실로 다가오고 있었다. 아직 해가 많이 남아 있어 도전하기로 하고 자리에서 일어섰다. 돌탑이 나타나면서 흥부와 놀부가 살았다는 아영의 성리와 781m 고지에서 새목이재 건너 고남산이 조망된다.

양지바른 묘지를 지나자 성벽 흔적만 남아 있는 아막성(阿幕城)이 나온다. 아영고원 줄기에 자리한 산봉우리를 둘러싼 산성은 둘레가 633m 가량 된다. 이곳은 삼국시대 백제와 신라 사이에 격렬한 영토 쟁탈전이 벌어진 곳으로 신라에서는 모산이라고 불렀다. 성터는 대체로 사각형을 이루고 있으며 동·서·북쪽 테두리에 성문터가 있다. 북쪽의 성벽은 거의 완전하게 남아 있는데 네모반듯하게 다듬은

아막성

돌을 가지런하게 쌓아 정교함을 보여준다. 북문터 부근에는 직경 1.5m의 돌로 쌓은 둥근 우물터가 있고 성안에는 삼국시대의 기와 및 토기 조각 등이 쌓여 있다.

무너져 내린 성벽 아래 삼거리 이정표(⇦ 시리봉 2.0km / 아막성 0.2km, 흥부묘 0.7km ⇩ / 복성이재 1.2km ⇨)가 있는데 시리봉 가는 길이 모호하다. 10여 분 내려가면 성리(흥부마을)로 향하는 복성이뒷재가 나온다. 여유만 있으면 흥부마을에 한번 들르고 싶은데 마음뿐이다.

사람과산 ——— 1990년 10월 6일, 1구간(중산리~월성재) 종주에 나선 「사람과산」 검증팀은 중산리를 출발해 선비샘(덕평봉)에서 막영을 하고 공사가 한창 진행 중인 노고단에 도착했다. 3일째 주차장을 만든다는 명목으로 백두대간의 한 산등성이를 끊고 있는 성삼재를 지나 작은 고리봉과 만복대를 넘고 큰 고리봉에서 바래봉이 아닌 고기리로 내려갔다.

4일째 덕치 삼거리 회덕마을에서 억새집(건새집)을 보고 동네 뒷산처럼 나지막한 능선으로 운봉을 한 바퀴를 돌아 매요마을에서 피로를 풀었고, 5일째 모래재와 시리봉을 거쳐 신라와 백제의 싸움 소리가 들리는 듯한 아막성을 지나 복성이뒷재에 도착해 구간 산행을 마무리 한 곳이다.

낮은 능선을 넘고 비포장도로와 짧은 숲을 건너 복성이재(550m)에 도착했다. 복성이재는 장수군 번암면 논곡리 복성이마을과 남원시 아영면 성리마을을 연결하는 고개로 751번 지방도로가 지나간다.

복성이뒷재

복성이재

옛날 천문지리에 밝은 변도탄이란 사람이 조정의 군량미를 관리하는 관원으로 있으면서 머지 않아서 나라에 큰 전란 조짐이 보이므로 국난에 대비 할 것을 상소했다가 혹세무민하다 하여 삭탈관직 당하고 낙향하던 중 북두칠성의 왕별인 복성(福星)의 빛을 따라 이곳에 당도 하여 움막을 짓고 전란에 대비하여 벽과 천장을 쌀가루로 반죽해 도배를 했다고 한다.

얼마 후 왜군 침입으로 어려움에 처하자 변도탄 움막은 관군과 의병 및 피난민의 양곡이 돼서 왜군을 무찌르는데 큰 힘이 되었다고 한다. 전란이 끝난 뒤 그에게 큰 상이 내려졌고 그의 선행이 주위에 알려지자 한 사람씩 모여들어 복성이재 마을이 되었다고 한다. 「장수군지」에 의하면 오늘날 남원시 송동면 일대에서 살고 있는 변씨들이 그의 후예들이라 전해진다.

10:55출발-12:20도착 = 1:25+00분 = 1:25[4:30]-1:00[3:00] = 25분[1:30]

복성이재(550m)~봉화산(919.8m)은 4.0km / 1:50(누적 : 10.9km / 4:50)으로 두 번에 걸쳐 가파르게 올라가는 긴 오르막 구간이다.

들머리(⇦ 중치 12.1km / 사치재 7.2km ⇨)에서 소나무 숲으로 완만하게 올라가면 좌측으로 고사리 재배를 위해 벌목된 넓은 초지대가 나타난다. 땡볕에 그늘도 없는 가파른 능선을 오

매봉에서 복성이재 방향

매봉에서 봉화산 방향

르는데 숨이 턱까지 차오른다.

철쭉에 대한 기대감으로 한발 한발 올라 매봉에 당도하니 연분홍 철쭉은 온데간데없고 푸른 잎만 무성하다. 예년 같으면 연분홍 철쭉이 만발할 시기인데 지구 온난화로 꽃피는 시기가 갈수록 빨라진다. 비록 철쭉꽃은 볼 수 없지만 대간 전후 조망은 이를 데 없이 좋다.

동쪽의 너른 들을 가진 아영과 서쪽 번암의 좁은 골짜기가 대비된다. 수정봉 뒤로 지리능선이 아른거리고 고남산에서 복성이재에 이르는 굴곡진 능선과 북쪽으로는 치재를 건너 봉화산으로 올라가는 육중한 대간길이 올려다보인다. 남서 방면으로 내려가는 능선이 섬진강 수계 요천의 지류인 유정천과 요천을 가른다.

키를 훌쩍 넘는 철쭉 터널은 전망대와 쉼터가 있는 치재(짓재)까지 이어지는데 치재는 장수군 번암면에서 남원시 아영면 성리로 넘나들던 산중 고개로 「산경표」에 기치(箕峙)가 치재로 추정된다. 숲이 울창한 능선 봉우리에 오르면 발아래 푸른 물이 넘실대는 동화댐이 내려다보이고 내려서면 넓고 펑퍼짐한 꼬부랑재이지만 잡목과 잡풀이 무성해 아무런 흔적도 찾을 수 없다.

또 하나의 무명봉(770m)을 넘어가면 잡풀만 무성한 다리재가 나오고 가파르게 한 번 더 올라가면 8부 능선 갈림길에 도착한다. 좌측으로 요천과 백운천을 가르는 능선이 내려가고 매봉에서 올라오는 대간길이 발밑에 펼쳐진다.

봉화산까지 경사는 완만하지만 제법 한참 올라간다. 봉화산(烽火山) 정상은 한가운데에 표지석과 삼각점 그리고 새로 만든 봉화대 모형과 쉼터가 있다. 봉화산은 전북 장수군 번암면과 남원시 아영면에 걸쳐 있는 산으로 덕유산과 지리산에 이르는 백두대간 남부구간의 중

봉화산에서 매봉 방향

봉화산에서 무명봉 방향

간 지점이자 봉화대의 유적이 존재했던 역사적 의미가 담긴 산이다.

특히 남쪽 치재에서부터 정상까지 군락을 이루고 있는 봉화산 철쭉은 빛깔이 유난히 붉어 산이 활활 불타오르는 듯한 착시 현상을 일으킨다고 하는데 보지 못해 매우 아쉽다. 옛 봉화터 발굴조사가 진행 중이라 주변이 어수선하지만 조망이 매우 좋다. 멀리 지리산 영봉들과 운봉·아영 고원 언저리를 돌아오는 대간 능선은 물론 앞으로 진행될 백운산, 남덕유산까지 조망된다.

12:20출발-14:40도착 = 2:20+25분 = 2:45[7:15]-1:50[4:50] = 55분[2:25]

봉화산(919.8m)~광대치(980m)는 4.5km / 1:40(누적 : 15.4km / 6:30)으로 평탄하게 진행되며 도중에 조망이 좋은 암반이 여러 군데 있다.

봉화산에서 앞이 탁 트인 시원스런 능선으로 내려가면 장수 번암에서 남원 아영으로 넘어가는 임도가 나온다. 사거리 요충지답게 이정표(⇦ 광대치 3.2km / 임도삼거리 1.1km ⇧ / 장수 6.9km ⇩ / 봉화산 0.7km ⇨)와 봉화산 등산안내도가 있고 아영의 넓은 들과 지리산 영봉들을 한 눈에 볼 수 있는 정자까지 마련되어 있다.

데크계단에 올라서면 무명봉 정상까지 키 작은 관목지대가 펼쳐진다. 무명봉(870m) 안내

무명봉에서 봉화산 방향
무명봉 안내판

무명봉에서 월경산 방향

판이 있는데 봉우리의 이름인지 아니면 이름이 없다는 뜻인지 모호하다. 주변에 키 큰 나무가 없어 주변 조망은 좋은 편이다. 우측 연비산으로 내려가는 능선이 연비지맥으로 낙동강·남강·임천수계 람천의 지류인 풍천과 남강수계 함양 위천의 지류인 평정천을 가르고, 전북 남원시 아영면과 경남 함양군 백전면의 도계를 이룬다.

연비지맥 좌측으로 1988년 14구간(정령치~중재) 탐사에 나선 대학생들이 중간에 접어야 했던 오매실마을이 내려다보이고 키 낮은 소림 사이로 깊은 안부에 숨겨진 광대치와 월경산이 거침없이 조망된다.

이후부터 대간길은 전북 장수와 경남 함양의 도계가 되어 북으로 올라간다. 기복이 적은 평탄한 능선에 조망이 좋은 넓은 암반이 자주 나타난다. 셀 수도 없을 만큼 수많은 산군(山群)을 거느린 장수와 함양 백전계곡을 감상하며 30여 분 진행하면 이정표(⇦ 봉화산 2.5km / 백운산 10km ⇨)가 있는 944m 고지에 도착한다. 월경산은 아직도 멀기만 하고 무명봉에서 보였던 광대치는 수줍은 듯 금방 숨어버린다.

가파른 내리막에 벌써 산 그림자가 드리워지기 시작한다. 숲이 울창한 능선으로 30여 분 진행하면 능선과 구분이 되지 않는 곳에 940봉(936m)이라 써놓은 이정표(⇦ 중치 4.1km /

944m 고지에서 936m 고지 방향

936m 고지에서 광대치 전경

봉화산 3.8km ⇨)가 있고 조금 더 진행하면 광대치가 내려다보이는 전망대가 나타난다. 마치 커다란 배추 속을 들여다보는 것 같다. 가파르게 내려서서 20여 분 진행하면 주변이 넓은 광대치(⇦ 봉화산4.7km / 중치3.2km ⇨)에 도착한다.

사방이 산으로 둘러싸여 있어 마치 커다란 홀 속에 들어앉은 기분이다. 장수군 번암면 광대동에서 함양군 백전면 대상동으로 넘어가는 고개인데 지금은 초목만 무성하다. 예전에 산약초가 풍부한 광대올골을 넘나든다 하여 광대올재(광대동재)로 불리다가 광대치가 되었다고 한다.

15:05출발–17:35도착 = 2:30+00분 = 2:30[9:45]–1:40[6:30] = 50분[3:15]

광대치(980m)~중재(650m)는 3.0km / 1:20(누적 : 18.4km / 7:50)으로 짧은 오르막과 경사가 급한 긴 내리막 구간이며 조망은 좋지 않다.

마치 꽃잎을 헤쳐 나오듯이 이리저리 방향을 틀어 올라가면 철망이 쳐진 약초 시범단지(⇦ 중치 2.6km / 봉화산 5.3km ⇨)가 나온다. 함양은 지리산과 덕유산 사이에 1,000m 이상 되는 산이 15개나 되는 전형적인 산골지역이다. 곳곳에서 자연을 이용한 산약초 재배가 이루어져 산삼의 고장으로 알려져 있다.

뒤돌아보면 아득히 멀리 하늘길이 시작된 천왕봉과 지리산 영봉들이 한눈에 들어온다. 산은 벌써 땅거미가 짙게 드리워지고 다급한 마음에 서둘러보지만 발걸음이 따라주지 않는다. 능선 정상에서 대간길은 우측으로 굽어지고 숲이 울창한 능선으로 10여 분 진행하면 월경산 갈림길(⇦ 봉화산 6km / 중치 1.9km ⇨)이 나온다. 월경산은 반야봉처럼 대간 분수계에서 살짝 벗어나 있는 봉우리로서 밤이면 별빛에 반사되는 암석이 유난히 밝아 흡사 거울과 같다 하여 월경산(980m)이라 한다.

월경산 오르막에서 지리산 전경

이를 확인하려 했지만 중치까지

월경산 갈림길

중재(중치)

1.9km가 남아 있고 또 지지터널까지 얼마나 더 내려 가야하는지 몰라 서둘러 하산하기로 결정했다. 주변을 돌아볼 겨를도 없이 시간에 쫓겨 빠르게 내려간다. 나뭇가지 사이로 건너편 백운산 자락이 보이지만 시원스럽지는 않고 가파른 산사태 복구지역을 내달려 50여 분만에 중재(⇦ 백운산 4.6km / 복성이재 12.1km ⇨)에 무사히 도착했다.

중재는 장수군 번암면 지지리와 함양군 백전면 운산리를 잇는 고갯길로 백운산과 월경산 사이의 안부에 위치해 있다. 지지리는 급경사를 이루지만 운산리는 매우 완만해 고개 턱밑까지 개간이 이루어졌다. 접속 구간인 지지터널까지 어둠과 나뭇가지를 제치고 내려가니 주변은 벌써 컴컴해 한 치 앞도 보이지 않는다. 아침에 우려했던 일이 현실이 되었지만 두 사람 모두 마음만은 뿌듯했다.

17:35출발-19:05도착 = 1:30+00분 = 1:30[11:15]-1:20[7:50] = 10분[3:25]

4구간

사치재~봉화산~중재(18.4km / 7:50)는 11시간 15분(7:50 출발 - 19:05 도착) 소요, 예상보다 3시간 25분이 지체되었다. 이는 오랜만에 종주에 참여한 아내와 5월 초순 같지 않은 더운 날씨 때문에 휴식시간을 자주 갖다 보니 예상보다 많은 시간이 소요되었다.

봉화산 구간은 지리산에서 덕유산으로 넘어가는 길목에 있는 구간이다. 693m~781m 고지를 제외하고는 조망이 매우 좋고, 봉화산~광대치를 제외하고는 기복이 심한 편이다. 전망과 날씨가 좋았지만 무엇보다 아내와 같이한 산행이라 더욱 좋았다. 다만 시간이 지체되어 월경산에 오르지 못한 점이 내내 아쉬움으로 남는다.

지지계곡
4구간
도착
지지리
어채
중기
중재
방화동
자연휴양림
방화동
가족휴양촌
장 수 군
광대동
월경산
980.4
상신
하신
지지
743
광대치
장 수 읍
상동
936
동화리
대안리
대상동
944
하동
윗안골
서백
동화호
1001
오매실
870
번 암 면
평촌
재궁
죽림리
봉화산
919.8
함 양 군
구산
말골
다리재
구상리
구산리
죽림정사
송리
770
북동
백 전 면
꼬부랑재
산 동 면
일대리
구상
밤골
치재
노단리
매봉
오천리
37
흥부마을
하성
복성이재
19
복성이
뒷재
아막성
논곡리
오산
12
두락리
37
성리
월산리
구내
지기
781
청계
청계리
남 원 시
시리봉
아 영 면
갈계리
만항
새목이재
743
유곡리
당동
693
60
지리산
휴게소
아곡
당동
지리산
임곡
IC
구선동
자래리
유정리
620
광주·대구 고속도로
N
사치재
인풍리
모래재
출발
4구간
운 봉 읍
서무리

백두대간 4구간 안내도

05

白頭大幹

구름 위에 우뚝 솟은 백운산

중재~백운산~영취산~민령~구시봉~육십령

19.1km / 9:00

육십령까지 섬진강수계 요천의 지류인 백운천, 금강수계 장계천·평지천과 낙동강·남강수계 함양위천의 지류인 백운천·부전천·옥산천·추상천·남강의 분수계이며, 전북 장수군 번암·장계면과 경남 함양군 백전·서하·서상면의 도계를 이룬다.

2014년 5월 5일, 중재~육십령 구간 종주를 위해 지지터널에 도착하니 5월 날씨답지 않게 매우 차갑다. 중재를 향해 올라가는데 바람이 거세기도 하지만 홀로 산행을 한다고 생각하니 더욱 춥게 느껴진다.

중재(650m)~백운산(1,278m)은 4.3km / 2:10(누적 : 4.3km / 2:10)으로 급경사의 긴 오르막 구간이며 중간에 전망바위가 있다.

중재를 출발하려는데 마치 태풍이라도 부는 것처럼 숲이 요란을 떤다. 낮은 무명봉(695m)을 넘고 쉼터를 지나자 글씨가 다 지워진 이정표가 나타난다. 위치로 보아 장수군 번암면 지지리에서 함양군 백전면 운산리 중기로 넘어가는 중고개재로 아직도 옛 발길 흔적이 고스란히 남아 있다. 장수 번암의 지지계곡 사람들이 장안산에 막혀 장수 장(場)을 보지 못하고 인월이나 함양 장을 보기 위해 넘던 고갯길이다.

갈수록 바람은 더욱 거세지고 평탄하던 길은 조금씩 경사가 시작된다. 안전 밧줄이 쳐진 가파른 길로 올라가면 월경산 방향으로 열린 전망대가 나온다. 지난번 오르지 못한 월경산이 손에 잡힐 듯 가깝고 시간에 쫓겨 정신없이 내려왔던 비탈길이 만만치 않게 보인다. 짧은 휴식을 취하고 출발하려는데 바로 밑에서 인기척이 들려온다.

아랑곳하지 않고 올라가는데 바람은 손이 시릴 정도로 차갑고 더 거세진다. 중재 부근은 나뭇잎이 무성한데 반해 이곳은 이제 막 어린 새싹이 돋아나기 시작한다. 확연한 고도차를 느끼며 북쪽 비탈길로 접어들자 땅에는 서릿발이 시퍼렇게 서려 있고 날씨는 한 겨울보다도 더 춥게 느껴진다. 응달진 곳에 만들어 놓은 계단에 올라서면 월경산과 백운산 사이의 중재와 중고개재를 비롯하여 중기마을까지 시원스럽게 내려다보이는 전망대가 있다.

잔돌들이 드러난 능선을 잠깐 오르면 투박한 이정표(⇦ 하산길 4.2km / 백운산정상 0.1km ⇩ / 중재 4.5km ⇨)가 나온다. 주변을 조망하고 있을 때 아래서 들렸던 인기척이 드디어 모습을 드러낸다. 어린 학생을 앞세우고 어른이 뒤따라온다. 경기도 성남 이우중학교 2학년에 다니는 김승래 학생과 그 아버지 김남호 씨다.

어디까지 가냐고 물으니 육십령까지 간다고 한다. 육십령까지 동행자가 있으니 외롭지 않을 것 같아 내심 반가웠다. 두 사람은 아들의 학교인 이우중학교 산악회에서 졸업 때까지 부

백운산 정상에서 중재 전경

모님과 함께 백두대간 종주를 하는데 이 구간을 보충하기 위해 왔다고 한다. 대학생도 아닌 중학교 때부터 학원이 아닌 대간을 놀이터 삼는다고 하니 놀라울 뿐이다. 참으로 대단한 학교, 학부모, 학생들이다.

운동장처럼 넓은 헬기장과 커다란 표지석(1,278.6m) 뒤로 장대 같은 이정표와 아담한 옛 표지석이 있다. 백운산은 백두대간 지리산과 덕유산 중간에 우뚝 솟아 있는 산으로 대간길 전후 모두 조망 되지만 가느다란 관목들이 많아 시원스럽지는 않고 끝봉 너머 지리산 종주 능선만 희미하게 조망된다.

백운산(白雲山)은 '흰 백(白)', '구름 운(雲)'을 쓴다. 흰 구름이 감싸고 있는 산이라는 뜻이다. 백두대간에 있는 백운산과 호남정맥의 끝자락에 솟아 있는 광양의 백운산을 비롯하여 포천, 홍천 등 전국에 30여개나 된다. 산 이름에서 말해 주듯 하나 같이 그 지역을 대표하는 산으로 자리매김하고 있다. 이곳 백운산도 운무가 항상 산봉우리를 휘감고 있는 아름다운 비경을 자랑하는데 특히 함양 지역 산기슭 일대가 볼만하다고 한다. 옛 표지석 우측 서래봉으로 내려가는 능선이 낙동강수계 남강의 지류인 백운천과 부전천을 가르고 함양의 서하면과 서상면의 경계가 된다.

7:55출발-9:45도착 = 1:50+20분 = 2:10[2:10]-2:10[2:10] = 00분[00분]

백운산(1,278m)~영취산(1,075m)은 3.4km / 1:35(누적 : 7.7km / 3:45)으로 조망점이 많은 긴 내리막 구간이다.

백운산을 뒤로하고 가파르게 내려간다. 이제 막 연녹색 옷으로 갈아입기 시작하는 능선은 생명에 대한 경이로움으로 가득하다. 안전 밧줄이 쳐진 첫 번째 암릉을 넘고 산죽과 맹아목[6] 이 어우러진 능선으로 진행하다가 두 번째 능선 봉우리에 오르면 말로 표현할 수 없는 대자연의 풍광이 펼쳐진다.

장수 지지계곡과 함양 부전계곡을 가르며 덕유산으로 향하는 대간길과 영취산에서 무룡고개 건너편 장안산으로 올라가는 금남호남정맥까지 조망된다. 무룡고개는 풍수지리학상 입수(入首)형으로 마치 용이 꿈틀거리며 장안산으로 올라가는 형상이라 한다. 조망점이 많은 암릉 구간에서 주변을 조망하는 사이 부자(父子)가 앞서간다.

백운산과 영취산의 중간 지점에 있는 세 번째 밧줄 구간을 올라가면 이정표(⇦백운산 1.7km / 영취산1.7km⇨)가 있고 완만하게 내려가면 갈대와 싸리나무가 섞여 있는 넓은 공터가 나온다. 백운산에서 내려올 때 완만했던 능선이 제법 웅장하게 올려다보인다.

쉼터가 있는 낮은 봉우리(1,066m)를 넘어가면 산죽이 무성한 안부가 선바위고개(⇦ 영취산 0.4km / 무룡고개 0.7km ⇩ / 백운산 3.2km ⇨)이다. 장수군 번암면 무룡고개와 함양군

백운산 내리막에서 육십령 방향

6) 땔감으로나 이용되는 잡목성 나무이다.

서상면 부전천 계곡을 잇는 산중 고갯길이지만 무룡고개 방향으로만 길이 보인다.

산죽이 무성한 길로 올라가면 표지석과 이정표(⇦ 육십령 11.8km / 중치 8.2km ⇨)가 있는 영취산(1,075m)이다. 봉수대 발굴조사 중이라 여기저기 파헤쳐 있고 나무가 많아 주위 조망은 좋지 않다. 좌측 무룡고개로 내려가는 능선이 섬진강수계 요천의 지류인 백운천과 금강의 지류인 장계천을 가른다.

오전 11시가 넘었는데도 차가운 바람은 여전히 계속 분다. 앞서 갔던 두 사람은 보이지 않고 반소매, 반바지를 입은 가벼운 옷차림의 상춘객들이 갑작스런 추위에 놀라 어찌할 줄 모르고 있었다. 무룡고개에서 올라올 때만 해도 이럴 줄 몰랐다고 하면서 사진 몇 장 남기고 황급히 내려간다.

영취산(靈鷲山)은 전북 장수군 번암면과 경남 함양군 서상면에 걸쳐 있는 산으로 금남·호남정맥의 출발점이자 섬진강, 금강, 낙동강의 분수령을 이룬다. 산세가 신령스럽고 빼어나다는 뜻을 지닌 영취산은 그리 높지도 빼어나지도 않은 것 같은데 이름을 영취산이라고 하는 이유가 궁금해진다.

선바위 고개

영취산

금남·호남정맥이 시작되는 장안산

인도 라즈기르의 영축산(독수리바위)

원래 영취산은 고대 인도 마가다국 수도 왕사성에 있는 산으로 정상에는 독수리를 닮은 바위가 있어 인도어로 '그리드라쿠타' 즉 독수리봉 이라고 불리는데, 한문으로는 영축산(靈鷲山) 또는 영취산이라 부른다. 부처님께서 성도 후 이 산에 머물면서 마가다국 빔비사라왕을 비롯하여 여러 제자들에게 법문을 하신 성스런 산으로 알려져 있다. 이러한 연유로 바위나 산의 모양이 독수리와 관련된 산을 영취산(영축산)이라고 한다. 전국 곳곳에 있는 영취산 중에서 비교적 잘 알려진 곳을 꼽는다면 이곳 영취산과 여수 영취산 그리고 영남알프스의 영축산 등을 들 수 있다.

금남·호남정맥은 무룡고개를 건너 장안산·팔공산·성수산·마이산·부귀산을 지나 주화산 조약봉에서 금남과 호남정맥으로 갈라진다. 무룡고개는 영취산과 장안산 사이에 있는 고개로 「산경표」의 장안치(長安峙)로 추정된다.

영취산 이후 속리산 천왕봉까지 금강과 낙동강의 분수계가 된다. 금강은 금남호남정맥이 지나가는 신무산 아래 장수군 장수읍 수분리 뜬봉샘에서 발원하여 진안·무주를 거쳐 충청남도 금산으로 흘러간다.

금남호남정맥 신무산 아래 뜬봉샘(飛鳳泉)

이성계가 나라를 얻기 위해 신의 계시를 받으려고 전국 명산을 찾아다니던 중 신들이 자주 나타나 춤을 춘다는 신무산(神舞山) 중턱 아담한 곳에 단을 쌓고 백일기도에 들어갔다. 백일째 되던 날 새벽, 단에서 조금 떨어진 골짜기에서 무지개가 떠오르고 봉황이 나는 현상이 일어나면서 아련히 '새 나라를 열라'는 계시가 들렸다고 한다. 이성계가 정신을 가다듬고 봉황이 뜬 곳에 가보니 옹달샘이 있어 그 옆에 상이암(上耳庵)이라는 암자를 짓고 그 샘물로 제수를 만들고 천제를 모셨다고 한다. 이런 연유로 봉황이 뜬 샘이라 하여 뜬봉샘이라 불린다는 이야기가 전해진다. 해발 780m 에서 솟은 이 샘은 금강의 발원지로서 천리(397km)물길을 따라 서해로 흘러든다.

10:05출발-11:20도착 = 1:15+05분 = 1:20[3:30]-1:35[3:45] = -15분[-15분]

영취산(1,075m)~덕운봉 갈림길(980m)은 2.0km / 1:00(누적 : 9.7km / 4:45)으로 완만한 내리막 구간이다.

나무 사이로 어렴풋이 덕운봉 갈림길을 상징하는 암벽을 지표 삼아 깊은 숲으로 들어간다. 말동무가 없으니 산은 더욱 고요해진다. 산죽이 짙게 깔린 안부를 건너가면 논개 생가 갈림

덕운봉 갈림길에서 영취산 방향

덕운봉 갈림길에서 구시봉 방향

길(⇦ 덕운봉 0.6km / 논개생가 4.6km ⇩ / 영취산 1.4km ⇨)이 나오고 완만한 능선을 타고 10여 분 만에 덕운봉 갈림길에 도착했다.

노두가 드러난 넓은 나대지 봉우리로 백운산과 구시봉 중간 지점에 위치해 있어 대간길 양방향이 조망되는 요충지가 된다. 남쪽 암벽은 백운봉에서 영취산에 이르는 능선 어디서든지 쉽게 눈에 띄기 때문에 등대바위 역할을 톡톡히 하고 있다. 대간에서 약간 벗어나 있는 덕운봉으로 가는 능선이 남강의 지류인 부전천과 옥산천을 가른다.

바람이 차가워 암반 한복판 땡볕에서 점심을 먹고 출발하려는데 어찌된 영문인지 앞서갔던 부자(父子)가 이제야 올라온다. 영취산에서 길을 잘못 들어 무룡고개를 건너갔다가 뒤돌아 오는 중이라고 한다. 다시 말동무가 생겨 내심 반가웠다.

11:25출발-12:10 도착 = 45분+30분 = 1:15[4:45]-1:00[4:45] = 15분[00분]

덕운봉 갈림길(980m)~민령(820m)은 5.0km / 2:10(누적 : 14.7km / 6:55)으로 중간에 얕은 안부를 제외하고는 대체로 평탄하며 도중에 조망이 좋은 전망대가 여러 군데 있다.

곧게 뻗은 바위능선은 키 작은 관목들이 주류를 이뤄 조망이 매우 좋은 편이다. 이를 구경하느라 세 사람이 앞서거니 뒤서거니 하면서 길을 재촉한다. 능선 끝자락에서 중간쯤 내려가면 돌출된 전망바위가 있다. 비록 조망점은 낮지만 좌측으로 논개 생가가 있는 대곡리 계곡

덕운봉 갈림길 내리막 전경

과 안부를 건너 구시봉으로 향하는 잔잔한 대간길이 시원스럽게 조망된다. 명상하기 딱 좋은 곳이지만 범부 중생 눈에는 경치만 보인다.

앞서간 부자(父子)를 따라 내려가는데 키만 한 산죽이 방해를 한다. 안부를 건너가면 이정표(⇦ 육십령 9.0km / 덕운봉 1.2km ⇨)가 나오고 잔잔한 산죽은 갈수록 커져 키를 훌쩍 넘는 신우대로 변한다. 댓잎에 상처라도 날까봐 천천히 가는데 끝이 보이지 않는다.

산죽 능선이 끝나고 가끔 홀로 떨어진 바위들이 보이기 시작하더니 넓은 공간은 아니지만 마치 말안장 모양의 전망바위가 나타난다. 멀리 백운산에서 영취산을 지나 굽이굽이 돌아 내려오는 대간 능선이 모두 조망된다.

얕은 안부를 건너 올라가면 작은 바윗돌들이 드러난 나대지가 977m 고지이다. 함양군 서상의 넓은 들과 백운산부터 걸어왔던 대간길이 시원스럽게 조망되지만 구시봉과 남덕유산은 봉우리만 보인다. 오른쪽 서상면으로 내려가는 능선이 남강의 지류인 옥산천과 추상천을 가른다.

구시봉을 향해 잔잔한 능선으로 10여 분 내려가면 북바위 갈림길(⇦ 덕운봉 3.7km / 북바위 ⇧ / 민령 1.4km ⇨)이 나온다. 대간 능선 서쪽 벼랑 위에 위태롭게 걸려있는 북바위에 올라서면 논개 생가가 있는 대곡리 계곡의 아찔한 풍경이 펼쳐진다. 북바위는 삼국시대 백제와 신라 두 나라 국경 지역이라 서로 이 지역을 차지하면 이 바위에서 북을 울렸다고 해서 북바위라 불리게 되었다고 한다.

육십령으로 가는 구시봉은 손에 잡힐 듯 가깝게 보여 단걸음에 달려가고 싶지만 민령 부근의 독특한 지형이 시선을 잡아둔다. 능선은 발효된 빵 반죽처럼 몽실몽실 부풀어 올라 있고 골(谷)은 잔주름처럼 수없이 갈라져 분수계 구분이 쉽지 않아 보인다.

977m 고지에서 백운산 방향

북바위에서 민령 전경
북바위

민령을 향해 완만하게 내려가면 얕은 안부가 나오고 부풀어 오른 듯 한 낮은 능선을 넘어가면 관리가 되지 않은 침엽수림 지대가 나타난다. 억새밭과 관목 지대를 지나 철쭉이 군락을 이루는 민령에 도착했다. 그저께 봉화산을 넘고 이틀 만에 백운산을 넘어왔는데 이곳은 아직도 연분홍 철쭉이 한창이다.

민령(830m)은 장수군 장계면 대곡리와 함양군 서상면 금당리를 잇는 고갯길로 작고 좁은 여느 고개와 달리 매우 넓고 평퍼짐하다. 예전에는 장수와 함양을 넘나들던 고개였지만 지금은 육십령에 밀려 그 흔적만 남아 있다. 함양 서상면 금당리 방향은 이정표(⇦ 백운산 6.7km / 임도 ⇩ / 깃대봉 1.3km ⇨)에 표기된 임도를 따라 내려가지만 좌측 장수군 장계면 대곡리 저수지 방향은 이정표도 없고 길도 보이지 않는다.

13구간(월음령~중재) 탐사에 나선 대학생들은 깃대봉까지는 큰 어려움은 없었지만 민령 부근에 이르러 싸리나무, 산딸기, 억새 등으로 길이 막혀 좀처럼 속도 내기가 힘들었으며, 멀

민령과 구시봉 전경

리 백운산을 향해 길 찾기가 어려워 지도를 가지고 나무 위에 올라가기 일쑤였다고 한다. 아마도 몽실몽실 부풀어 오른 지형 때문에 분수계가 뚜렷하지 않았으리라 짐작된다.

⏱ **12:40출발-14:30도착 = 1:50+00분 = 1:50[6:35]-2:10[6:55] = -20분[-20분]**

민령(820m)~육십령(743m)은 4.4km / 2:05(누적 : 19.1km / 9:00)으로 중간의 깃대봉을 넘어가는 긴 내리막 구간이다.

활짝 핀 철쭉을 두고 낮은 능선을 넘어가면 오를수록 전망이 좋아지는 갈대밭이 나타난다. 백운산부터 발품을 팔아온 대간길이 서서히 그 모습을 드러내기 시작하는 경이로운 순간이다. 사람발이 무섭긴 무섭다. 언제 저걸 다 걸어왔나 생각하니 발에게 조금 미안한 맘이 든다. 조금씩 피로감이 밀려오는지 걸어도 제자리에서 맴도는 것 같다.

중부고속도로 육십령터널을 빠져나와 질주하는 차량들을 바라보며 10여 분 완만하게 올라가면 더 이상 오를 곳이 없는 구시봉(1,014.2m) 정상에 도착한다. 입구에 깃발 게양대가 있고 정상 가운데 삼각점과 표지석이 자리하고 있다.

구시봉에서 백운산 방향

구시봉에서 육십령 방향

깃대를 꽂아둔 봉우리였던 만큼 대간 전후 조망이 매우 좋다. 아침부터 백운산을 넘고 영취산을 돌아 아득히 걸어왔던 대간길과 육십령을 건너 할미봉, 서봉 그리고 남덕유산까지 거침없이 조망된다.

구시봉을 깃대봉이라고 하는 이유는 이곳이 백제와 신라의 국경지대로서 그 아래 주둔하고 있던 군사들이 기를 꽂았다고 하여 깃대봉이라 불렸으나, 옛날 한 풍수가가 이 산에 올라 산의 형태가 소나 말 따위의 가축들에게 먹이를 담아 주는 구시(여물통) 같다고 하여 2006년 1월 6일 구시봉으로 지명이 변경되었다고 한다.

아버지와 아들에게 기념사진 한 장 남겨두고 육십령으로 향한다. 구시봉과 쌍봉을 이루는 헬기장 봉우리에 오르지 않고 우측 비탈길로 내려간다. 봉우리 좌측으로 내려가는 능선이 금강의 지류인 장계천과 평지천을 가른다. 5분여를 내려가면 고지대임에도 불구하고 제법 수량이 풍부한 깃대봉 샘터가 나온다.

등산객들이 편안하게 쉴 수 있는 쉼터 옆에는 지압을 할 수 있는 블록이 설치되어 있다. 하루 종일 고생한 발을 위해 등산화를 벗고 싶지만 마음으로 대신한다. 샘터 위쪽 능선에서 우측으로 내려가는 능선이 남강의 지류인 추상천과 남강을 가른다.

잠깐의 휴식을 취하고 20여 분 내려가니 우측으로 비닐하우스가 보이기 시작하고 10여 분 더 내려가니 이정표(⇦ 남덕유산 8.0km / 육십령 0.1km ⇩)가 나온다. 직진하면 덕유산으로 향하고 좌측으로 내려서면 육십령 광장이다. 2012년 6월 9일, 처음 대간을 시작한 곳이 육십령고개였는데 2년 만에 다시 오게 되니 감회가 새롭다. 그사이 고갯길 복원이 이루어져 새로운 모습으로 태어나 있었다.

육십령

김승래 학생과 아버지 김남호 씨

육십령(734m)은 전북 장수군 장계면 명덕리와 경남 거창군 서상면을 연결하는 주요 교통로로 육십현 또는 육복치로 불려진다. 백두대간 덕유산과 백운산 사이에 있으며 영남과 호남지방을 연결하는 26번 국도가 지나간다.

육십령이라는 지명 유래에 대해서 세 가지 설이 전해진다. 그 하나는 안의와 장수읍치에서 고개까지 거리가 육십리라는 것이고, 두 번째는 육십 굽이를 넘어와야 육십령에 이른다는 설이다. 세 번째는 이 고개를 넘을 때 장정 육십명은 되어야 도적으로부터 화를 피할 수 있기 때문에 육십령으로 불리게 되었다고 한다.

14:30출발-16:10도착 = 1:40+00분 = 1:40[8:15]-2:05[9:00] = -25분[-45분]

5구간

중재~백운산~육십령(19.1km / 9:00)은 8시간 15분(7:55 출발 – 16:10 도착) 소요, 예상보다 45분이 단축되었다. 지형적으로 백운산만 오르면 민령까지 큰 어려움 없이 잔잔하게 진행된다. 금남·호남정맥을 분가시키고 덕유산으로 향하는 대간 능선은 참나무가 주류를 이루고 곳곳에 전망대가 많아 지루하지 않다.

덕운봉 갈림길 이후 내리막 전망대~942m 고지 구간은 산죽이 많기로 유명하다. 이곳의 산죽은 조릿대 수준을 넘어서 대나무 같은 신우대가 대간 능선을 뒤덮고 있다. 추위에 강한 산죽의 북한계선은 남설악 1,157m 고지 부근의 유에프오(UFO)바위 부근까지 매우 넓은 군락을 이루다가 한계령을 넘어서면서 부터 점점 희미해진다.

이 구간은 특히 논개, 북바위, 깃대봉 등 생생한 역사의 현장이 남아 있는 대간길에서 만난 뜻밖의 산꾼과 동행 할 수 있어 더 좋았다. 지금까지 대간종주하면서 만났던 가장 나이 어린 대간꾼이다. 중학교 2학년 승래 학생의 밝은 미소가 오래도록 내 기억에 남는다. 이런 대자연을 체험하면서 큰 꿈을 꾸는 학생들이 많이 나왔으면 하는 바람이다.

백두대간 5구간 안내도
N
삼봉리
장계면
육십령
도착 5구간
까막재
IC
장수
호덕리
화양리
19
35
13
오동리
백화산
849.5
회곡
구시봉
1014.2
화음리
중남리
주촌
육십령터널
대곡호
화산
민령
서상면
성곡
양지
의암주
논개생가터
궁양리
금당리
월곡리
새터
궐촌
지승
통영-대전고속국도
궁평
가곡리
977.1
방실
대곡리
옥산
IC
서상
장안리
괴목
덕운봉
983
옥산리
도깨비동굴
장단리
743
하부전
범골봉
지보
옥산리
영취산
무룡고개
1075.6
상부전
선바위고개
해평
장수군
1066
함양군
1237.3
장안산
서하면
운곡
번암면
1278.6
백운산
1001
운곡리
삼거리
옥환
중고개재
텃골
백운암
신선암
지지리
지지계곡
출발 5구간
중재
중기
신촌

06 白頭大幹

품이 넉넉한 덕유산

육십령~남덕유산~무룡산~백암봉~못봉~대봉~빼재

30.7km / 16:10

빼재까지 금강수계 장계천의 지류인 평지천, 명덕천, 금강수계 구량천의 지류인 양악천·명천·통안천, 금강·무주 남대천수계 원당천의 지류인 구천동천·원당천과 낙동강의 지류인 남강, 낙동강·황강수계 거창위천의 지류인 월성천·산수천·분계천·소정천, 낙동강수계 황강의 지류인 신기천의 분수계이며, 전북 장수군 장계·계북면·무주군 안성·설천·무풍면과 경남 함양군 서상·북상·고제면의 도계를 이룬다.

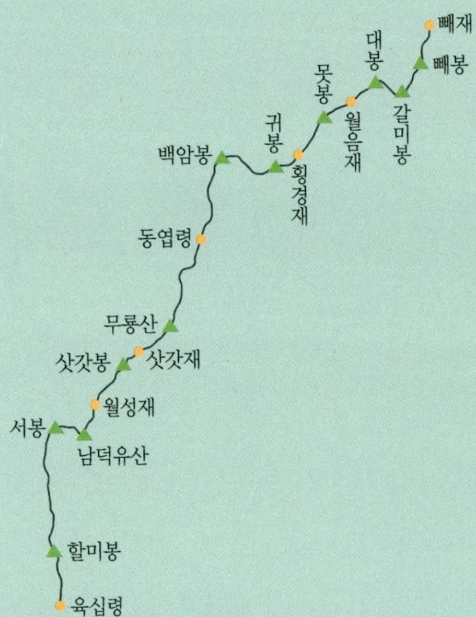

▲ 2012년 6월 9일, 대간종주를 시작하는 역사적인 날이다. 그동안 이웃집 형님 부부(이동희, 송미숙)의 소리 소문 없는 백두대간 종주 소식을 듣고 우리 부부(필자, 손정숙)와 절친(고한규)이 동참하기로 하면서 오랫동안 꿔왔던 꿈이 이루어지게 되었다.

후발 주자로 참여한 셋은 산행 경험이 많지 않아 설렘과 동시에 기대 반 걱정 반으로 대간길에 올랐다. 부안을 출발해 육십령에 도착하니 해는 벌써 중천에 떠있었다. 더워지기 전에 산행하려고 했던 계획은 시작부터 보기 좋게 빗나갔다. 육십령 광장에서 기념사진 한 장 남기고 호기롭게 산행을 시작하였으나 첫 산행부터 1박 2일로 너무나 무리하게 진행되었던 것 같다. 사전 지식도 없었을 뿐만 아니라 변변한 사진조차 얻지 못했던 터라 그 후 2016년 5월 18일에 덕유산을 한 번 더 찾았다.

육십령(734m)~할미봉(1,026m)은 2.1km / 1:20(누적 : 2.1km / 1:20)으로 오를수록 경사가 급한 구간이다.

경험이 많은 선행자를 앞세우고 함양 방면 들머리로 올라가면 묘지 끝에 현위치 「11-01(⇧

할미봉에서 육십령 방향

할미봉에서 서봉과 남덕유산 전경

서봉 7.4km / 육십령 0.2km ⇩)」이 나온다. 서봉까지 15개를 지나야 하는 긴 여정을 알리는 첫 번째 표식이다.

참나무와 소나무가 뒤섞인 대간길은 우측 골짜기를 따라 길게 늘어선 비닐하우스와 나란히 진행된다. 완만하던 능선은 현위치 「11-02」이후부터 오르막이 시작되고 통나무계단과 돌길을 번갈아 올라가면 현위치 「11-03」이 있는 능선 봉우리 밑에 첫 번째 전망바위가 나타난다. 장계면 일대와 장수 경주마 목장을 휘감고 굽이치며 올라오는 육십령 고갯길이 내려다보인다.

안부를 건너가면 잡풀만 무성한 헬기장 봉우리가 있는데 나무 사이로 좁쌀 같은 흰 바위를 드러낸 할미봉이 지척으로 조망된다. 왜 할미봉이 쌀미봉으로 불리는지 그 연유를 알 것 같다. 가파른 내리막이 끝나고 완만하게 진행되던 대간길은 현위치 「11-04」에서부터 본격적인 암릉 오르막이 시작된다. 비스듬하게 매달아 놓은 밧줄 구간을 오르면 육십령 방향으로 열려 있는 전망대가 나타나고 길게 늘어뜨린 밧줄을 잡고 올라가면 표지석과 삼각점이 있는 할미봉(1,026m)에 도착한다.

서봉과 남덕유산만 생각하고 덕유산 종주에 나섰는데 할미봉이 이렇게 높고 험할 줄 미처 몰랐다. 주변 조망은 서쪽 장계 방향 일부를 제외하고는 모두 좋다. 저 멀리 하늘길이 시작된 지리산 천왕봉이 아른거리고 백운산에서 남덕유산에 이르는 능선은 사진처럼 선명하다.

할미봉이란 이름은 봉우리 아래 할미성이 있어 자연스럽게 할미봉이라 불리게 되었다는 이야기와 바위 모양이 쌀가마를 쌓아 놓은 것 같다 하여 쌀미봉이라 부르다가 합미봉(合米峰)이 되고 다시 할미봉이 되었다는 이야기도 전해진다. 좌측 명덕리로 내려가는 능선이 장계천의 지류인 평지천과 명덕천을 가른다.

⏱ **8:40출발-10:00도착 = 1:20+20분 = 1:40[1:40]-1:20[1:20] = 20분[20분]**

할미봉(1,026m)~서봉(1,492m)은 4.6km / 2:50(누적 : 6.7km / 4:10)으로 교육원 삼거리까지는 숲이 울창하고 완만하게 진행되지만 이후는 경사가 급하고 암릉이 많은 구간이다.

방향만 표시된 허수아비 이정표에서 조금 진행하면 대포바위 갈림길이다. 명덕리 반송마을로 내려가는 도중에 대포바위가 있지만 사진으로만 감상하고 길을 재촉한다. 서봉 방면으로 열려 있는 나무계단을 내려가는데 눈앞이 아찔하고 다리가 후들거린다. 봉우리에 바짝 달라붙은 나무계단은 거의 사다리 수준에 가깝고 발 디딜 곳이 마땅치 않은 험한 바위는 대야산 수직 절벽 못지않다. 마지막 가파른 밧줄을 내려서면 현위치 「11-05」가 있다.

할미봉 계단에서 내려다본 작은 암봉에 오르면 할미봉의 뒷모습과 명덕리 방향으로 대포바위가 내려다보인다. 내리막 나무계단은 규모가 약간 작을 뿐 경사도와 전망 모두 할미봉을 빼닮았다. 가파른 계단을 내려서서 서봉으로 향한다.

할미봉에 있을 때만 해도 서봉과 남덕유산을 제외하고는 모두 발아래 두었는데 능선으로 들어서는 순간 나의 존재감은 금방 숲에 묻혀 버리고 만다. 얼마 지나지 않아 현위치 「11-06」이 나오고 이후 현위치 「11-10」까지 빠르게 진행된다.

현위치 「11-10」이 있는 능선 봉우리에서 잠깐 내려서면 이정표(⇦ 육십령 5.2km / 남덕유산 3.6km)가 있는 갈림길이 나온다. 우측으로 경상남도 덕유교육원으로 내려가는 길이 보이지만 탐방로 아님을 알리는 금줄이 쳐져있다. 골이 깊은 등산로를 따라 올라가면 넓은 헬

현위치「11-13」부근 전망대

기장이 나오는데 날씨도 덥고 배낭 무게도 만만치 않아 쉼터만 나오면 자꾸 쉬고 싶어진다. 현위치「11-11」을 지나자 골은 더 깊고 경사는 더욱 가팔라진다.

소나무 갈림길에서 좌측 능선으로 올라가면 다복솔 밑에 할미봉 이후 지루하게 진행되었던 대간길이 내려다보이는 전망대가 있고 잠시 숲으로 들어가자 이번에는 서봉과 남덕유산이 올려다보이는 암릉에 현위치「11-12」가 있다. 바위 협곡 비탈길로 내려서서 능선으로 복귀하는데 험하기 이를 데 없다. 현위치「11-13」을 지나자 관목과 암릉이 나타나면서 주변이 보이기 시작한다.

암릉 사이로 곡예하듯 올라가면 현위치「11-14」가 나오고 조망은 더욱 더 좋아진다. 암릉 구간은 정상처럼 보이는 능선 위에 또 능선이 있어 우리를 힘들게 한다. 마지막 배불뚝이 암릉 구간을 네발로 기다시피 올라가자 더 이상 오를 곳이 보이지 않는다. 이정표가 있는 얕은 안부를 건너 천신만고 끝에 현위치「11-15」가 있는 서봉(1,492m)에 도착했다.

서봉은 남덕유산의 서쪽에 위치해 있다고 해서 서봉이라고 알려져 있다. 장수 지역에서는 장수 덕유산으로도 불리며 좌측으로 내려가는 능선이 금강수계 장계천의 지류인 명덕천과 구량천의 지류인 양악천을 가르고, 장수군 장계와 계북면의 경계가 된다.

말로만 듣던 서봉이 이렇게 높고 험할 줄 미처 몰랐다. 거대한 피라미드처럼 우뚝 솟은 남덕유산을 제외하고는 사방이 거침없이 조망된다. 희미하게 보이는 지리산 천왕봉부터 시작된 대간길은 중간에 잠시 시야에서 사라졌다가 백운산부터 눈에 들어오기 시작하고 그렇게 힘들게 올랐던 할미봉도 작은 뫼에 지나지 않는다. 그 외에 장수와 거창의 수많은 산군들이 모두 서봉 아래 들어온다.

서봉에서(왼쪽부터 고한규, 손정숙, 송미숙, 필자, 이동희)

건너편에 마당처럼 넓은 헬기장 너머로 남덕유산에서 향적봉에 이르는 덕유산 능선의 웅장함은 보는 이의 가슴을 뭉클하게 한다. 이는 서봉에 오르는 자만이 느낄 수 있는 기쁨이다.

10:20출발-14:15도착 = 3:55+25분 = 4:20[6:00]-2:50[4:10] = 1:30[1:50]

서봉(1,492m)~월성재(1,214m)는 2.5km / 1:30(누적 : 9.2km / 5:40) 거리로 두 고봉 사이의 큰 안부를 건너 급하게 내려가는 구간이다.

힘겹게 오른 만큼 볼거리가 많았던 서봉을 뒤로하고 남덕유산을 향해 일어섰다. 몇 걸음 내려가니 앞이 탁 트인 철계단이 나타난다. 번지점프 경험은 없지만 이런 기분이 아닐는지. 두 개나 되는 계단과 암릉 비탈길로 급하게 내려가면 조망점이 낮은 전망대가 또 나타난다.

거친 돌길로 내려가면 안부에 현위치 「11-16」이 있고 낮은 능선 봉우리를 넘어가면 남덕유산에 오르지 않고 월성재로 가는 첫 번째 지름길이 나온다. 지치고 힘들지만 남덕유산으로 향했다. 10여 분 가파르게 올라가니 넓은 공터가 있는 두 번째 갈림길이 나온다.

되돌아오는 길이라 배낭을 내려놓고 100여 미터를 올라가는데 그렇게 힘들지는 않다. 정상 이정표(⇦ 향적봉 15km / 영각공원지킴터 3.4km ⇨)에 새 번호로 시작되는 현위치 「1-47」이 있고 주변 조망은 서봉을 제외하고 거침이 없다. 특히 할미봉에서 가파르게 올라와 서

서봉에서 육십령 방향

봉과 남덕유산에서 잠시 쉬었다가 백암봉으로 달려가는 장쾌한 덕유산 주능선을 보는 것만으로도 덕유산 종주를 다 마친 것 같다.

덕유산(德裕山)은 산이 크고 덕이 있다는 뜻을 지녔으며 남한에서 지리산 다음으로 웅장하고 넉넉한 산이다. 덕유산의 한 봉우리는 무주에서 시작되었다고 하여 북덕유산이라 하고 또 한 봉우리는 그 남쪽에 있다고 하여 남덕유산(1,507m)이라고도 한다. 해발고도는 북덕유산 향적봉(1,614m)이 남덕유산 보다 107m 가량 더 높다.

우측 금원산과 기백산으로 내려가는 능선이 진양지맥(晉陽枝脈)으로 낙동강의 지류인 남강과 낙동강·황강수계 거창위천의 지류인 월성천을 가르고 함양 서상면과 거창 북상면의 경계가 된다. 남사면에 위치한 참샘은 남강의 발원샘으로 겨울에는 김이 무럭무럭 나고 여름에는 손이 시릴 정도로 차갑다.

덕유산 공부를 많이 하고 월성재로 향한다. 정상부 갈림길에서 가파른 돌계단으로 내려가

서봉에서 덕유산 전경

면 현위치 「01-46」이 있는 서봉 갈림길이다. 잠깐의 오르막 뒤에 나무와 돌계단으로 급하게 내려가면 현위치 「01-45」옆에 무인 중계기가 있다. 이후 가파른 내리막은 500m 아래 현위치 「01-44」가 있는 월성재까지 내려간다.

무더운 날씨에 서봉과 남덕유산을 오르는 것만도 힘든데 배낭까지 무거워 힘은 곱절이 더 든다. 월성재는 장수군 계북면 양악리 토옥동과 거창군 북상면 월성리 황점을 잇는 산중 고개이지만 이정표(⇦ 삿갓재 2.9km / 황점 3.8km ⇧ / 남덕유산 1.4km ⇨)는 황점만 표기되어 있다.

사람과산 ——— 1990년 11월 6일, 2구간(복성이뒷재~월성재) 종주에 나선 「사람과산」 검증팀이 두 번째 산행에 나섰다. 1일째 봉화산을 지나 중치(재)에서 하루를 접고, 2일째 백운산을 넘자 키를 넘는 산죽밭이 지겹게 이어진 길을 걸어야 했다. 해가 서산마루에 걸려 있는 민재(령)에서 서둘

남덕유산에서 육십령 방향

월성재

러 깃대봉에 올랐으나 날이 어두워져 길을 잃고 헤매다 겨우 육십령에 도착해 막영을 하였다.
3일째 서봉을 오르는데 숨이 턱에 닿을 듯했고, 오르막에 간간이 바위가 나오는데 가도 가도 끝이 없었다. 남덕유산에 올랐을 때 물이 바닥났고 월성재에 막영하던 중 좁은 텐트에서 끓고 있던 음식이 쏟아져 대원 중 한 명이 부상당해 황점으로 하산하면서 3일 만에 2차 구간산행을 마무리 지은 곳이라고 한다.

14:40출발-16:20도착 = 1:40+15분 = 1:55[7:55]-1:30[5:40] = 25분[2:15]

월성재(1,214m)~삿갓재 대피소(1,280m)는 2.7km / 1:30(누적 : 11.9km / 7:10)으로 삿갓봉을 사이에 두고 긴 암릉 오르막과 짧은 내리막 구간이다.

월성재 바로 위에 봉긋하게 솟은 봉우리는 비록 조망점은 낮지만 주변 조망이 매우 좋다. 서봉과 남덕유산은 또 다른 모습으로 다가오고 삿갓봉으로 향하는 능선은 크던 작던 하나같이 모두 삿갓 모양을 하고 있는데 마치 어미를 닮은 새끼 봉우리 같다. 토옥동 골짜기는 숲에 가려지고 월성계곡은 거침이 없다.

월성봉에서 내려서면 산죽 밭에 현위치 「01-43」이 있다. 암릉 서쪽 비탈길에서 우측 능선으로 넘어가면 주변 암릉과 송어 양식으로 유명한 계북면 양악리 토옥동계곡이 조망되고 삿갓봉 방향으로 전망이 좋은 1,340m 고지가 올려다보인다.

현위치 「01-42」에서 숲이 울창한 비탈길로 15분여를 올라가면 월성재에서 올라오는 대간길이 군더더기 하나 없이 조망되는 1,340m 고지에 도착한다. 삿갓봉은 무명봉에 가려지고 데크계단으로 내려서서 이정표(⇦ 월성재 1.6km / 무룡산 2.4km ⇨)가 있는 안부를 건너가면 오르막이 시작되는 데크계단 앞에 현위치 「01-41」이 있다.

남덕유산에서 덕유산 전경

삿갓봉에서 남덕유산 방향

삿갓봉에서 무룡산 방향

데크계단과 수평 난간으로 진행되는 무명봉을 넘고 5분여를 올라가면 삿갓봉 갈림길(⇦ 삿갓재 1.0km / 삿갓봉 0.3km ⇧ / 월성재 1.9km ⇨)에 도착한다. 우측으로 조금 올라서면 바위가 드러난 삿갓봉(1,419m) 정상이다. 산의 모양이 삿갓을 닮았다고 해서 붙여진 이름으로 남북으로 월성재와 삿갓골재를 두고 있다.

좌측으로 뻗어 내려가는 능선이 금강수계 구량천의 지류인 양악천과 명천을 가르고, 장수군 계북면과 무주군 안성면의 경계가 된다. 남덕유산과 무룡산 중간에 위치해 있어 대간길 전후 조망이 매우 좋다. 월성재에서 올라오는 기복이 심한 삿갓 모양의 암릉과 무룡산으로 올라가는 순한 능선이 서로 대비가 된다.

삿갓봉에서 내려가는 길은 가파른 암릉길로 20여 분 소요된다. 마지막 현위치 「01-39」에서 300여 미터를 내려가면 삿갓재 대피소인데 가도 가도 나타날 기미조차 보이지 않는다. 젖 먹던 힘을 다해 겨우 삿갓재 대피소에 도착해 오늘 산행을 마무리하고 삿갓재 대피소에서 하룻밤 신세를 졌다.

삿갓재 대피소

삿갓재는 무주군 안성면 명천리와 거창군 북

상면 월성리를 잇는 고갯길인데 안성 방면은 흔적이 없다. 좌측 명천계곡은 무주군 안성에서 구량천과 합류해 진안군 상전에서 금강으로 흘러들고 우측 계곡은 참샘에서 발원한 계곡물이 황점에서 월성천과 합류하고 거창위천과 황강으로 흐르다가 낙동강 물이 된다.

16:35출발-18:25도착 = 1:50+00분 = 1:50[9:45]-1:30[7:10] = 20분[2:35]

삿갓재 대피소(1,280m)~무룡산(1,491.9m)은 2.0km / 1:00(누적 : 13.9km / 8:10)으로 완만한 오르막과 급경사 계단을 오르는 구간이다.

어제 피곤이 채 가시지도 않았는데 일어나려니 온몸이 쑤신다. 첫 날부터 이렇게 힘이 드는데 백암봉을 넘고 빼재에 도착하면 온몸의 뼈마디가 부스러질 것만 같다. 이른 새벽에 서둘러 무룡산으로 향했다. 넓은 공터를 지나 완만하게 올라가면 삿갓봉과 무룡산이 조망되는 헬기장이 나온다.

숲길 능선으로 접어들어 현위치 「01-37·36」을 지나면 개활지 능선이 나타난다. 무룡산

무룡산 오르막에서 삿갓봉 전경

무룡산에서 삿갓재 방향

무룡산에서 1,428m 고지 방향

자락에 넓게 형성된 초원 지대를 감상하며 데크계단으로 올라가는데 걷는 느낌부터가 다르다. 계단 끝자락의 능선 분기점에서 무룡산은 좌측으로 가고 우측으로 내려가는 능선이 낙동강·황강수계 거창위천의 지류인 월성천과 산수천을 가른다.

공터 끝자락에 있는 현위치 「01-35」를 지나 전망바위에 오르면 아침부터 걸어온 발자취가 아른거린다. 숲길 능선으로 들어가면 현위치 「01-34」가 나오고 이어서 낮은 능선을 넘어가면 무룡산(1,491.9m) 정상이다. 넓은 나대지 언저리에 표지석과 삼각점 그리고 현위치 「01-33」과 이정표가 있다. 우측으로 내려가는 능선이 거창위천과 산수천을 가른다.

향적봉과 남덕유산의 중간에 위치해 있어 중덕유산, 중생에 대한 부처의 자비가 깃든 봉우리라 하여 불영봉(佛影峰)이라 불리기도 한다. 남으로 삿갓재, 북으로는 동엽령이 각각 남덕유와 북덕유산으로 구분되고 덕유산 한가운데에 위치한 만큼 남덕유산에서 갈미봉에 이르는 대간길이 거침없이 조망된다.

6:10출발-7:25도착 = 1:15+10분 = 1:25[11:10]-1:00[8:10] = 25분[3:00]

무룡산(1,491.9m)~동엽령(1,270m)은 4.0km / 1:40(17.9km / 9:50)으로 고도가 높고 완만하게 진행되는 능선이며 관목이 주류를 이루어 곳곳에 조망점이 많다.

정상부의 가파른 나무계단을 내려서면 현위치 「01-32」가 있고 키를 훌쩍 넘는 맹아목 숲을 통과하면 개활지 안부에 현위치 「01-31」이 나타난다. 내리막길이 끝나고 오르막이 시작되면서 관목 지대가 나타나고 중간에 현위치 「01-30」을 지나가면 길 가에 쉬어가기 좋은 바위가 있는 1,428m 고지에 도착한다.

좌측 망봉으로 내려가는 능선이 금강수계 구량천의 지류인 명천과 통안천을 가르지만 숲에 가려지고 우측 산수리 계곡은 시원스럽게 조망된다. 남으로 하늘에 닿을 듯이 끝없이 올라가는 무룡산과 북으로 장성처럼 길게 늘어선 칠이남쪽때기봉을 너머 백암봉, 중봉과 향적봉이 조망된다.

1,428m 고지에서 능선 안부를 건너가는데 산세가 웅장해 마치 깊은 계곡을 건너가는 것 같다. 현위치 「01-29」를 지나 완만하게 올라가면 무룡산과 동엽령의 중간 지점에 위치한 칠이남쪽때기봉(1,433m)에 도착한다.

1,428m 고지에서 무룡산 방향

1,428m 고지에서 산수리 계곡 전경

매우 넓은 정상 가운데 높이가 1m 남짓한 바위에 쌓아올린 돌탑(케언, Cairn)이 눈에 띈다. 남쪽 무룡산에서 북쪽 백암봉을 거쳐 갈미봉으로 내려가는 대간길이 조망되고 우측 제비봉을 지나 시루봉으로 내려가는 능선이 낙동강·황강수계 거창위천의 지류인 산수천과 분계천을 가른다.

칠이남쪽때기봉은 무룡산과 동엽령 중간에 솟아 있는 산으로 일부 지도에 돌탑봉, 어떤이는 가림봉이라고도 하는데 공식적인 명칭은 없다. 거창 문화원에서 발행한 정태준 저 「거창의 명산」에 의하면 '덕유 연봉 중에서 산 이름이 가장 길고 특이해서 마을 사람들에게 물으면 그냥 칠이남쪽대기봉이라고 하는데 이는 동엽령 아래에 위치한 칠연폭포 남쪽 봉우리라는 뜻으로 이해한다'라고 되어 있다. 최근 바위에 '가림봉'이라 새겨 놓았다.

날머리에 있는 현위치 「01-28」에서 고래 등 같은 넓은 능선으로 내려가면 칠이남쪽때기봉에서 보이지 않던 1,380m 고지가 나타난다. 시야가 확보가 양호한 내리막길에 현위치 「01-27(1,274m)」이 있는 1,380m 고지를 넘어가면 암릉 두개가 올려다보이는 안부가 나오고 현위치 「01-26」과 이정표를 지나가면 겹쳐져 있던 벌판 같은 내리막 능선이 나타난다. 보기에는 오르막 같은데 내리막이 시작되는 도깨비 능선이다.

암릉 좌측 비탈길로 10여 분 올라가면 현위치 「01-25(1,325m)」가 있는 1,359m 고지에 도착한다. 주변보다 약간 높아 대간 전후 조망이 좋은 편으로 그동안 여러 봉우리에 가려졌던 동엽령에서 백암봉에 이르는 대간길이 모두 드러난다.

정상부 계단으로 내려서서 소림과 갈대가 어우러진 능선으로 진행하면 이정표와 현위치

칠이남쪽때기봉에서 무룡산 방향

칠이남쪽때기봉에서 1,380m 고지 방향

1,380m 고지에서 1,359m 고지 방향

1,359m 고지에서 동엽령 가는 길

「01-24」가 있는 동엽령에 도착한다. 무룡산과 백암봉 중간 지점에 위치한 동엽령은 무주군 안성면 칠연계곡에서 거창군 북상면 병곡리로 넘어가는 산중 고개이다. 고개 서쪽 중간 지점에는 구한말 덕유산을 중심으로 활약했던 의병들의 무덤인 칠연의총이 있다.

「한국지명총람」과 「거창郡史」에 의하면 칠연계곡에서 동업령(同業嶺)을 오르는 길은 높고 멀어서 혼자서는 엄두도 못 내고 같은 업(業)을 하는 사람들끼리 여럿이 모여야만 올라갈 수 있었는데 이들을 살피기 위해 칠연폭포 남서쪽에 위치한 망봉에는 봉수대까지 설치되었다고 한다.

국토지리정보원에 의하면 경남 거창군 병곡리 계곡이 양지(陽地)라서 볕이 따뜻하여 겨울에도 나뭇잎이 핀다는 의미로 동엽령(冬葉嶺) 또는 동엽재라 하는데 모두 일리 있는 것 같다. 어제의 피곤이 남았는지 자꾸 쉬고 싶어진다. 우측으로 병곡리 계곡이 내려다보이는 전망대에서 긴 휴식과 함께 간식을 먹었다.

7:35출발-9:05도착 = 1:30+30분 = 2:00[13:10]-1:40[9:50] = 20분[3:20]

동엽령(1,270m)~백암봉(1,503m)은 2.2km / 50분(누적 : 20.1km / 10:40)으로 경사는 갈수록 급하고 조망은 좋아지는 구간이다.

초반에 비교적 수월하게 진행되던 능선은 현위치 「01-23」부터 조금씩 출렁이기 시작하고 낮은 능선 봉우리 두 개를 넘어 1,327m 고지에 도착했다. 약간 낮은 지점에 이정표와 현위치 「01-22」가 있고 전망바위에 오르면 백암봉은 쉽게 오르는 봉우리가 아님을 그대로 보

여준다.

암릉 두 개를 넘어가면 땡볕에 그대로 노출된 개활지가 나타난다. 한발 한발 오를 때마다 칠이남쪽때기봉 이후 가라앉기만 했던 덕유의 거대한 주능선이 서서히 그 모습을 드러내기 시작한다. 숲길 능선으로 접어들어 현위치 「01-21·20」을 지나 비탈길로 올라가면 암릉이 나타나고 첫 번째 계단을 지나 가파른 암릉을 우회하면 두 번째 계단이 나타난다. 서봉부터 아득히 걸어온 대간길이 거침없이 조망되니 말로 표현할 수 없는 잔잔한 감동이 파도처럼 밀려온다.

몇 걸음만 옮기면 백암봉(1,503m) 정상인데 시선이 떨어지지 않는다. 노두가 드러난 넓은 나대지에 이정표(⇦ 횡경재 3.2km / 향적봉 2.1km ⇩ / 동엽령 2.2km ⇨)와 현위치 「01-19」뿐만 아니라 크고 작은 팻말들이 여기저기 널려 있지만 그 어디에도 백암봉 표기는 없다.

백암봉은 향적봉(1,614m), 중봉(1,594m), 남덕유산(1,507m)에 이어 네 번째로 높은 봉우리에 불과하지만 모든 산줄기가 이곳으로 통하기 때문에 송계 삼거리라고 부른다. 중봉~향적봉으로 올라가는 능선이 덕유지맥(德裕枝脈)으로 금강·무주남대천수계 구량천의 지류인 통안천과 원당천의 지류인 구천동천을 가르고 무주 안성면과 설천면의 경계가 된다.

1,327m 고지 전망바위에서 백암봉 전경

백암봉에서 덕유산 전경

백암봉에서 귀봉 가는 비단길

앞에 버티고 서 있는 중봉과 향적봉에 비하면 뫼에 지나지 않지만 그 이외에는 모두 발아래 들어온다. 서봉에서 시작되어 삿갓봉과 무룡산을 넘고 동엽령을 건너 백암봉으로 올라오는 덕유능선은 거리로 보나 산세로 보나 지리산 종주 능선과 설악산 공룡능선에 견주어도 결코 뒤지지 않는다.

9:35출발-10:45도착 = 1:10+10분 = 1:20[14:30]-50분[10:40] = 30분[3:50]

백암봉(1,503m)~횡경재(1,350m)는 3.0km / 1:30(누적 : 23.1km / 12:10)으로 매우 완만한 내리막 구간이다.

구천동계곡을 휘감으며 귀봉을 향해 유유히 내려간다. 낮은 능선을 넘어가면 숨겨져 있던 능선이 나타나면서 거리는 고무줄처럼 늘어난다. 기복이 심한 남덕유산 능선에 비해 빼재로 가는 대간길은 잔잔한 능선이 물 흐르듯 자연스럽게 내려간다 하여 '덕유산 비단길'로 불린다. 잔잔해서 걷기 편하지만 주변 조망은 좋지 않다. 고산 지대임에도 불구하고 소나무와 같은 침엽수는 보이지 않고 맹아목 활엽수가 대부분을 차지한다.

귀봉

횡경재

새 번호로 시작되는 현위치 「04-12」를 지나 완만하게 올라가면 무룡산에서 중봉에 이르는 덕유산 주능선과 백암봉에서 내려온 대간길을 한 눈에 볼 수 있고 조금 더 올라가면 병곡리 계곡이 내려다보이는 무명봉 「04-10」에 도착한다. 동엽령에서 간식을 먹었는데도 백암봉을 오르느라 힘들었는지 모두들 점심 타령이다. 약간 굴곡진 안부에 둘러앉아 이른 점심을 먹고 충분한 휴식을 취했다.

이후 대간길은 이전에 비해 순하게 진행되지만 산세가 웅장해 거리가 만만치 않다. 현위치 「04-09」를 지나 10여 분 올라가면 둥글넓적한 곳에 귀봉(1,390m)이라 써놓은 이정표(⇦ 백암봉 2.3km / 송계사 4.2km ⇨)가 있다.

여느 봉우리에서 쉽게 찾아 볼 수 없는 품이 넉넉한 능선으로 내려간다. 모양이 기이해 마치 마법의 숲에 들어온 것 같은 맹아목 지대가 나타나고 바위가 드러난 능선으로 완만하게 올라가면 무명봉 정상이다. 우측으로 낙동강·황강수계 거창위천의 지류인 분계천과 소정천을 가르는 능선이 조망되고 앞으로 진행될 대간길은 나무에 가려 시원스럽지는 않지만 어렴풋이 못봉, 대봉, 갈미봉이 조망된다.

내리막 중간에 현위치 「04-07」에서 200여 미터를 내려가면 새 번호로 시작되는 현위치 「07-15」와 각기 다른 이정표가 어수선하게 널려 있는 횡경재에 도착한다. 우측 송계사로 내려가는 삼거리이지만 쉬지 않고 그대로 직진으로 내려간다.

10:55출발-13:10도착 = 2:15+00분 = 2:15[16:45]-1:30[12:10] = 45분[4:35]

횡경재(1,350m)~대봉(1,263m)은 3.8km / 2:15(누적 : 26.9km / 14:25)으로 지봉을 넘고 월음령을 건너가는 매우 힘겨운 구간이다.

긴 내리막이 계속되고 현위치 「07-14」에서 편안한 길로 10여 분 내려가면 현위치 「07-13」과 이정표가 있는 안부가 나온다. 지도에는 지봉안사거리로 표기되어 있지만 주민들은 싸리덤재라 부른다. 거창군 북상면 송계사에서 무주구천동 백련사로 넘어가는 가장 빠른 고개이다.

지봉(못봉)을 한번 쳐다보고 올라가는데 보기와 달리 경사가 만만치 않다. 정상에는 넓은 헬기장이 있고 주변 조망은 지나온 귀봉 방면으로 열려 있다. 백암봉에서 활처럼 휘어져 내려오는 굵직한 대간길과 일자로 늘어선 중봉, 향적봉 능선이 시원스럽게 조망된다. 봉우리가 하늘 못을 품은 전설의 산이라 하는 지봉(못봉)이다.

얕은 안부를 건너가면 숲으로 둘러싸인 나대지에 옛 못봉 표지석과 최근에 새로 설치한 표지석이 있다. 산 정상에 옛 사람들이 큰 웅덩이를 파 놓은 흔적이 있어 못봉으로 불렸는데 한자를 사용하면서 지봉(池峰 1,343m)이 되었다고 한다.

조선 명종(1552년) 때 효자 갈천 임훈 선생이 쓴 「등 덕유산 향적봉기」에 다음과 같은 지봉에 관한 이야기가 실려 있다. 지봉에 오르니 앞에 흙계단이 한 등급 쌓아 올려진 뒤에 웅덩이 못이 있다.

지봉 정상

지봉 헬기장에서 덕유산 전경

월음령

이 봉우리에 웅덩이를 파 놓은 일은 사람들이 한 것이지만 어떤 뜻에서 못을 파 놓았는지 알 수가 없다고 하였다.

대봉과 갈미봉 방향 조망은 좋지 않고 현 위치 「07-11과 10」사이에 낮은 봉우리를 넘어 월음령까지 내려가는데 30분은 족히 소요된다. 중간에 가파른 구간도 있지만 대체로 완만하게 내려간다. 월음령 우측으로는 흔적이 없고, 좌측 구천동 방향으로 길은 있지만 출입금지 지역이다.

월음령(月陰嶺 1,100m)은 한글로 달음재로 불리는데 무주구천동 구월담에 달그림자가 비친다고 하여 월음(月陰)이라 붙여졌다. 이 고개는 무주 구천동 구월담과 거창 소정리 개삼마을로 이어진다. 원래 횡경재에서 갈미봉 안부에 이르는 구간을 월음령이라 불렀으나 령(嶺)을 고개로 이해하면서 구간 개념이 없어져 현재 위치가 월음령이 되었다고 한다.

한국대학산악연맹 ——— 1988년 대학생들이 대간길 탐사에 나설 때 13구간(월음령~중치)과 12구간(월음령~질매재) 팀의 출발점이다. 중치(중재)로 가는 13구간 팀은 깃대봉까지는 큰 어려움은 없었지만 민령 부근에 이르러 싸리나무, 산딸기, 억새 등으로 길이 막혀 좀처럼 속도 내기 힘들었으며 멀리 백운산으로 가는데 길 찾기가 어려워 지도를 가지고 나무 위에 올라가기 일쑤였고 백운산에서 중치(중재)까지도 분수계가 불분명해 많은 시간을 허비했다고 한다.

질매재(우두령)로 가는 12구간 팀은 출발한 지 채 두 시간도 안 돼 1,093m(빼봉 1,039m) 부근에서 여러 번 길을 헤맸고 1,254(삼봉산)까지는 제대로 진행하였으나 이후는 정확한 기록이 없고 알 수 없는 1,275m(포대봉 1,172m)에서 막기항산 능선을 타고 진행하다가 질매재(우두령) 아래에 있는 상촌면 흥덕리로 내려갔다고 한다.

월음령에서 안부 구간에 있는 낮은 능선을 넘어가면 지봉과 월음령이 조망되는 개활지가 나타난다. 대봉 오르막은 경사가 비교적 완만하지만 중간 턱이 있어 정상을 쉽게 드러내지 않는다. 현위치 「07-08」을 지나면 관목이 나타나면서 우측으로 용틀임하는 갈미봉 능선이 생생하게 조망된다.

지쳐서인지 올라가도 제자리에서 맴돈다. 한발 한발 소걸음으로 겨우 노두가 약간 드러난 대봉에 도착했다. 좌측에 투구봉 가는 능선이 금강·무주남대천수계 원당천의 지류인 구천동천과 원당천을 가르고, 설천면과 무풍면의 경계가 된다.

못봉에 비해 고도가 조금 낮을 뿐 조망은 어디 하나 뒤질 것 없는데 표지석도 없이 이정표(⇦ 송계삼거리 7.4km / 신풍령 3.6km ⇨)만 외롭게 서 있다. 힘들여 올라온 만큼 기쁨이 배가 된다. 거창 소정리 깊은 계곡을 보고 있으면 가슴 속까지 시원해지고 덕유산의 웅장함은 가슴을 벅차게 한다. 그 이름값을 충분히 하고도 남는다.

대봉(臺峰)은 옛 문헌에 의하면 말 그대로 높고 평퍼짐한 육산으로 사방 천지가 다 뚫려 있어 대봉이라 한다. 백암봉에서 내려오는 대간길 뿐만 아니라 향적봉까지 군더더기 하나 없이 조망되고 앞으로 진행될 갈미봉은 잡목에 약간 가려지는 것 말고는 빼재를 건너 삼봉산에 이르는 대간길이 한눈에 조망된다.

특히 빼재 부근 낮은 능선에 높은 콧날처럼 오뚝하게 솟아오른 봉우리 하나가 눈에 띈다. 갈

대봉에서 소정리 계곡 전경

대봉에서 빼재 방향

미봉(1,211m)에 비해 172m의 고도차만큼이나 아주 낮고 볼품없는 작은 봉우리에 불과하지만 당당하게 빼봉(1,039m) 이름을 꿰찬 이유가 궁금했었는데 그 연유를 알 것 같다. 아직 갈 길은 멀기만 한데 바람은 한 점 없고 햇볕이 따가워 물을 마시다 보니 어느새 물병은 바닥을 보이기 시작한다.

⏱ **13:10출발-15:25도착 = 2:15+10분 = 2:25[19:10]-2:15[14:25] = 10분[4:45]**

대봉(1,263m)~빼재(890m)는 3.8km / 1:45(누적 : 30.7km / 16:10)으로 갈미봉을 넘어가는데 급경사를 이루지만 그 외에는 수월한 구간이다.

갈미봉은 손에 잡힐 듯 가깝게 보이지만 보기와 다르게 기복과 굴곡이 심해 만만치 않다. 완만하던 능선은 현위치 「07-07」을 지나자 경사가 심해지고 안전 밧줄이 있는 두 번째 가파른 길로 내려가면 깊은 안부가 나온다.

이후 오르막은 시작되지만 곧바로 오르지 않고 현위치 「07-06」에서 얕은 안부를 하나 더 건너 올라가면 좌측 숲에 숨겨진 전망바위가 있다. 그리 높지는 않지만 남덕유와 무룡산이 보이고 귀봉부터 대봉에 이르는 대간길이 조망된다.

조금 더 올라가면 울창한 숲속에 갈미봉(1,211m) 표지석이 있다. 산줄기가 갈라지는 곳이라 하여 붙여진 갈미봉은 남쪽 고제면 윗칡목재로 내려가는 능선이 거창위천의 지류인 소정천과 황강의 지류인 신기천을 가르고, 북상면과 고제면의 경계가 된다.

이정표(⇦ 신풍령 2.6km)에서 빼재까지 거리가 얼마 안 남지 않았음을 확인하고 어떤 일이 벌어질지 아무것도 모른 채 마지막 남은 물을 모두 마셔 버렸다. 갈미봉 정상에서 좌측으로 돌아가면 현위치 「07-05」에서 본격적인 내리막이 시작된다.

가파른 내리막은 다복솔 한 그루가 외롭게 서 있는 나대지에서 잠시 멈춘다. 골이 깊은 가파른 내리막은 현위치 「07-04」에서 완만해지고 나무 사이로 빼봉이 나타났다가 금방 사라진다. 잡풀이 무성한 안부를 지나 육중한 능선에 오르면 현위치 「07-03」 옆에 잡풀이 무성한 헬기장이 나타난다.

좌측으로 90도 굽어 가파르게 내려가면 이 구간에서는 보기 힘든 소나무 군락지가 나타나고 빼어나게 솟아 있는 빼봉을 오르는데 가다 서다를 반복하며 네발로 겨우 올랐지만 찌는 듯한 무더위에 목이 타들어 간다. 좌측으로 대봉과 투구봉 능선이 조망되는 전망대를 지나

갈미봉에서 덕유산 전경

가면 현위치 「07-02」와 빼봉(1,039m)이라 써놓은 이정표(신풍령 1km ⇨)가 나온다.

암릉 비탈길을 지나 아주 낮은 능선을 넘어가는데 대봉처럼 높게 보이고 마지막 현위치 「07-01」에서 빼재까지 600m를 내려가는데 십리는 족히 되는 것 같았다. 산허리를 잘라 만든 절개지가 앞을 가로막아 가파른 우측 비탈길로 내려가면 지나온 빼봉 능선의 뒷모습이 조망된다. 힘들게 내려왔던 갈미봉 내리막과 네발로 기다시피 겨우 올랐던 빼봉, 타는 갈증을 참고 내려온 마지막 능선이 주마등처럼 지나간다.

마지막 비탈길을 내려서서 빼재에 도착하니 만감이 교차한다. 지친 몸은 가누기조차 힘들었지만 무사히 마쳤다는 안도감과 해냈다는 자부심이 밀려왔다. 절개지 입구에는 누런 고석에 새겨진 수령(秀嶺) 표지석이 아담하게 자리 잡고 있고, 팔각정 쉼터와 백두대간 표지석이 있다. 빼재는 무주군 무풍면과 거창군 고제면을 이어주는 험한 고개로 영·호남의 경계에 있는 만큼 빼재, 뼈재, 수령, 신풍령 등 여러 이름으로 불리며 유래 또한 제각각이다.

첫째는 경치와 관련된 것으로 주변 풍광이 빼어나게 아름다워서 빼재라 불리는데, 이를 한자로 표기하면 수령(秀嶺)이 된다는 것이고, 둘째는 옛날 화전민과 산적들이 산짐승을 사냥하고 버린 동물 뼈가 많아 뼈재로 불리어졌던 것이 '뼈'가 '빼'로 와전되어 빼재가 되었다는

빼재에서 빼봉 능선 전경

빼재

것이다. 경남서부 지역에서는 '뼈'는 '빼'로 발음된다고 한다.

마지막으로 우리나라 지명이 다 그렇듯이 생활 속에서 묻어난 이름이 아름아름 구전으로 전해져 온 것이 대부분이다. 빼재는 서남쪽의 빼봉과 동북쪽의 수령봉 사이의 고개로 두 봉우리와 관련지어 두 개의 이름을 갖게 된 것으로 보인다. 빼봉에서 내려가면 빼재가 되고 수령봉에서 내려가면 수령으로 불리게 된 것이 아닌가 생각된다.

오랫동안 작은 소로(小路)에 있다가 1990년 무주리조트 공사와 더불어 37번 국도가 개통되면서 무주와 거창의 교통이 편리해지긴 했으나 고개 정상에 깊은 절개지가 생겨 백 리 길 덕유산 자락이 남북으로 잘려지게 되었다.

이때부터 추풍령을 본떠서 신풍령이라 불렸고 남쪽으로 신풍령 휴게소가 들어서면서부터 뼈재보다 신풍령으로 더 많이 알려지게 되었다. 하지만 곡선 구간이 많고 겨울에 폭설로 인해 교통이 자주 두절되자 2013년 10월 31일 빼재 터널이 개통되면서 이 또한

빼재 쉼터

대간 종주자들만 오르는 옛 고개가 되어 버렸다. 차라리 처음부터 터널을 뚫었더라면 하는 아쉬움이 남는다.

15:35출발-18:00도착 = 2:25+00분 = 2:25[21:35]-1:45[16:10] = 40분[5:25]

6구간

첫날 육십령~삿갓재 대피소(11.9km / 7:10)는 9시간 45분(8:40 출발 - 18:25 도착) 소요, 예상보다 2시간 35분이 지체되었다. 이튿날 삿갓재 대피소~백암봉~빼재(18.8km / 9:00)는 11시간 50분(6:10 출발 - 18:00 도착) 소요, 이틀간 총 21시간 35분 소요, 예상보다 5시간 25분이 지체되었다.

첫날, 날씨가 무더운 데다가 무거운 배낭은 큰 짐이 되어 힘이 들었다. 서봉과 남덕유산만 생각하고 백두대간에 뛰어 들었는데 할미봉이 예상보다 험해 서봉에 오르기도 전에 지쳐 버렸고 서봉과 남덕유산은 거북이걸음으로 겨우 올랐다.

체력적인 준비 없이 백두대간을 한다는 설렘으로 무리하게 뛰어든 결과이다. 하지만 서봉과 남덕유산은 힘든 만큼 보람을 느낄 수 있었고 삿갓재에 도착했을 때 해냈다는 희열과 뿌듯함이 밀려왔다.

이튿날, 무룡산 초목 지대는 소백산 비로봉에는 미치지 못하지만 조망은 이에 못지않고 이후 여러 무명봉들은 서봉, 남덕유산, 삿갓봉, 무룡산에 비해 조망점이 낮지만 주변 조망은 비교적 좋다. 산은 온통 맹아목이 주류를 이루고 푸른 소나무는 가뭄에 콩 나듯 한다. 백암봉~빼재 구간은 서봉~백암봉에 비해 고도가 낮지만 육중하면서도 부드럽게 내려가는 능선은 대간으로서 위용까지 잃은 것은 아니다.

백두대간 첫 산행부터 1박 2일로 너무나 무리하게 진행되었던 것 같다. 특히 2일째 무룡산과 백암봉만 오르면 이후부터는 완만한 내리막으로 생각하고 음식과 물을 미리 소모한 결과, 빼재에 도착했을 때 갈증과 함께 체력 저하로 탈진 직전까지 갔지만 무주리조트에 근무하던 오경백 팀장이 준비해온 시원한 물과 맥주로 뼛속까지 타들어가던 갈증이 해소되고 나서야 비로소 주변이 제대로 보이기 시작했다. 오 팀장은 이후에도 교통이 여의치 않은 우두령, 추풍령까지 매번 픽업을 해준 고마운 지인이다. 이 자리를 빌려 조금이나마 고마움을 전하고 싶다. 덕유산 산행은 정확한 사전 지식 없이 진행된 산행이 얼마나 무모했는지 깊이 깨닫는 계기가 되었다.

백두대간 6구간 안내도
덕유산국립공원
장수군
계북면
안성면
장계면
거창군
북상면
위천면
서상면
6구간 출발
육십령
할미봉 1026
서봉 1492
남덕유산 1507.4
월성재
1340
삿갓봉 1419
삿갓재 대피소
삿갓골재
무룡산 1491.9
1428
1433
1380
1359
동엽령
1320
1327
백암봉 1503
덕유산 (향적봉) 1614.2
설천봉
중봉
귀봉 1390
횡경재
지봉 1343
싸리덤재
월음령
대봉 1263
갈미봉 1211
빼봉 1039
빼재
6구간 도착
수정봉
백련암
송계사
영각사
연화폭포
구천동계곡
용추폭포
용연계곡
용연폭포
당산폭포
월성계곡
산수리계곡
토옥동계곡
덕유산휴게소
명천호
덕곡저수지
무주안성농공단지
덕유산 IC
장수 JC
주은자연휴양림
금원산자연휴양림
거창남산농공단지
호음산 930
현성산 965
금원산 1352.5
월봉산 1281.6
삿갓봉

07

白頭大幹

다락(多樂)과 다악(多惡)의 대덕산

빼재~삼봉산~소사고개~대덕산~덕산재~부항령

20.1km / 8:35

부항령까지 금강수계 무주남대천의 지류인 원당천, 금강의 지류인 무주남대천, 무주남대천의 지류인 도마천·금평천·대동천과 낙동강수계 황강의 지류인 신기천, 낙동강의 지류인 황강, 낙동강의 지류인 감천, 낙동강수계 감천의 지류인 부항천의 분수계이며, 전북 무주군 무풍면과 경남 거창군 고제면·경북 김천시 대덕면·부항면의 도계를 이룬다.

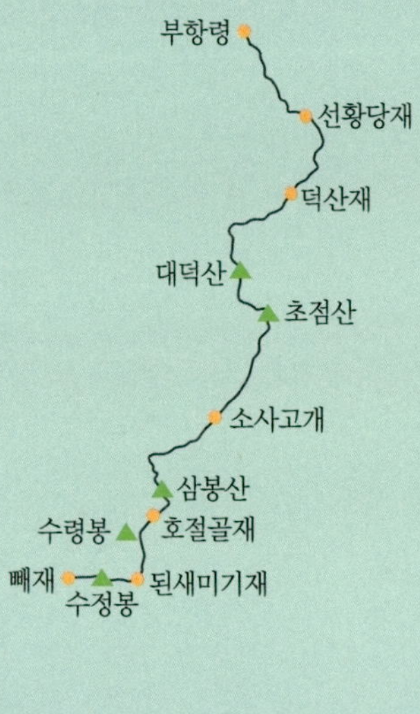

첫 번째 덕유산 종주를 마치고 개인 사정으로 건너뛰었던 구간이다. 2014년 1월~2월에 4구간으로 나누어 실시되던 지리산 종주가 마지막 화개재~성삼재를 남겨두고 산불방지기간 입산통제에 걸려 2014년 2월 23일, 발길을 빼재~부항령으로 돌렸다. 완주를 했지만 동절기 시시각각 달라지는 자연 앞에 원하는 자료를 다 얻지 못해 2015년 5월 10일, 부항령에서 빼재로 남진하는 익산 백두산악회 대간종주에 동행하였다.

빼재(890m)~덕유삼봉산(1,254m)은 4.5km / 1:50(누적 : 4.5km / 1:50)으로 완만한 오르막이지만 빼재~수정봉과 호절골재~삼봉산은 급경사 오르막을 이룬다.

빼재 정상에서 거창 방면으로 100여 미터를 내려가면 수정봉으로 들어가는 들머리(⇦ 덕유산 / 삼봉산 4.1km ⇧)가 있다. 데크계단을 지나 가파른 돌계단을 잠깐 올라서면 능선 정상부가 나오는데 좌측은 단절된 빼재로 가고 삼봉산은 우측으로 진행된다. 초반부터 가파르게 올라가면 주변보다 약간 높은 지점에 이정표(⇦ 삼봉산3.5km / 빼재 ⇨ 0.4km)가 있고 덕유산에서 삼봉산으로 건너오는 빼재 부근이 시원스럽게 내려다보이는 조망점이 있다.

빼재 전경

얕은 능선 안부를 건너가면 수정봉인데 능선과 구분이 되지 않고 아무런 표식도 없다. 잔잔한 능선이 연속되는 안부를 건너가면 봉산 갈림길이라고도 하는 된새미기재(⇦ 삼봉산 2.5km / 빼재 1.4km)에 도착한다. 우측 고제면 봉산리로 내려가는 능선이 황강의 지류인 신기천과 황강을 가른다.

삼봉산은 좌측으로 90도 굽어 올라간다. 완만한 능선에 덩굴성 초목이 무성한 넓은 평전지대가 나오고 한 번 더 올라가면 전망바위가 솟아 있는 무명봉우리가 나온다. 지나왔던 수정봉과 된새미기재의 잔잔한 능선이 조망되고 삼봉산으로 향하는 대간길이 처음으로 그 모습을 드러낸다. 천혜의 요충지답게 좌측 산자락은 품이 넉넉한 육산처럼 보이지만 우측은

무명봉에서 빼재 방향

무명봉에서 삼봉산 방향

삼봉산 제일봉에서 덕유산 방향

삼봉산 제일봉에서 삼봉산과 대덕산 전경

가파른 바위 절벽을 이룬다.

좌측 수령봉은 예로부터 빼재와 도마치 아래에 살던 부곡민들이 양반들의 착취와 신분상의 불평등을 견디지 못하고 도망쳐 나와 화전을 일구며 살아온 터전으로 골짜기마다 숨기 좋은 천혜의 요충지라고 한다.

짧은 돌계단을 내려서서 걷기 편한 흙길로 진행된다. 현위치 「봉산갈림길3」과 낡은 이정표(⇦ 빼재 2km / 삼봉산 2km ⇨)를 차례로 지나면 평지 같은 순한 길이 나온다. 수령봉에 올라야 하지만 편의상 지름길로 진행되고 나무계단을 내려서면 주변이 평탄한 호절골재(⇦

삼봉산에서 백미능선 방향

삼봉산 정상

빼재 3km / 삼봉산 1km ⇨)가 나온다. 무주군 무풍면 삼거리 쌍골에서 거창군 고제면 봉산리로 넘어가는 산중 고개인데 지금은 잡풀만 무성하다.

이제부터 삼봉산까지 가파른 오르막이 시작된다. 빼재 대신 뼈재로 표기된 첫 번째 금봉암 갈림길이 나오고 300m를 더 올라가면 두 번째 금봉암 갈림길이 또 나온다. 우측 산기슭에는 황금빛 새가 날아와 세 번이나 돌고 어디론가 갔다고 해서 붙여진 금봉암이 자리하고 있다. 삼국시대부터 절터가 있던 곳인데 1906년 불심이 깊은 청송 심 씨가 새로 절을 지었다고 한다.

우측으로 오금이 저려오는 깎아지른 벼랑길을 따라 잠깐 오르면 둥그런 암반으로 된 삼봉의 첫 번째 봉우리에 도착한다. 뒤돌아보면 된새미기재에서 호절골재에 이르는 대간길이 조망되고 금방이라도 무너져 내릴 것만 같은 절벽으로 다가서면 감탄사가 절로 나오는 풍경이 펼쳐진다. 삼봉산 정상은 손에 잡힐 듯하고 고랭지 채소밭이 즐비한 소사고개 건너편에 우뚝 솟아 있는 초점산과 대덕산이 웅장하게 다가온다.

푸른 산죽이 무성한 평지 길로 조금 올라가면 삼봉산 정상이다. 돌무더기 위에 삼각점과 옛 표지석이 있고 그 뒤에 사과 모양을 한 새 표지석이 있다. 삼봉산은 무주군 무풍면과 거창군 고제면 사이에 위치한 산으로 덕유산이 시작되는 첫머리에 있어 덕유 원봉이라고도 하며, 산 지명은 가운데 봉우리 좌우로 낮은 봉우리를 하나씩 거느리고 있어 삼봉산이라 한다.

주변 조망은 좋지 않지만 표지석 뒤로 돌아가면 능선 위로 솟아오른 제삼봉과 삼봉산의 백미능선이 시작되는 암봉이 조망되고 무풍에서 소사고개를 넘어 거창으로 향하는 고제면 봉계리의 깊은 협곡이 바쁜 걸음을 느리게 한다.

7:40출발-9:20 도착 = 1:40+00분 = 1:40[1:40]-1:50[1:50] = -10분[-10분]

덕유삼봉산(1,254m)~소사고개(679m)는 3.1km / 1:15(누적 : 7.6km / 3:05)으로 정상부는 암릉이 펼쳐지고 내리막은 험하기 이를 데 없지만 이후는 완만하게 내려가는 구간이다.

삼봉산 정상에서 나지막한 삼봉능선을 넘어가면 지나온 삼봉산과 거창군 고제면 일대의 깊은 협곡이 두루 조망되는 능선 전망대가 나타나고 현위치 「소사고개 3」을 지나 오두재 갈림길까지 삼봉산의 백미(白眉)라 일컬어지는 암릉 구간이 펼쳐진다.

백미능선 전경

백미능선에서 볼 수 있는 거대한 퍼즐

500m 정도 되는 암릉 정상부는 매우 위험하기 짝이 없다. 암릉 비탈길로 진행하다가 가끔 암릉 전망대에 오르면 지나온 수령봉부터 앞으로 진행될 대덕산은 물론 좌측 무풍면 삼거리의 독가촌 계곡과 우측 소사고개 모두 부처님 손바닥처럼 훤히 내려다보인다. 천상에서 보는 소사고개 부근의 고랭지 밭은 거대한 퍼즐 같다.

암릉에서 내려서면 무주군 무풍면 삼거리에서 덕지리로 넘어가는 오두재 갈림길(⇦ 삼봉산 0.8km / 소사 2.1km ⇩)이다. 직진하는 능선은 무주남대천의 지류인 원당천과 무주남대천을 가르는 분수계가 되고 대간은 우측 가파른 비탈길로 내려간다. 이후 대간길은 행정구역상 초점산까지 경남 거창군 고제면을 통과한다.

시작부터 거칠고 험한 돌길로 내려간다. 구간 최고의 난이도를 가진 깔딱고개를 거슬러 오르는 사람은 몇 번씩 쉬는데 내려가니 천만 다행이다. 가파른 내리막은 거리 표시가 없는 현위치 「소사고개 2-1」 두 개를 지나 철조망이 있는 안부까지 내려간다.

개미허리처럼 잘록한 안부는 분수계 좌측 넓은 밭에서 우측으로 새로 개간을 시작하는 농경지를 넘나들기 위해 만들어 놓은 또 하나의 백두대간 훼손 현장이다. 철조망을 통과해 소나무가 울창한 낮은 능선을 넘어가면 이번에는 제법 넓은 고랭지 밭이 나온다. 물매로 보아 밭 가운데가 분수계이지만 좌측 밭두렁으로 진행된다.

밭 중간 정도에서 좌측 소나무 숲속으로 내려가는데 처음에는 평지처럼 넓지만 내려갈수록 폭이 줄어들다가 결국에는 좁은 둑길로 변한다. 철도 침목 같은 각목이 나타나고 낙엽송이 즐비한 능선으로 진행하다가 우측 비탈길로 내려선다.

옛 소사고개

복원된 소사고개

시멘트 포장길로 100여 미터 정도 내려가면 이정표(삼봉산 ⇨)만 외롭게 서 있는 소사고개가 나오는데 최근(2015.12.20)에 복원이 완료되어 도로에 내려가지 않고 곧바로 초점산으로 갈 수 있다. 소사마을은 대간 좌측에 위치해 있어 금강으로 흘러드는 무주남대천수계이지만 행정구역은 경남 거창군 고제면 봉계리에 속한다.

소사고개는 무주군 무풍면 덕지리와 거창군 고제면 봉계리를 이어주는 고개로 옛 이름을 도마치(都麻峙)인데 잔모래가 많다고 하여 소사고개(少沙峙)로 불려진다. 현재는 1,089번 지방도가 지나가는 절개지 곳곳에 마사토가 많이 분포한다.

삼봉산 암릉 구간에서 바라보면 낮은 고개로 보이지만 추풍령에서 화령재에 이르는 큰재, 신의터재 등 많은 고개들이 250~300m 밖에 되지 않는 것에 비하면 해발고도가 679m나 되는 소사고개는 이들과는 비교가 되지 않는다.

⏱ **9:20출발-10:30도착 = 1:10+00분 = 1:10[2:50]-1:15[3:05] = -05분[-15분]**

소사고개(679m)~대덕산(1,290.9m)은 4.5km / 2:05(누적 : 12.1km / 5:10)으로 주변에 경작지가 많은 긴 오르막과 두 고봉 사이의 안부를 건너가는 구간이다.

소사마을 앞 도로 건너편 들머리에서 가파른 시멘트길로 올라간다. 몇 발자국 만에 임도를 버리고 좌측 산길로 들어가면 양지바른 남사면에 길게 늘어선 묘지 구간을 지나게 된다. 낮은 능선을 넘고 좌측에 아찔한 절벽이 있는 좁은 안부를 건너가면 광활한 개간지가 펼쳐진다. 갈림길(⇦ 초점산 2.4km / 소사 0.8km ⇧)에서 포장길을 따라 200여 미터 진행하면 농가가 나오고 능선으로 진행하다가 포장길과 만나 다시 숲길 능선으로 들어간다.

갈림길에서 초점산 방향

여기저기 무너져 내리는 낮은 능선을 넘어가면 초점산 아래 분지처럼 앞이 환하게 열린 공간이 나타나는데 대간 능선은 경작지가 되어 흔적조차 찾을 수 없다. 비포장 임도를 따라 100여 미터 진행하면 능선 입구가 나오고 통나무계단을 올라서면 예전에 낙엽송 숲이었는데 소나무 몇 그루만 남기고 벌거숭이가 된 능선이 나타난다. 벌목은 대간 능선을 가로 지르는 임도 부근까지 광범위하게 이루어져 마치 꽁지 빠진 닭을 보는 것 같다.

가파른 통나무계단과 빙판길로 30여 분 올라가면 묘지터로 보이는 넓은 공터가 나오는데 조망은 삼봉산 암릉 구간에 견주어도 손색이 없다. 몇 번이나 빙판과 씨름하면서 올라온 보람이 느껴진다. 소사고개 이후 개간지와 점점이 나타나는 구릉지로 이어지는 실타래 같은 대간길이 손바닥처럼 훤히 조망된다.

이후 잠깐 올라서면 수도지맥 갈림길(⇦ 초점산 0.4km / 소사 2.8km ⇩ / 국사봉 7.2km ⇨)이다. 우측 국사봉으로 내려가는 능선이 낙동강의 지류인 황강과 감천을 가르는 수도지맥(修道枝脈)으로 경남 거창군 고제면과 경북 김천시 대덕면의 도계를 이룬다.

초점산을 향하는데 기계톱 소리가 요란하다. 이곳까지 민둥산으로 만들려는 모양이다. 초

초점산

초점산에서 소사고개 전경

대덕산에서 초점산 방향

대덕산에서 삼도봉으로 이어지는 대간길

점산은 전북 무주군과 경남 거창군 그리고 경북 김천시가 만나는 삼도봉우리이다. 좁은 공간에 표지석과 쉼터 그리고 이정표(⇦ 대덕산 1.5km / 소사 3.2km ⇨)가 있으며 조망은 소사고개 방향으로 열려 있다.

이후부터 대간은 경남과 작별하고 민주지산 삼도봉까지 전북 무주군 무풍면과 경북 김천시 대덕·부항면의 도계가 된다. 고래 등처럼 넓은 능선은 통나무계단이 나타나면서 가파르게 내려가고 안부 직전에 대덕산이 보이는 전망바위가 있다.

깊은 안부를 건너 관목지대를 올라가면 오를수록 조망이 좋은 드넓은 갈대밭이 나온다. 두 번째 능선 봉우리에 오르면 소사고개 부근의 미로 같은 대간길까지 한눈에 조망된다. 좌측으로 내려가는 능선이 무주남대천과 그 지류인 도마천을 가르지만 구분이 쉽지 않다.

현위치 「2-1」에서 맹아목 숲을 빠져 나가면 갈대와 싸리나무가 주류를 이루는 넓은 능선이 나타나는데 단순하면서도 위엄 있게 보인다. 주변을 조망하면서 묵묵히 올라가면 대덕산(大德山) 정상에 도착한다. 광장처럼 넓은 언저리에 표지석과 이정표(⇦ 덕산재 3.5km / 소사동 5.2km ⇨)가 있지만 초라할 만큼 작아 보인다.

주변 조망은 덕유산 백암봉에서 삼도봉에 이르는 대간 전후뿐만 아니라 사방팔방이 거침없이 좋지만 구경 한번 하려면 넓은 운동장을 가로질러가야 한다. 좌측으로 내려가는 능선이 무주 남대천의 지류인 도마천과 금평천을 가른다.

대덕산은 백두대간 남서쪽의 삼봉산(1,254m)과 북쪽의 삼도봉(1,176m) 중간에 있는 산으로 전북 무주군 무풍과 경북 김천시 대덕의 경계를 이룬다. 다락(多樂)과 다악(多惡)의 산으로 알려져 있으며 거대한 봉황이 날아가는 형국으로 산의 기를 받은 사람치고 그 뜻을 이루지 못한 사람은 없다고 한다.

⏱ 10:30출발-12:40도착 = 2:10+15분 = 2:25[5:15]-2:05[5:10] = 20분[05분]

대덕산(1,290.9m)~덕산재(644m)는 2.8km / 1:10(누적 : 14.9km / 6:20)으로 정상부 능선과 기저부 능선을 제외하고는 급경사 긴 내리막 구간이다.

대덕산 기운을 한몸 가득히 받고 덕산재로 향한다. 산죽 밭에 놓여 있는 긴 나무 난간을 건너가면 좌측으로 대덕산은 물론 삼봉산과 덕유산까지 조망되는 전망바위가 있고 곳곳에 날카로운 바위들이 숨어있는 능선으로 조금 더 내려가면 덕산재 방면으로 열려 있는 환상적인 전망대가 나타난다. 삼도봉으로 가는 대간길은 물론 정상에선 보이지 않던 덕산재까지 시원스럽게 조망된다.

이후 대간길은 바위가 눈에 띄게 줄어들고 완만하게 내려간다. 우측으로 조금씩 굽으면서 본격적인 내리막이 시작되는데 식생은 참나무와 같은 활엽수가 대부분이지만 현위치 「1-5」를 지나자 산죽이 무성해진다. 미끄러운 흙길로 10여 분 내려가면 등산로 우측에 고지대임에도 불구하고 제법 수량이 풍부한 약수터가 있다.

계속되는 내리막 구간에 조금씩 너덜이 나타나면서 돌길과 흙길이 번갈아 나오고 현위치 「1-4」 이후 등산로는 분수계에서 벗어나 조금씩 오른쪽 계곡을 향해 큰 지(之)자 행보를 하면서 현위치 「1-3」까지 가파르게 내려간다.

우측 20여미터 지점에 대덕산의 명물로 알려진 얼음폭포가 있는데 여느 계곡에서나 흔히

대덕산 내리막 전망대 전경

약수터

얼음폭포

볼 수 있는 작은 폭포에 불과하지만 한여름에도 얼음처럼 차갑다 하여 얼음폭포라 한다. 잠시 휴식을 취하며 손을 씻는데 수정처럼 밝고 깨끗한 물은 얼음장처럼 차갑다.

다시 등산로에 복귀해 내려갈수록 경사는 완만해진다. 우측으로 넓은 벌목지가 있는 현위치 「1-2」 부근에서 고도를 한번 급격하게 낮추면 넓고 평탄한 소나무 밭이 펼쳐진다. 납작 엎드린 묘지를 지나 능선 봉우리에 올라가면 마지막 현위치 「1-1」이 있다.

바위 능선에 설치된 나무다리를 건너 능선 봉우리에 오르면 잠시 평탄하게 진행되고 가파른 통나무계단으로 내려가면 광장처럼 넓은 덕산재(⇦ 대덕산 3.5km)가 나온다. 고갯마루 건너편에 폐점된 휴게소가 있고 그 앞에 커다란 표지석(644m)이 있다. 덕산재는 전북 무주

덕산재

군 무풍면 금평리와 경북 김천시 대덕면 덕산리를 잇는 고개로 30번 국도가 지나간다.

🕒 **12:55출발-14:00도착 = 1:05+00분 = 1:05[6:20]-1:10분[6:20] = -05분[00분]**

덕산재(644m)~부항령(680m)은 5.2km / 2:15(누적 : 20.1km / 8:35)으로 중간에 깊은 안부에 해당하는 선황당재(705m)를 제외하고는 대체로 평탄한 편이며 숲이 울창해 조망점 하나 없이 지루하게 진행되는 구간이다.

폐점된 휴게소 좌측 들머리에 이정표(⇦ 부항령 5,200m / 대덕산 3,000m ⇨)가 있는데 거리가 m로 표기되어 있어 매우 멀게 느껴진다. 곧게 뻗은 낙엽송 지대를 올라서면 잠시 평탄하게 진행되고 통나무계단이 나타나면서 10여 분 정도 가파르게 올라간다.

갈수록 완만해지면서 833m 고지 갈림길이 나오고 왼쪽으로 90도 굽어 숲이 울창한 능선으로 완만하게 내려가면 전망대와 데크계단이 설치된 폐광 터가 나온다. 선황당재 건너편에 피라미드처럼 우뚝 솟아 있는 무명봉우리 산세가 만만치 않아 보이고 데크계단 정상에 올라서면 지나온 능선 너머로 대덕산과 초점산 봉우리만 보인다.

상태가 양호한 대간길은 좌측에서 올라오는 임도가 합류하면서 폭이 매우 넓어지고 임도가 우측으로 내려가자 폭이 조금씩 줄어들어 원래 모습을 되찾는다. 중간에 우측으로 내려가는 능선이 낙동강의 지류인 감천과 부항천을 가르고, 대덕면과 부항면의 경계가 된다.

옛 부항령

부항령 삼도봉 터널

이후 완만하게 내려가면 아무런 표식도 없고 잡풀만 무성한 선황당재에 도착한다. 무주군 무풍면 금평리에서 김천시 부항면 어전리로 넘어가는 옛 고갯길로 좌측 금평리 방향은 길이 잘 나있지만 우측 어전리 방향은 흔적이 미미하다. 쉴 곳이 마땅찮아 그대로 진행한다.

선황당재에서 10여 분 가파르게 올라가면 쉼터가 나오고 능선 좌측으로 넓은 낙엽송 지대를 한참 감싸고 20여 분 진행하면 능선과 별 차이가 나지 않는 삼각점 고지(853m)에 도착한다. 이정표(⇦ 덕산재 3,500m / 부항령 1,700m ⇨)와 쉼터가 있는 봉우리로 좌측으로 내려가는 능선이 무주남대천의 지류인 금평천과 대동천을 가른다.

이후 통나무계단이 나타나면서 고도를 급격히 낮추는데 두 번째 통나무계단은 제법 길게 내려간다. 중간에 쉼터와 작은 돌탑을 지나 여러 개의 통나무계단을 내려가면 헬기장 밑에 표지석과 이정표(⇦ 덕산재 5,200m / 백수리산 2,200m ⇨)가 있는 부항령에 도착한다.

부항령은 전북 무주군의 무풍면 금평리에서 경북 김천시 부항면 어전리로 넘어가는 고개로 백두대간 고개 중 전라도와 경상도를 잇는 최북단에 위치해 있다. 현재는 삼도봉 터널이 개통되어 1089번 지방도가 지나간다.

부항(釜項)이란 지명은 고개 동쪽의 마을 형국이 풍수지리상 가마솥 같이 생겼다하여 가

2015년 5월 10일, 부항령에서 빼재로 남진하는 익산 백두산악회

매실 또는 가목이라 불리다가 한자로 바꾸면서 부항(釜項)이 되었다고 한다. 부항령 산줄기는 북쪽으로 백수리산, 남쪽으로 덕산재를 거쳐 대덕산으로 연결된다. 부항령에서 삼도봉 터널까지 내려가는데 무풍 방향은 약간 가파르지만 짧고, 부항 방향은 임도를 따라 200~300m는 족히 내려가야 한다.

14:00출발-16:00도착 = 2:00+00분 = 2:00[8:20]-2:15[8:35] = -15분[-15분]

7구간

빼재~대덕산~부항령(20.1km / 8:35)은 8시간 20분(7:40 출발 – 16:00 도착) 소요, 예상보다 15분이 단축되었다. 구간 보충을 위해 첫 번째 홀로 산행을 한 구간으로 그 의미가 매우 크다. 빼재~덕산재는 기복이 크고 웅장한 산세를 지닌 반면 덕산재~부항령은 잔잔한 구릉지성 능선이 펼쳐진다.

소사고개는 여원재, 유치재, 개머리재(소정재), 지기재, 신의터재, 매봉산, 귀네미골과 더불어 인간의 간섭이 가장 심한 곳 중의 하나이다. 간혹 백두대간이 등산객들로 인하여 훼손이 심각하다고들 하는데 무분별한 벌목과 경작에 비하면 조족지혈에 불과하다.

필자는 공식적인 대간 종주를 마쳤지만 무박산행으로 진행되었던 구간이나 별도 자료수집이 필요한 경우 구간별로 남진(南進)하고 있는 익산 백두산악회를 따라 나서고 있다. 가끔 참여하지만 언제나 변함없이 항상 따뜻하게 맞아주는 고마운 산악회이다.

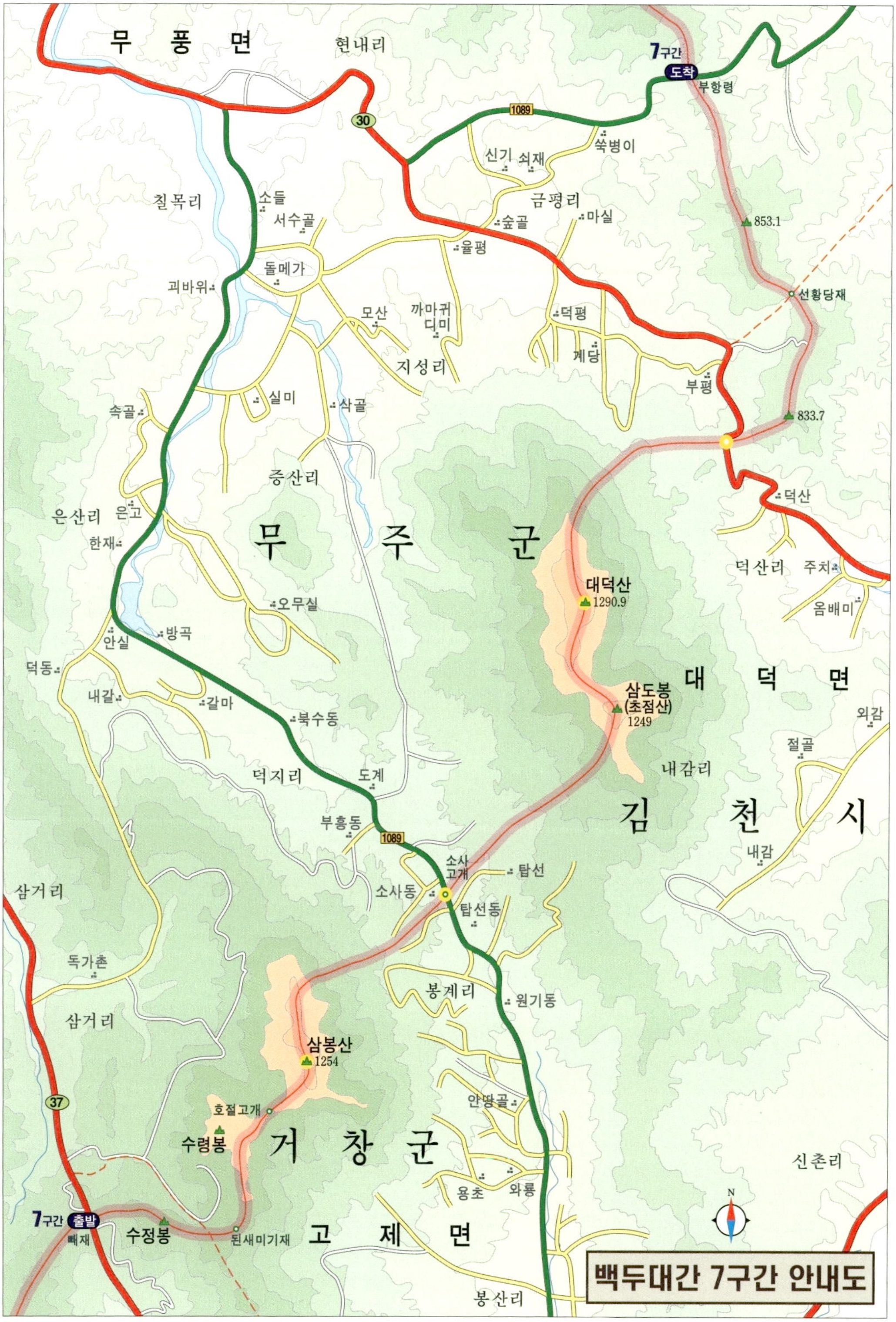
백두대간 7구간 안내도
7구간 도착
부항령
7구간 출발
빼재
무풍면
현내리
칠목리
소들
서수골
돌메가
괴바위
신기
쇠재
쑥병이
금평리
숲골
마실
율평
853.1
선황당재
모산
까마귀
디미
지성리
덕평
계당
부평
833.7
실미
삭골
속골
증산리
덕산
은산리
은고
한재
무주군
덕산리
주치
옴배미
대덕산
1290.9
오무실
안실
방곡
덕동
내갈
갈마
삼도봉
(초점산)
1249
대덕면
북수동
외감
절골
덕지리
도계
내감리
김천시
부흥동
1089
소사
고개
탑선
소사동
탑선동
내감
삼거리
독가촌
봉계리
원기동
삼봉산
1254
37
30
호절고개
안땅골
수령봉
거창군
신촌리
용초
와룡
수정봉
된새미기재
고제면
봉산리

08

白頭大幹

영·호남과 충청이 만나는 삼도봉

부향령~백수리산~삼도봉~밀목재~석교산~우두령
18.7km / 8:00

우두령까지 금강수계 무주남대천의 지류인 대동천·미대천, 금강의 지류인 초강, 초강의 지류인 궁촌천과 낙동강수계 감천의 지류인 부항천·무릉천의 분수계이며, 전북 무주군 무풍면·충북 영동군 상촌면과 경북 김천시 부항·구성면의 도계를 이룬다.

▲▲ 2012년 7월 29일, 삼복더위 한가운데 이동희 형님 부부와 함께 종주를 마쳤고 2016년 4월 24일, 1990년 「사람과산」 창간 1주년 기념 대간길 검증에 나섰던 두 분의 산악인 중 한 사람인 남난희씨와 함께 초기 대간길에 대한 흥미로운 이야기들을 들으며 종주에 나섰지만 미세먼지가 기승을 부려 6월 26일, 한 번 더 부항령을 찾았다.

부항령(680m)~백수리산(1,034m)은 2.2km / 1:05(누적 : 2.2km / 1:05)으로 긴 오르막 중간에 967m 고지를 넘어가는 만만치 않은 구간이다.

옛길의 흔적만 남아 있는 부항령에서 삼도봉 가는 대간길이 어떤 모습으로 다가올지 큰 기대 품고 백수리산으로 향한다. 잠깐 가파른 언덕을 올라채면 길은 완만해지고 이정표(⇦ 부항령 800m / 백수리산 1,400m, 삼도봉 6,600m ⇨)가 있는 쉼터에서 좌측으로 굽어 진행된다. 얕은 안부를 건너 가파른 통나무계단으로 올라가면 봉분이 납작한 묘지 뒤쪽으로 백수리산 갈림길이 나온다.

지름길도 좋지만 대간 의미를 생각하며 987m 고지로 향한다. 초반부터 나타나는 가파른 통나무계단은 967m 고지 정상까지 이어지는데 만만치 않아 지름길을 생각하면서 정상에 올랐다. 이정표와 쉼터가 있지만 조망은 좋지 않아 잠시 숨만 돌리고 백수리산으로 내려가는데 내리막 곳곳에 발 디딜 곳이 마땅치 않은 바윗돌들이 자주 나타난다.

백수리산 오르막 전망대에서 부항령 방향

지름길과 만나는 지점에 이정표(⇦ 부항령 2.34km / 삼각점 3.36km, 백수리산 0.56km ⇨)가 있고 오르막 중간 지점에 대덕산에서 967m 고지에 이르는 대간길과 백수리산에서 삼도봉으로 가는 대간 능선이 조망되는 전망바위가 있다. 방금 내려왔던 967m 고지가 왜 힘들었는지 그 이유를 알 것 같다.

백수리산 오르막 전망대에서 백수리산 방향

백수리산에서 삼도봉 방향

완만하게 올라가면 넓은 헬기장과 표지석이 있는 백수리산 정상이다. 전북 무주군의 무풍면과 경북 김천시 부항면에 걸쳐 있는 산으로 부항령에서 1시간 정도 소요되며, 표지석 뒤로 무풍면 일대와 삼도봉 방향으로 열려 있지만 조망은 시원스럽지 않다.

5:55출발-6:55도착 = 1:00+10분 = 1:10[1:10]-1:05[1:05] = 05분[05분]

백수리산(1,034m)~박석산(1,170m)은 2.7km / 1:30(누적 : 4.9km / 2:35)으로 짧은 급경사 내리막과 긴 오르막 구간으로 기복과 굴곡이 매우 심하다.

가파르게 내려가면 능선 턱이 나타나면서 제동이 걸리고 소나무가 군락을 이루는 봉우리 안쪽으로 조금 들어가면 무주 무풍면과 김천 부항면을 가르며 삼도봉으로 향하는 대간길이 한눈에 들어오는 환상적인 전망대가 나타난다.

싸리재 갈림길로 가는 가파른 오르막은 안부에 내려서지도 않았는데 벌써부터 오를 일이 걱정되고 삼도봉과 석교산에 이르는 대간 능선은 겹쳐있는 주름치마처럼 거리가 가늠되지 않는다. 우두령은 우측 언저리에 우뚝 솟아 있는 석교산을 넘어가야 하는데 까마득하기만 하다.

전망대 옆으로 급하게 내려가면 순한 안부가 나타난다. 한동안 완만하게 진행되던 안부 구간은 안전 밧줄이 나타나면서 가파른 오르막이 시작되고 활엽수에 치어 보이지 않던 소나무가 군락을 이루는 능선 봉우리(973m) 두 개를 넘었지만 여전히 오르막은 계속된다.

계단처럼 층을 이루며 서너 개의 높은 봉우리들을 넘고 올라가면 잡풀이 무성한 싸리재 갈림길인데 백수리산에서 1시간 정도 소요된다. 좌측 싸리재로 내려가는 능선이 무주남대천의 지류인 금평천과 미대천을 가른다. 백수리산에서 북서진하던 대간길이 북쪽으로 굽히는 분기점에 위치해 있지만 조망이 썩 좋은 편은 아니다.

이후 대간길은 우측으로 90도 굽어 북으로 올라간다. 얕은 능선 안부를 건너 올라가면 일부 지도에 박석산으로 표기된 삼각점(1,170m) 고지에 도착한다. 좁고 길쭉한 정상 주변은 잡풀이 무성하고 나무가 울창해 조망은 좋지 않다. 이제 겨우 5km 왔을 뿐인데 옷은 이미 땀으로 뒤범벅되어 버렸고 몸은 벌써 조금씩 지쳐가고 있다.

7:05출발-9:00도착 = 1:55+00분 = 1:55[3:05]-1:30[2:35] = 25분[30분]

박석산(1,170m)~삼도봉(1,176m)은 3.0km / 1:20(누적 : 7.9km / 3:55)으로 잔 기복이 심한 능선 정상부 구간이다.

목장지대

남북으로 길쭉하게 발달된 능선으로 진행하다가 우측 비탈길로 내려가면 넓은 평전이 나타난다. 지도에는 목장으로 표기되어 있지만 잡목만 무성하고 능선 분기점 너머 멀리 석교산이 조망된다. 임도까지 길게 뻗은 데크계단은 걷는 촉감부터 달라 '목장길 따라 밤길 거닐어' 콧노래가 저절로 나온다.

계단을 내려서서 넓은 임도를 따라 진행하다가 우측 산등성이로 올라가면 잡풀이 무성한 목장지대와 방금 내려온 박석산(1,170m)이 조망되는 공터가 나온다. 잠시 숲으로 들어가면 능선 분기점인데 능선은 좌측으로 뻗어가고 대간은 우측 비탈길로 내려간다. 안부를 건너 맨흙이 드러난 좁은 봉우리를 넘고 긴 비탈을 지나 완만하게 올라가면 많은 리본이 붙어 있는 1,117m 고지에 도착하는데 능선 분기점에서 30여 분 소요된다.

가파른 돌길과 비탈길로 내려가면 김천시 부항면 해인리에서 삼도광장이 있는 무주군 설천면 중미마을로 넘어가는 갈림길(삼도광장 3km, 중미마을 4.3km ⇧ / 해인리 0.5km ⇩ / 삼도봉 0.5km ⇨)에 도착한다. 예전에는 해인리 방향으로 길이 험해 이용하는 사람이 적었으나 최근 들어 대간마루 500여 미터까지 차량통행이 가능하면서 많은 사람들이 이용하는 고개가 되었지만 변변한 이름조차 없다. '해인리'나 '중미'보다 삼도봉 턱밑을 넘어가니 '삼도재' 또는 '삼도고개'라 불러도 좋을 것 같다. 지명 하나 명명하고 나니 나도 어느새 작명가가 된 것 같다.

삼도광장 갈림길

이곳에서 올려다본 삼도봉은 작은 뫼처럼 보이고 등산로는 폭이 넓고 완만하다. 중간 지점부터 나무 판넬이 깔려 있고 정상부 소나무 부근에 전망대가 있다. 백수리산에서부터 걸어온 대간 길뿐만 아니라 대덕산과 덕유산까지 조망된다.

몇 걸음만 올라가면 넓은 나대지에 커다란 '삼도봉 대화합 기념탑'이 눈길을 끈다. 태백산에서 분기하여 동서로 뻗어 내린 소백산맥의 큰 봉우리로 충청·전라·경상도가 이곳에서 만

삼도봉 전경

삼도봉에서 우두령 방향

나기도 하고 갈라지기도 하여 삼도봉이라 한다. 좌측 석기봉, 민주지산을 거쳐 각호산으로 내려가는 산줄기가 각호지맥(角虎枝脈)으로 무주남대천의 지류인 미대천과 금강의 지류인 초강천을 가르고, 전북 무주 설천면과 충북 영동군 상촌면의 도계가 된다. 멀리 덕유산에서 내려오는 대간길은 이곳 삼도봉을 지나 석교산까지 조망되는 천혜의 전망봉이기도 하다.

9:00출발-10:30도착 = 1:30+30분 = 2:00[5:05]-1:20[3:55] = 40분[1:10]

삼도봉(1,176m)~밀목재(950m)는 2.9km / 1:05(누적 : 10.8km / 5:00)으로 삼마골재를 건너 중간에 높게 솟은 삼각점(1,123m)을 넘어가는 구간이다.

이후 백두대간은 전북을 떠나 충북과 경북의 도계를 이루며 북으로 올라간다. 대화합탑 좌측은 석기봉과 민주지산으로 가고 우측이 삼마골재로 가는 대간길이다. 넓은 돌계단과 촘촘히 박힌 각목계단을 급하게 내려가면 이번에는 토양 유실을 막기 위해 설치한 일자형과 원형 시설물이 나타난다.

삼마골재

마지막 곡선구간을 돌아가면 마치 철도 침목 같은 각목계단이 삼마골재 안부까지 길게 이어지는데 간격이 좁고 골이 깊어 걷기 매우 불편하다. 검정고무를 깔아놓은 판넬과 등산객 건강을 위해 운동기구까지 갖추어진 삼마골재는 각기 다른 이정표가 3개나 되어 약간 혼란스럽다.

삼도봉 북쪽 안부에 위치한 삼마골재는 경북 김천시 부항면 삼마골 계곡과 충북 영동군 상촌면 물한계곡을 잇는 산중 고갯길로, 옛날에 숯을 굽는 산막이 있어 산막골로 불리다가 삼마골로 변음이 된 것이라고 한다.

헬기장을 건너 완만하게 올라가면 등산로는 좌측 비탈길로 진행되고 길을 찾아 올라가면 어린 소나무가 군락을 이루는 전망대가 있다. 지나온 백수리산에서 삼도봉에 이르는 대간길과 민주지산으로 뻗어가는 각호지맥이 거침없이 조망되고 앞으로 진행될 무명봉(1,014m)과 삼각점(1,123m) 고지까지 올려다보인다.

능선 분기점에서 민주지산 전경

완만하게 올라가면 둥글고 평범한 무명봉(1,104m)이지만 우측 비탈길로 비켜가고 10여 분 더 올라가면 숲이 우거진 삼각점(1,123m) 고지가 나온다. 높이가 2m를 훌쩍 넘는 꺽다리 이정표(⇦ / 밀목령 1.02km ⇩)가 눈에 들어온다. 적설량이 많은 강원도 조침령 부근에서 볼 수 있는 이정표이다. 우측 방향으로 완만하게 내려가면 넓고 펑퍼짐한 지점에 두 번째 이정표(⇦ / 밀목령 760m ⇩)가 나오고 직진 방향이 능선처럼 보이지만 우측으로 진행된다.

완만하던 길은 좌측으로 굽으면서 내리막이 시작되고 가파른 돌길은 흙길로 바뀌어 밀목령 안부까지 20여 분 제법 길게 내려간다. 밀목령이라 써놓은 이정표(⇦ 삼도봉 2.86km / 우두령 ⇨)에서 낮은 능선을 넘어가면 골이 깊은 안부에 낙동산악회에서 매달아 놓은 또 다른 '밀목령 / 밀목재' 안내판이 있다.

밀목재

밀목령(950m)은 영동군 상촌면 물한리와 김천시 부항면 대야리를 넘나드는 고갯길로 예전에 숲이 울창하다는 밀목(密木)에서 그 이름을 따와 밀목령이라 한다. 지금은 주변에 덩굴성 초목이 여기저기 널려 있을 뿐이다. 또한 '밀(密)'자는 북방계 언어에서 성(城)을 뜻하기도 해 고갯마루가 전초기지로 추정되기도 한다.

⏱ 11:00출발-12:15도착 = 1:15+00분 = 1:15[6:20]-1:05[5:00] = 10분[1:20]

밀목재(950m)~석교산(1,195m)은 4.4km / 1:55(누적 : 15.2km / 6:55)으로 1,172m 고지까지의 긴 오르막과 깊은 능선 안부를 건너 올라가는 구간이다.

밀목재에서 올라가는 능선은 완만하지만 숲이 울창해 한 치 앞도 보이지 않고 갈수록 희미해지는 등산로는 덩굴로 점령당해 발목을 붙잡는다. 마치 숨구멍처럼 하늘이 뻥 뚫린 공터는 아침부터 아득히 걸어온 대간길을 조망할 수 있는 좋은 전망대가 된다.

이글거리는 태양 아래 대간길은 온통 푸른색 뿐이다. 이곳에서는 푸른색 이외의 다른 색은 존재하지도 않는다. 낮은 능선을 넘고 긴 터널 숲을 헤치며 올라가면 함몰지가 여기저기 널려 있는 폐광지역이 나타나는데 일제 강점기 때 금광을 개발한다는 명목으로 파헤쳐진 흔적으로 녹음이 짙은 계절에는 그냥 지나치기 쉽다.

얕은 안부를 건너 완만하게 진행하면 오르막이 시작되는 곳에 두 번째 공터가 나타난다. 조망점은 낮지만 위치를 확인할 수 있어 좋다. 방금 지나온 넓고 평탄한 폐광지대와 우측으로 시원스럽게 내려가는 부항면 구남계곡이 흐르는 땀을 씻어주고 참나리 꽃에 대롱대롱 매달린 채 꿀을 따는 호랑나비가 바쁜 발걸음을 잠시 멈추게 한다.

이후 소규모 소나무 군락지가 있는 잔잔한 덩굴지대 능선을 두어 번 올라타면 숲으로 둘러싸인 나대지가 나타난다. 우측으로 얕은 안부를 건너가면 비탈길로 진행되고 이를 빠져 나가면 앞에 봉우리 두 개가 보이만 역시 좌측 비탈길로 진행된다.

등산로에서 벗어나 우측으로 점박이처럼 튀어나온 바위를 보고 올라가면 삼마골재 능선 분기점 이후 오랜만에 보는 환상적인 전망대가 나타난다. 아침부터 아득히 걸어온 삼도봉 대간길과 각호지맥이 조망되고 밀목령에서 올라온 폐광 지역의 두리뭉실한 능선은 물론 물한계곡과 대야리 계곡까지 모두 조망된다.

등산로에 복귀해 나대지 무명봉우리를 넘어 포대봉(1,172m)에 도착했다. 암릉이 드러난 좁은 바위봉우리에 불과하지만 삼도봉에서 북으로 뻗어 올라온 대간길이 동쪽으로 굽히는

폐광지역을 지나온 무명봉 전망대

분기점에 위치해 있어 주변 조망이 좋은 편이다. 삼도봉에서 황악산에 이르는 대간길 뿐만 아니라 부항의 대야리 계곡과 상촌의 물한계곡까지 손바닥처럼 훤히 내려다보인다.

북쪽 물한계곡 방향으로 내려가는 막기항산 능선이 금강수계 초강과 그 지류인 궁촌천을 가른다. 1988년 12구간(월음령~질매재) 탐사에 나선 대학생들이 1,275m(1,172m)에서 물한계곡 방향의 막기항산 능선을 타고 질매재 아래에 있는 상촌면 흥덕리로 내려갔던 곳이다.

상촌면과 매곡면 일대는 백제와 신라의 접경 지역인 만큼 군사시설과 관련된 지명들이 지금도 남아 있다. 매곡과 상촌 중간에 돈대마을이 있고 석전(石戰)에 사용될 돌을 모아둔 돌고개(石峴), 목책을 쌓은 안흙목, 바깥흙목, 군인들에 식량을 제공한 둔전마을이 있다. 석기봉, 막기항산, 각호산 등은 깃발과 관련이 있는 것으로 추정되며 부항면 대야리 주민들은 이 봉우리는 포대봉이라고 하는 이유도 군사 시설과 무관하지 않은 것 같다.

포대봉(1,172m)에서 웅장한 석교산 전경

석교산 방향으로 조금 내려서면 상촌면의 흥덕리와 대항면의 대야리 사이에 우뚝 솟아 있는 석교산을 볼 수 있는 전망바위가 나타난다. 밧줄을 잡고 내려가면 깊은 안부에 이르고 중간에 낮은 능선 하나 넘어가면 두 번째 안부에 부항면 대야리 숲길로 내려가는 등산로가 있다. 내려온 만큼 올라가야 하니 힘은 곱절이 더 드는 것 같다.

흙길 능선을 가파르게 한번 올라채면 정상부는 오히려 부드럽게 진행되고 묘지 흔적이 남아 있는 넓은 공터 위에 석교산 표지석이 자리 잡고 있다. 아침부터 아득히 걸어온 주름진 대간길이 파노라마로 펼쳐진다. 탄성과 함께 또 한 구간 해냈구나 하는 뿌듯함이 밀려온다. 눈을 북으로 돌리면 겨우 나무 사이로 우두령으로 내려가는 잔잔한 능선과 삼성산, 황악산이 조망된다. 왜 고갯마루를 우두령이라고 하는지 알 수 있을 것 같다.

12:15출발–14:50도착 = 2:35+10분 = 2:45[9:05]–1:55[6:55] = 50분[2:10]

석교산에서 삼도봉 방향

석교산에서 내려가는 우두령 길

석교산(1,195m)~우두령(720m)은 3.5km / 1:05(누적 : 18.7km / 8:00)으로 가파른 구간도 있지만 대체로 완만하게 내려가는 구간이다.

잠시 휴식을 취하고 조금 진행하면 능선 갈림길이 나온다. 우측으로 굵직하게 뻗은 능선이 낙동강수계 감천의 지류인 부항천과 무릉천을 가르고, 김천시 부항면과 구성면의 경계가 된다. 우두령은 좌측으로 내려가는데 좁은 공터를 지나 잠시 비탈길로 진행되고 능선과 합류하는 지점에 넓고 평탄한 능선이 나타난다. 완만하게 올라가면 헬기장 봉우리(1,058m)인데 주변이 넓어 봉우리 같지 않다.

우측 능선이 분수계이지만 얕은 골(谷)을 따라 내려가고 새 목처럼 좁고 깊은 안부 앞에 낮은 봉우리가 있지만 좌측 비탈길로 진행되니 얼마나 다행인지 모른다. 산행 초반에는 높은 백수리산도 별것 아니지만 후반에는 낮은 언덕만 봐도 겁이 덜컥 난다. 능선으로 복귀하면 소 등처럼 넓고 부드러운 흙길 능선이 시작되는데 두어 군데 가파른 곳을 제외하고는 대체로 경사가 완만해 걷기 편하다.

납작한 묘지에서 조금 내려가면 평탄한 등산로에 삼각점(814m)이 나오고 이후 조금씩 경사가 시작되더니 가파른 통나무계단이 나타나면서 고도를 급격히 낮춘다. 조금 더 내려가면 우두령을 200여 미터 남겨두고 송전탑 부근에서 등산로가 둘로 나누어진다. 좌측이 영동군 상촌, 우측이 김천시 구성 방면 우두령에 각각 도착한다. 동물 이동 통로 겸 백두대간의 맥을 잇기 위해 만든 복원터널은 개선문처럼 웅장하고 그 밑에 황소 조각상과 이정표(⇦ 황학산 7km / 삼도봉 10.8km ⇨)가 있다.

남쪽 민주지산과 북쪽 황악산 사이에 있는 우두령(720m)은 충북 영동군 상촌면 흥덕리와 경북 김천시 구성면 마산리를 잇는 고갯길로 소 등 같다고 하여 우등령으로 불려졌으나 구전되어 변했다고 전하며 질매재 또는 우매재라고 한다. 이는 짐을 싣거나 마차를 끌기 위해 소 안장에 얹는 것을 길마라고 하는데 이곳 사투리로 질매라고 한다.

⏱ 15:00출발–16:00도착 = 1:00+00분 = 1:00[10:05]–1:05[8:00] = –5분[2:05]

개인적으로 세 번이나 걸었던 구간으로 남달리 애착이 가는 구간 중 하나이다. 첫 번째는 이글거리는 태양 아래 삼복더위와 싸우면서 걷고 또 걷기만 했던 기억밖에 없었으나, 두 번째는 백두대간의 산증인 중 한 분인 남난희 씨 그리고 지리산학교 산길 걷기반 김희권, 황주연 씨와 함께 했다. 지리산 학교는 산이 좋아 지리산 자락에 둥지를 튼 문화 예술인들이 모여 그림, 기타. 도자기, 목공예, 시문학, 산길걷기 등을 배울 수 있는 열린 학교이다. 산길걷기 반은 태백산맥 2천리 단독 종주기 「하얀 능선에 서면」의 저자이며 「사람과산」 창간 1주년 기념 대간길 검증에 나섰던 남난희 선생님이 개설한 강좌이다.

우두령

그동안 백두대간을 하면서 1990년 당시 대간길이 어떠했는지 궁금했는데 우연히 남난희 선생님과 연락이 닿게 되었고 부항령에서 우두령까지 앞서거니 뒤서거니 하면서 산행을 함께 할 수 있었다. 그리고 공사가 한창 진행 중이던 노고단과 성삼재, 산경과 수경이 맞닿을 만큼 가까워 길 찾기가 힘들었다는 백학산 토룡길, 갑자기 시커먼 암릉 절벽이 수시로 나타나 놀라기도 했던 속리산, 한 겨울도 아닌 춘삼월에 얼음에 갇혀 암굴에서 비박했던 조령산, 길을 잃고 헤맸던 두타산 이기령 등 1년 동안 종주하면서 겪었던 소중한 이야기들을 듣게 된 뜻깊은 산행이 되었다.

김희권, 남난희, 황주연 씨

사람과산 ——— 1990년 12월 4일, 3구간(월성재~질매재) 종주에 나선 「사람과산」 검증팀은 황점에서 삿갓재로 올라가 눈꽃이 만개한 겨울 덕유산의 풍경을 만끽하며 동엽령에 이르렀고, 2일째 백암봉을 지나 눈을 녹여 라면을 먹으며 월음령에 도착했다.

3일째 빼재에 도착했는데 이미 산을 깎아 만든 도로가 포장되어 있었고 허벅지까지 빠지는 눈을 러셀하며 삼봉산에 올랐으며 가파른 절벽을 내려오다가 미끄러지고 넘어져 기진맥진 되어서야 소사고개에 닿았다.

4일째 대덕산을 넘어가는데 길이 잘 나있어 진행속도가 빨랐으며 덕산재 우측 부평마을에서 숙박을 하였다. 5일째 날이 푸근한 가운데 '대화합 기념탑'이 세워져 있는 삼도봉을 넘고 큰 어려움 없이 진행하였으며 밀목령을 지나 막영을 하고, 6일째 새벽녘 느닷없이 겨울비가 내려 서둘러 석교산을 넘고 정오쯤 질매재에 도착해 구간산행을 마쳤다고 한다.

8구간

부항령~삼도봉~우두령(18.7km / 8:00)은 10시간 05분(5:55 출발 – 16:00 도착) 소요, 예상보다 2시간 05분이 지체되었다. 녹음이 짙게 드리워진 능선에서 조망점을 찾기 위해 이리저리 헤매다 보니 시간 가는 줄 몰랐다.

백수리산에서 석교산으로 이어지는 대간길 산세는 1,000m가 넘는 고봉준령이 즐비하고 기복과 굴곡이 매우 심해 위치 파악이 쉽지 않다. 특히 백수리산, 싸리재 갈림길, 삼도봉, 포대봉(1,172m), 석교산을 제외하고는 숲이 울창하고 녹음이 짙게 드리워져 한 치 앞도 보이지 않아 지루하게 진행되는 구간이다.

우두령은 대간의 맥을 잇는 고개인데 터널 위는 야생동물 보호를 위해 통행을 막고 있다. 사치재, 육십령, 이화령은 낮에 사람이 다니고 밤에는 동물이 다닌다.

물한리
돌고개
난민동
흥덕
중말
영 동 군
8구간 도착 우두령
가래점
상 촌 면
물한계곡
한천
1172
포대봉
1195
석교산
1053
황룡사
구 성 면
대평동
마산리
1123.9
밀목재
양지뜸
숲실
석기봉
삼마골재
부룡동
만간
파천리
대야리
1176
삼도봉
대야동
까마골
안간리
1117
해인동
해인리
홍삼동
903
대밭마
갈불
봄내
윗두대
미천리
아랫두대
두산리
1170.6
갈계
조산동
뱃뜰
음지말
싸리재
갈림길
지시
하대리
몽구동
월곡
무 주 군
백수리산
1034
월곡리
가목
1089
무 풍 면
967
학동
부 항 면
부항령
출발 8구간
어전리
김 천 시
N
산디
숯병이
금평리
백두대간 8구간 안내도

09

白頭大幹

길상지지(吉祥之地)의 황악산

우두령~바람재~황악산~괘방령~가성산~눌의산~추풍령

22.8km / 9:40

추풍령까지 금강수계 초강의 지류인 궁촌천·어촌천·추풍령천과 낙동강수계 감천의 지류인 무릉천·하원천, 낙동강·감천수계 직지사천의 지류인 백운천·직지사천의 분수계이며, 충북 영동군 상촌·매곡·추풍령면과 경북 김천시 구성·대항·봉산면의 도계를 이룬다.

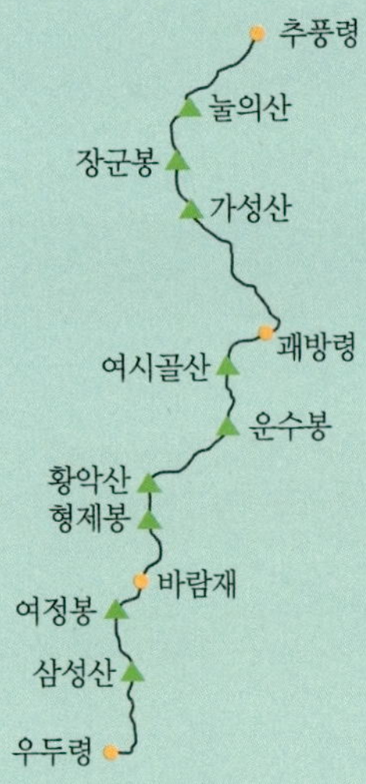

2012년 9월 15일, 형님네 부부와 우리 부부 넷이서 백두대간 세 번째 구간 종주를 날이 썩 좋지 않은 가운데 마쳤고 이후 2015년 3월 8일, 추풍령에서 우두령으로 남진하는 익산 백두산악회 대간종주에 동행 하였으나 오전까지 좋았던 날씨가 오후가 되면서 미세먼지가 기승을 부렸다. 2017년 1월 24일, 황악산에 오르기 위해 우두령에 도착하니 날씨는 맑은데 엇그제 내린 눈이 약간 쌓여있고 차가운 바람이 매섭게 분다.

우두령(720m)~여정봉(1,034m)은 3.8km / 1:40(누적 : 3.8km / 1:40)으로 중간에 삼성산은 무난하지만 여정봉은 만만치 않다.

상촌 방면 들머리(⇦ 황악산 7km / 삼도봉 10.8km ⇨)에서 잠깐 올라서면 헬기장이 나오고 가파른 통나무계단은 능선 정상부까지 이어지는데 10분 이상 소요된다. 능선 정상에서 우측 호초당산으로 내려가는 능선이 낙동강수계 감천의 지류인 무릉천과 하원천을 가르고, 김천시 구성면과 대항면의 경계가 된다.

삼성산으로 향하는 대간길은 매우 펑퍼짐하고 부드럽게 진행된다. 낮은 능선 봉우리가 나타날 때마다 조금씩 고도를 높여가는데 이정표(⇦ 우두령 1,200m / 바람재 3,600m ⇨)가 있는 쉼터를 지나면 가파른 통나무계단이 나타나면서 고도를 급격히 올려놓는다.

쉼터에서 조금 내려서면 앞이 환하게 열리면서 삼성산이 모습을 드러낸다. 10여 분 소나무 숲을 지나 완만하게 올라가면 삼각점과 표지석이 있는 삼성산(985.6m)에 도착한다. 넓은 봉우리 한 가운데 표지석이 있고 좌측으로 이정표(⇦ 우두령 2,300m / 바람재 2,500m, 황악산 4,700m ⇨)와 쉼터가 있지만 숲이 울창해 주변 조망은 좋지 않다.

삼성산 전경

정상 쉼터에서 조금 내려서면 처음 탐사에 나선 대학생들

삼성산에서 멀고도 험한 황악산

이 길 찾기가 쉽지 않았던 넓은 평전지대가 나타난다. 건너편에 석교산에서 우두령으로 내려오는 질매능선이 조망되고 내려갈수록 능선 폭이 줄어들면서 구간 최고 난이도를 가진 여정봉과 황악산이 한눈에 들어오는 조망점이 나타난다.

굽이치는 여정봉 능선을 바라보면서 내려가는데 삼성암에서 흘러나오는 목탁 소리가 맑은 하늘만큼이나 청아하게 울린다. 쉼터가 있는 안부를 건너 짧지만 코가 땅에 닿을 만큼 가파르게 올라가면 추락 방지물이 설치된 암릉 구간이 나타난다.

낮은 능선을 하나 넘어가면 여정봉을 얼마 남겨놓지 않고 주변 조망이 좋은 쉼터가 바쁜 걸음을 붙잡는다. 발아래 시원스럽게 펼쳐진 대항면 주례리 계곡과 삼성암이 내려다보이고 독도가 어려운 삼성산부터 걸어왔던 듬직한 대간길과 우두령 건너편에 우뚝 솟아 있는 석교산이 조망된다.

5분여를 올라가면 여정봉(⇦ 우두령 4,400m / 황악산 3,000m ⇩)이다. 북쪽으로 달려가던 대간길이 잠시 동쪽으로 굽어지는 분기점이지만 숲이 울창해 조망은 좋지 않다. 간혹 그대로 직진해서 영동군 상촌면 궁촌리로 내려가는 사람들이 있다고 하니 유의해야 한다.

7:00출발–8:50도착 = 1:50+00분 = 1:50[1:50]–1:40[1:40] = 10분[10분]

여정봉(1,034m)~황악산(1,111m)은 3.2km / 1:35(누적 : 7.0km / 3:15)으로 깊은 안부에 위치한 바람재를 건너 올라가는 구간으로 신선봉 갈림길까지는 매우 가파르고 험하다. 이후에도 형제봉과 황악산 오르막에 급경사가 나타난다.

우측 방향으로 90도 굽어 내려가는데 눈이 제법 쌓여 있어 어쩌다 잘못 디디면 허벅지까지 쑥 들어간다. 중간에 넓은 쉼터가 나오고 조금 더 내려가면 바람재 정상 갈림길이 나온다. 바람재 정상은 예전에 군사 시설이 있었지만 2010년 철거되고 현재 훼손된 지형 및 식생을 복원 중이다. 비록 높은 봉우리는 아니지만 삼성산에서 여정봉에 이르는 대간길은 물론 바람재 건너편 황악산까지 대간 전후가 잘 조망된다.

절반이 허물어진 뾰족한 능선 봉우리를 넘어가면 바람재가 설악의 저항령만큼 웅장하게 다가온다. 황악산 자락에 아담하게 둥지를 튼 영화 '집으로'의 촬영 배경이 된 영동군 매곡면 궁촌리 지통마을이 목가적인 풍경을 자아낸다.

바람재 정상에서 여정봉 방향

잡풀이 무성한 넓은 개활지 능선에서 숲이 우거진 가파른 계단으로 내려가면 주변이 제법 넓고 평탄한 바람재에 도착한다. 바람의 길목이라서 그런지 고개 주변에 나무는 없고 큰 풀들만 무성하다. 쉼터(⇦ 바람재정상 0.7km / 황악산 2.3km ⇨) 앞에 서체까지 바람에 날리는 표지석(810m)이 이채롭다.

바람재는 충북 영동군 상촌면 궁촌리에서 경북 김천시의 대항면 주례리로 넘어가는 고개로 북쪽으로 형제봉과 황악산, 남쪽으로 여정봉과 삼성산으로 이어진다. 1,000m가 넘는 높은 봉우리 사이에 상대적으로 고도가 낮은 지형 조건으로 인해 풍속이 빠른 바람이 불어와 예로부터 풍령이라고도 일컬어지는 곳이다. 북쪽의 괘방령과 남쪽의 우두령에 비해 높고 험준하여 현재는 임도만 개설되어 있다.

신선봉 갈림길로 향하는 능선은 처음에는 완만하지만 통나무계단이 나타나면서 본격적인 오르막이 시작된다. 중간 쉼터에서 잠시 숨고르기를 하고 올라가는데 코가 땅에 닿는 것만 같다. 턱밑까지 차오르는 숨을 삭이며 온 힘을 다해 올라가면 쉼터가 있는 신선봉 갈림길(⇦ 황악산 1.4km / 바람재 0.7km ⇩ / 신선봉 1.4km ⇨)에 도착한다. 우측 신선봉으로 내려가는 능선이 감천의 지류인 하원천과 직지사천의 지류인 백운천을 가른다.

좌측으로 낮은 능선 하나 넘고 두 번째 능선 봉우리 중간 지점에 바람재 정상과 깊은 안부의 바람재까지 한눈에 들어오는 전망대가 있다. 주변이 약간 열려 있는 공터에서 한 번 더 올라가면 상촌면 궁촌리 일대가 고스란히 내려다보이는 형제봉(⇦ 황악산 0.6km / 바람재 1.5km ⇨)이다. 황악산까지 600m가 남았는데 절반은 완만한 내리막이고 나머지 절반만 오르면 된다. 가파른 오르막 중간에 조망점이 이전보다 더 높은 전망대가 나타난다. 지나온 대간길 뿐만 아니라 멀리 석교산과 삼도봉까지 조망된다.

조금 더 올라가면 넓은 나대지 가운데에 산사람들이 쌓아 놓은 돌탑과 큼지막한 표지석이 자리하고 있는 황악산(黃岳山 1,111m) 정상에 도착한다. 황악산은 추풍령에서 삼도봉으로 이어지는 백두대간으로 비로봉, 신선봉, 백운봉, 운수봉 등으로 이루어져 있다.

바람재

산줄기 중간에서 가장 높은 산으로 큰 악(岳)에 한반도의 중심에 위치한다 하여 다섯 방위를 상징하는 오방색의

바람재 전경

중앙을 가리키는 '황(黃)'자를 따서 황악산이라 하며 정상에 오르면 하고자 하는 일들이 모두 잘 된다는 길상지지(吉祥之地)의 산으로 잘 알려져 있다.

주변 조망은 동쪽 김천과 북쪽 추풍령 방향으로 열려 있다. 지나온 삼도봉 방면은 천 미터 고봉이 즐비하고 북쪽으로는 봉황산까지 잔잔한 구릉성 능선이 펼쳐져 맑은 날에는 봉황산과 속리산까지 조망되지만 오늘은 안타깝게도 웅이산을 넘지 못한다.

⏱ **8:50출발-10:20도착 = 1:30+10분 = 1:40[3:30]-1:35[3:15] = 05분[15분]**

황악산에서 바람재 방향

황악산에서 추풍령 방향

황악산(1,111m)~괘방령(311m)은 5.4km / 1:50(누적 : 12.4km / 5:05)으로 직지사 갈림길까지 가파른 내리막 펼쳐지고 여시골산까지 잠시 숨을 고르다가 급경사를 이루는 매우 긴 내리막 구간이다.

정상 갈림길에서 곤천산 방면 능선이 금강수계 초강의 지류인 궁촌천과 어촌천을 가르고, 영동군 상촌면과 매곡면의 경계가 된다. 이정표에서 우측 직지사 방면으로 내려가면 지나온 대간길이 조망되는 작은 돌탑이 있고 넓은 등산로를 따라 조금 더 내려가면 노두가 약간 드러난 전망대가 나타난다.

정면으로 직지사 방향의 계곡과 김천시 일대가 직선으로 내려다보이고 북으로 고개를 돌리면 황악산 정상에서는 보이지 않던 운수봉에서 여시골산에 이르는 일직선 능선이 이채롭게 조망된다. 겉보기에는 고도차가 거의 없는 것처럼 보이지만 결코 만만한 구간이 아님을 알아두어야 한다. 마치 실톱 날처럼 잔 기복이 심한 능선으로 사람들을 힘들게 하는 구간이다. 뒤로는 방금 내려온 황악산에서 신선봉 갈림길에 이르는 능선이 병풍을 이룬다.

침식으로 골이 깊은 암릉길을 지나 좌측 비탈길로 내려가면 이정표(⇦ 직지사 1.5km / 황악산 1.1km ⇩)가 있고 좌측으로 굽어 급하게 내려가면 간이 쉼터(4개)가 나타난다. 능선을 좌측에서 우측으로 바꾸고 추락 방지 밧줄 구간을 내려가면 백운봉 능선 안부가 나온다.

황악산 내리막 전경

직지사 갈림길

운수봉

앞에 소나무 군락지가 백운봉(770m)이지만 좌측 비탈길로 진행되고 골이 깊은 구간을 지나 완만하게 내려가면 영동군 매곡면 어촌리에서 김천시 대항면 운수리를 넘나드는 직지사 갈림길(⇦ 황악산 2.3km / 직지사 0.7km ⇩ / 여시골산 ⇨)이 나온다.

직지사는 418년(눌지왕2년) 고구려의 아도화상이 금오산에 올라 손을 들어 황악산 기슭을 곧게(直) 가리키며(指) 터를 잡았다는 전설적인 명당이다. 또 이와 비슷한 일화로 고려 태조 때 능여대사가 자를 사용하지 않고 직접 자기 손으로 가늠하면서 이 절을 세웠다고 해서 직지사라고 했다는 이야기가 전해진다.

완만하게 오르던 능선은 태양광으로 작동하는 방송탑 부근에서 급경사를 이룬다. 숨 한 번 헐떡이고 나면 넓은 공터에 이정표(⇦ 황학산 2,600m / 여시골산 1,600m / 괘방령 3,100m ⇨)와 표지석이 있는 천덕산 운수봉(668m)에 도착한다. 비교적 넓은 정상에는 표지석과 이정표 그리고 쉼터가 있지만 조망은 좋지 않다. 우측 산자락에 운수암이 있고 그 아랫동네가 김천시 대항면 운수리이다.

운수봉 정상에서 좌측 통나무계단으로 급하게 내려서서 잔잔하게 진행하다가 깊은 안부

여시굴 안내판

여시굴

여시굴 내부

두 개를 건너가는데 마치 'U'자 모형의 스노보드 하프파이프 경기장에 들어선 것 같다. 짧지만 얼마나 가파른지 경사면에는 통나무계단이 설치되어 있고 힘들면 쉬어가라고 쉼터까지 만들어 놓았다.

이후에도 수없이 오르락내리락 하는 실톱 날 같은 능선으로 10여 분 진행하면 완만한 오르막이 시작될 무렵 금줄이 처져 있고 안내판까지 있는 여시굴이 나온다. 수직으로 뚫어 놓은 굴은 아무리 봐도 그냥 평범한 여시굴이 아닌 듯하다.

바로 앞에 봉우리가 여시골산이라 생각하고 올랐지만 능선에 지나지 않고 무명봉우리 하나 더 넘고 올라가야 여시골산(620m)이다. 표지석과 이정표(⇦ 운수봉 1,600m / 괘방령 1,500m ⇨)가 있지만 정상부의 조망은 좋지 않고 나무 사이로 어렴풋이 좌측으로 저수지가, 우측으로는 괘방령 아랫마을이 내려다보인다.

잠시 쉬었다가 낮은 능선을 하나 넘어가는데 주변의 나무들은 하나같이 장대처럼 쭉쭉 뻗어 있어 조망이 좋지 않다. 대간에서 약간 벗어난 지점에 매곡면 일대가 한눈에 내려다보이는 조망점이 있다. 1,000m 고지 황악산에서도 보이지 않던 괘방령을 보는 순간이다.

여시골산 내리막 전경

여시골산

괘방령은 추풍령 다음으로 고도가 낮다고는 하지만 명색이 백두대간 능선인데 농경지가 고갯마루까지 파고들어 개미허리처럼 잘록하다. 그나마 끊어지지 않고 가성산으로 연결된 것만으로 천만 다행이 아닌가 싶다. 황악산 이후 조망점이 없어 괘방령 부근이 항상 궁금했었는데 오래된 체증이 싹 가시는 기분이다.

이후 대간은 급경사를 이루며 내려가는데 첫 번째 통나무계단은 경사가 만만치 않고 흙길과 통나무계단을 번갈아 내려가면 갑자기 길이 뚝 끊어진다. 좌측으로 굽어 두 번째 통나무계단으로 내려가는데 마치 청룡열차를 타는 기분이다. 임도 입구에 이정표(⇦ 여시골산 730m / 괘방령 770m ⇨)가 있고 넓은 개활지에 이르면 괘방령에서 가성산으로 올라가는 대간길이 또 한 번 조망된다.

숲길 능선으로 5분여를 내려가면 충북 영동군 매곡면 어촌리와 경북 김천시 대항면 복전리를 넘나드는 괘방령에 도착한다. 906번 지방도로가 지나가는 어촌리는 경사가 매우 완만하지만 복전리 방향은 급경사를 이룬다. 정교하게 쌓아 올린 돌탑 옆에 괘방령 안내판과 산장이 있고 절개지 우측으로 괘방령(311m) 표지석이 자리하고 있다.

괘방령은 충북과 경북의 경계 지역으로 조선시대부터 괘방령이라 불리고 있다. 이 고개를 넘어 과거보러 가면 급제를 알리는 방이 붙는다 하여 붙여진 이름이라 한다. 인근 추풍령이 국가 업무 수행에 중요한 역할을 담당했던 관로였다면, 괘방령은 과거 보러 다니던 선비들

개활지에서 괘방령 전경

괘방령 산장

괘방령 표지석

이 즐겨 넘던 과거길이며 한성과 호서에서 영남을 왕래하는 장사꾼들이 관원들의 간섭을 피해 다니던 상로(商路)로 추풍령 못지않은 큰 길이었다고 한다. 또한 이곳은 임진왜란 때 박이룡 장군이 왜군을 상대로 격렬한 전투를 벌여 승전을 거둔 격전지로서 북쪽으로 1km 떨어진 도로변에는 장군의 공을 기리기 위해 지은 황의사에 사당이 있다. 비록 이곳이 해발 300m의 낮은 고개이지만 백두대간의 정기가 잠시 숨을 고르다 황악산으로 다시 힘차게 뻗어 오르는 곳이다.

10:30출발-12:15도착 = 1:45+30분 = 2:15[5:45]-1:50[5:05] = 25분[40분]

괘방령(311m)~가성산(730m)은 4.1km / 1:50(누적 : 16.5km / 6:55)으로 옛 고개 흔적이 남아 있는 깊은 안부 두 개를 건너 올라가는 긴 오르막 구간이다.

괘방령 표지석 맞은편 들머리(⇦ 가성산 3,700m / 여시골산 1,500m ⇨)로 올라가면 우측 양지 바른 곳에 묘지가 나오고 대간길을 가로질러 가는 임도를 건너 올라가면 능선 봉우리에서 좌측으로 굽어진다. 우측으로 내려가는 능선이 낙동강·감천수계 직지사천의 지류인 백운천과 직지사천을 가르고, 김천시 대항면과 봉산면의 경계가 된다.

맨흙이 드러난 봉우리(418m) 두 개를 넘어가면 나무 사이로 가성산이 올려다보인다. 10여 분 완만하게 내려가면 영동군 매곡면 어촌리에서 김천시 봉산면 신암리로 넘어가는 폭이 좁은 첫 번째 옛 고개가 나오고 약간 가파른 비탈길로 올라가면 첫 번째 능선 갈림길에서 우측으로 진행된다.

첫 번째 옛 고개

두 번째 능선 갈림길

두 번째 옛 고개

역시 맨흙이 드러난 능선 봉우리를 지나서 평탄한 능선에 홈이 얕은 십자안부가 나오고 우측을 통나무로 막아 놓은 두 번째 능선 갈림길에서 조금 내려가면 폭이 좁고 깊은 두 번째 안부가 매곡면 공수리에서 봉산면 신암리로 넘어가는 옛 고갯길이다.

1991년 1월 「사람과산」 검증팀도 매곡면 공수리에서 백두대간 주능선에 올랐으나 눈이 소리 없이 내리는 아침, 고속도로에서 들려오는 굉음만 들릴 뿐 동네 뒷산 같은 능선은 어디로 이어졌는지 알 수가 없어 헤맸던 곳이다. 그만큼 옛 고개와 능선 갈림길이 유달리 많은 구간이다.

이후 가성산까지 30여 분 긴 오르막이 펼쳐진다. 봉분이 낮은 묘지를 지나서 중간에 서너 군데 가파르게 올라가면 능선을 따라 길게 늘어선 낮은 암릉 지대가 나타난다. 능선 정상부에 있는 세 번째 갈림길에서 우측으로 얕은 안부 두 개를 건너가면 가성산 정상이다. 시멘트로 포장된 헬기장 언저리에 표지석이 있고 나무 사이로 어렴풋이 장군봉과 눌의산이 조망되지만 시원스럽지 않다.

12:45출발-15:00도착 = 2:15+05분 = 2:20[8:05]-1:50[6:55] = 30분[1:10]

가성산에서 눌의산 전경

가성산(730m)~추풍령(220m)은 6.3km / 2:45(누적 : 22.8km / 9:40)으로 눌의산까지는 기복이 큰 편이고 이후는 긴 내리막을 이루는 구간이다.

맨흙이 그대로 드러난 미끄러운 길에 홀로 떨어진 바위 옆으로 내려가면 가파른 내리막이 시작되고 주변에 널려있는 바위에 오르면 앞으로 진행될 장군봉과 눌의산 능선이 시원스럽게 조망된다. 10여 분을 완만하게 내려선 안부에서 우뚝 솟은 봉우리를 향해 올라가는데 경사가 만만치 않다. 정상부 두리뭉실한 능선으로 진행하면 주변보다 약간 높은 곳에 낙동산악회에서 매달아놓은 '백두대간 장군봉(627m)' 표지판이 눈에 들어온다. 숲이 울창해 주변 조망이 좋지 않아 곧바로 눌의산으로 향한다.

짧은 경사를 한번 주고 나면 넓은 안부가 나오고 고래 등 같은 넓은 능선으로 진행된다. 관리가 되지 않은 묘지를 지나자 오르막이 시작되는데 황악산과 가성산을 넘어오느라 힘들었는지 가다 서다를 반복하며 겨우 올랐다. 나무 사이로 군데군데 바위를 드러낸 무명봉우리(690m)에서 좌측으로 내려가는 능선이 초강의 지류인 어촌천과 추풍령천을 가르고, 영동군 매곡면과 추풍령면의 경계가 된다.

우측 비탈길로 조금 진행하면 나무 사이로 눌의산이 가까이 보이지만 능선이 좌우로 요동치는 것으로 보아 거리가 만만치 않게 보인다. 잡풀이 무성한 헬기장을 지나면 제법 깊은 안부가 나오는데 내려갔다가 올라가려니 힘이 더 든다. 여기서 또 한 번 세상살이 이치를 깨달으며 10여 분 넘게 가파르게 올라가면 눌의산(744m) 정상부에 도착한다.

넓은 헬기장을 건너가면 나대지에 삼각점이 있고 표지석은 추풍령을 배경으로 서 있다. 「조선지지」에 '너른산'으로 나오는 눌의산은 누리산, 노름산, 느름산으로 불리는데 모두 '늘어지다' 또는 '늘다'와 관련된다. 실제 산의 형상이 양쪽으로 길게 늘어진 형상을 하고 있다.

봉우리 주변에 큰 나무가 많아 조망이 좋지 않지만 너른 들을 가진 추풍령 일대는 손바닥처럼 훤히 내려다보인다. 괘방령은 농경지가 고갯

눌의산에서 추풍령 전경

마루까지 파고들었지만 그래도 산골 냄새가 조금이라도 나는데 반해 추풍령 부근은 도시 냄새가 짙게 풍긴다. 경부선 철도와 4번 국도가 교차하는 지점이 추풍령이고 그 뒤로 낮게 솟은 봉우리가 금산이다.

추풍령

동쪽으로 거슬러 올라가면 뾰족한 봉우리가 들기산이고 오목한 옛 고개를 건너 북동쪽에 솟아 있는 산이 난함산이다. 대간은 다시 서쪽으로 건너가는데 움푹 들어간 작점고개를 건너 무좌골산을 타고 올라가면 용문산과 웅이산이 정면으로 보인다.

추풍령 구경을 마치고 가파른 돌길로 내려가면 헬기장이 나오고 조금 더 내려가면 등산로는 우측 비탈로 진행되는데 경사가 가파르고 미끄러워 밧줄이 설치되어 있다. 능선 가운데 홀로 떨어진 큰 바위를 우회해 지(之)자 행보를 하면서 가파르게 내려간다. 이정표(⇦ 눌의산 0.8km / 추풍령 2.1km ⇨)를 지나 한동안 완만하게 내려가다가 암릉 밧줄이 나타나면서 또 한 번 고도를 급격히 낮춘다.

이후 대간길은 완만해지고 좁은 산길에서 넓은 임도로 바뀐다. 추풍령 눌의산 등산안내도와 이정표(⇦ 눌의산 2.2km)를 지나면 대간길 좌우로 농경지가 나타난다. 여러 기의 묘지가 있는 언덕에서 직진하는 능선이 분수계이지만 경부고속도로와 철도를 피해 우측 지하 통로를 향해 내려간다.

시멘트 포장길로 300여 미터를 진행하면 대평 지하차도가 있고 우회전으로 빠져 나가면 봉산로 삼거리가 나온다. 다시 우회전으로 200여 미터 진행하면 백두대간 전 구간 중에서 고도가 가장 낮은 추풍령에 도착한다. 우측 고가도로 밑에 소공원이 마련되어 있고 도로변에 1988년 9월 5일 '88서울올림픽' 성화 봉송을 기념하기 위해 세운 추풍령 노래비가 있다.

추풍령 표지석

"구름도 자고 가는, 바람도 쉬어 가는,
추풍령 구비마다 한 많은 사연,
흘러간 그 세월을 뒤돌아보는,
주름진 그 얼굴에 이슬이 맺혀
그 모습 흐렸구나 추풍령 고개"

추풍령(220m)은 충북 영동군 추풍령면과 경북 김천시 봉산면의 경계에 있는 고개로 남쪽의 눌의산과 북쪽의 금산 사이 분수령에 위치해 있다. 예로부터 영남과 중부 지방을 잇는 중요한 교통로였으며 지금도 경부선 철도와 고속도로 그리고 4번 국도가 지나가며 각각 추풍령역과 휴게소가 있다.

15:05출발-17:55도착 = 2:50+00분 = 2:50[10:55]-2:45[9:40] = 05분[1:15]

9구간

우두령~황악산~괘방령~추풍령(22.8km / 9:40)은 10시간 55분(7:00 출발-17:55 도착) 소요, 예상보다 1시간 15분이 지체되었다. 우두령~황악산은 석교산의 고봉준령을 그대로 이어받아 산세가 제법 웅장하지만 이후 괘방령(311m)까지 고도를 800m나 급격히 낮춘다.

운수봉~여시골산은 예상보다 잔 기복이 매우 심하고, 괘방령~가성산은 옛 고개와 능선 갈림길이 유달리 많다. 가성산~눌의산은 해발고도가 750m 내외로 높지는 않지만 산세가 만만치 않고 눌의산에서 추풍령으로 내려갈수록 분수계 구분이 뚜렷하지 않은 만큼 여러 갈래의 등산로가 있다.

고갯마루가 220m인 추풍령은 북한의 부전령(1,445m)과는 비교할 수도 없고, 대관령(832m), 죽령(696m), 이화령(548m), 여원재(480m)는 물론 부근의 괘방령(311m)이나 큰재(324m)보다도 낮은 백두대간의 최저점 지점이다. 따라서 이 구간은 저평한 구릉성 능선으로 일찍부터 경작 활동이 활발하게 이루어졌고 교통의 요충지답게 대간길을 가로질러 가는 고속도로, 철도, 국도를 이리저리 피하면서 진행된다.

백두대간 9구간 안내도
9구간 도착
추풍령
금산
작점리
498
소계리
추풍령리
추곡
장천리
노천리
옥전
눌의산
744
추풍령 IC
김천시
회곡
매곡면
690
남양
광천리
장군봉
625
봉산면
평발
안녕
느릅
옥전리
오리실
730
가성산
가성
외가성
상금리
수원리
906
유천리
바깥 오리실
윗새별
신암리
개춘
공수리
경부고속국도
돈대리
물여대
새별
오리골
신암역
강진리
418
어촌리
괘방령
아랫괘방령
태평
통점
복전리
여시골산
620
덕천리
경부고속철도
복산
높은터
마전
운수봉
668
복전
밤양골
합천
작은대실
곤천산
1030.5
백운봉
770
지천
유곡리
향천리
새터
큰대실
세막골
황악산
1111.4
직지사
가경동
지통마
형제봉
양달뜰
점마
음지마
가경동
망봉
방하리
상궁촌
901
운수리
평구
돌모
신선봉
바람재
궁촌리
백운
여정봉
1034
동구지산
655.7
진빈 더기
대해리
삼성암
송정
방하
화곡
대항면
흥덕리
삼성산
985.6
안골
대성리
상촌면
난민동
창평
주공
흥덕
870
주례리
9구간 출발
우두령
안골
영동군

10

白頭大幹

새롭게 태어난 웅이산

추풍령~사기점고개~작점고개~용문산~웅이산~큰재

18.7km / 8:20

큰재까지 금강수계 초강의 지류인 추풍령천, 금강·초강수계 석천의 지류인 반계천과 낙동강수계 감천의 지류인 직지사천·아천, 낙동강의 지류인 병성천의 분수계이며, 웅이산까지는 충북 영동군 추풍령면과 경북 김천시 봉산면의 도계를 이루고, 이후 큰재까지는 상주시 공성면을 지나간다.

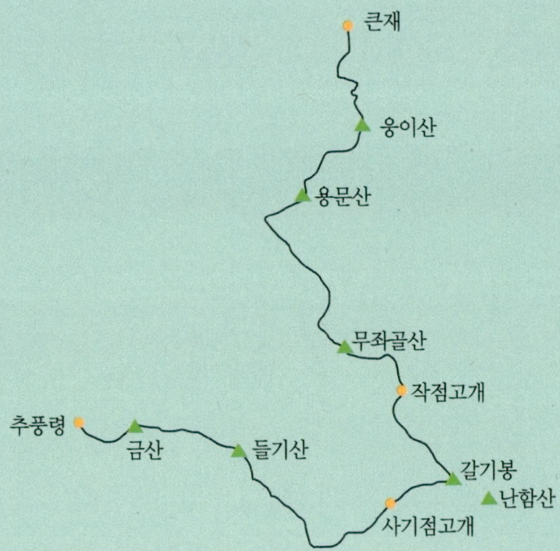

▲▲ 2012년 10월 3일, 형님네 부부와 우리 부부 넷이 서 백두대간 4구간 종주를 마치고 이후 2015년 2월 8일, 큰재에서 추풍령으로 남진하는 익산 백두산악회 대간종주에 동행하였고 2017년 10월 14일, 개인적으로 부분산행에 나섰다.

추풍령(220m)~사기점고개(390m)는 5.6km / 2:45(누적 : 5.6km / 2:45)으로 금산과 498m 고지만 오르면 잔잔하게 진행되는 구간이다.

추풍령 표지석 건너편 시멘트 포장길을 따라 올라간다. 오늘은 또 어떤 대간길이 펼쳐질까? 큰 기대를 품고 금산에 들어섰다. 완만하던 능선은 암반이 나타나면서 조금씩 가파르게 진행되는데 추풍령에서 볼 때와 전혀 다른 모습이다. 정상을 눈앞에 두고 서 있는 이정표(⇦ 금산 0.2km / 사기점고개 4.0km ⇨)를 따라 우측으로 조금 내려가면 석산 개발로 절반쯤 사라진 금산의 뒷모습이 나타난다.

개발이 조금만 더 진행 되었더라면 금산은 사라졌을지도 모른다. 일제 강점기 때부터 철도용으로 개발되기 시작된 석산은 해방 후 잠시 중단되었지만 1962년부터 재개되어 1990년대까지 진행되다가 지금에 이르렀다고 한다.

울퉁불퉁한 바윗길을 내려서면 들기산(498m)에서 사기점고개 갈림길까지 조망되는 공터가 있고 이제 막 골(谷)이 시작되는 펑퍼짐한 능선으로 진행된다. 갈수록 조금씩 분수계의 면모를 갖추기 시작하고 능선 가운데를 막아선 둥그런 바윗돌을 지나 매우 가파르게 올라가면 나대지가 넓게 드러난 498m 고지에 도착한다.

금산 앞모습

금산 뒷모습

들기산 능선

일부 지도에 들기산으로 표기된 봉우리로 좌우 사면은 급경사를 이루지만 능선은 평지나 다름이 없고 좌측으로 추풍령 저수지와 작점리가 내려다보인다. 제법 가파르게 올라왔으니 조금이라도 내려가야 하는데 그런 기미는 전혀 보이지 않는다. 밋밋한 능선으로 10여 분 진행하면 묘지가 나타나고 조금 더 진행하면 평탄한 나대지 소나무에 '백두대간 481m 준·희' 판넬이 매달린 봉우리가 나온다.

'준·희'는 부산 건건산악회 부부산악인으로 2000년대 전반에 부인 '희'가 병마를 이기지 못하고 유명을 달리했고 '준'은 건건 산악회장을 맡아 부인의 몫까지 열심히 산에 애정을 바쳤다고 한다. 백두대간 곳곳의 이름 없는 무명봉 마다 흔적을 남긴 고마운 분들이다.

사기점고개에서 야영하던 프랑스인

가파른 내리막에 흔적만 남아 있는 옛 고개를 건너서 올라가면 무명봉 갈림길이다. 좌측으로 굽어 난함산 방면으로 제법 길게 내려가면 비교적 넓은 삼거리가 나온다. 오른쪽 김천 봉산면 상금리에서 올라온 임도는 영동군 추풍령면 작점리로 넘어가고 나머지 한 줄기는 대간 능선으로 진행 되다가 왼쪽 골짜기에 있는 농가로 내려간다.

곡선 구간을 접어드는 순간 텐트 속에서 나오는 하얀 피부에 파란 눈을 가진 이방인과 마주쳤다. 놀라우면서도 반가워 가벼운 인사를 하니 알아듣지 못한다. 한국말도 못하는 프랑스인 젊은 부부가 설악산이나 지리산 같은 유명한 산도 아닌데 야영을 하다니 의아해 하면서 텐트를 접고 배낭을 꾸리는 동안 그 옆에서 잠시 휴식을 취했다.

대간 능선을 가로질러 가는 임도는 표지석도 이정표도 없는 산골 고갯길에 불과하지만 옛날에는 이 주변에서 사기를 만들어 파는 사기점(沙器店)이 많아서 사기점고개로 불려지게 되었다고 한다.

6:00출발-8:45도착 = 2:45+10분 = 2:55[2:55]-2:45[2:45] = 10분[10분]

사기점고개(390m)~작점고개(340m)는 3.1km / 1:10(누적 : 8.7km / 3:55)으로 중간에 난함산 갈기봉을 오른 뒤 시멘트 포장길과 대간길을 번갈아 내려가는 구간이다.

배낭을 꾸리는 시간이 길어져 먼저 자리에서 일어섰다. 임도를 따라 진행하다가 리본을 보고 우측 능선으로 10여 분 올라가면 난함산 중계소로 향하는 포장도로와 접하게 된다. 건너편 전봇대 옆으로 가파르게 올라가면 둥그런 바위 서너 개가 널려 있는 봉우리가 나온다. 이 봉우리가 금강수계 초강의 지류인 추풍령천의 꼭지점에 해당되는 갈기봉이다.

여기서 잠깐 갈기봉의 위치에 대하여 이야기하고자 한다. 갈기봉이란 의미가 능선이 말갈기처럼 생겨서 불리게 되었는지 아니면 물이 갈라진다는 의미인지 기록을 찾지 못했다. 전자의 의미라면 추풍령에 세워둔 안내도에 표기된 난함산 정상부에 있는 봉우리가 갈기봉이 되지만 수경(水經)과 산경(山經)을 가르는 후자의 의미라면 이곳이 갈기봉이 된다.

갈기봉 가는 능선

갈기봉 정상

갈기봉 안내도

난함산에서 추풍령 전경

갈기봉 뒤로 갈기처럼 생긴 가느다란 능선 하나가 깊은 안부를 건너 난함산으로 올라간다. 좌우 수경은 모두 낙동강으로 흘러드는데 감천의 지류인 직지사천과 아천을 가르고, 김천시 봉산면과 어모면의 경계가 된다.

시간적인 여유를 갖고 도로를 따라 올라가면 난함산 정상이다. 난함산(卵含山 733m)은 '난(卵)'에서 가운데 점을 빠뜨려 '묘(卯)'로 표기하면서 묘함산(卯含山)으로 불리기도 한다. 동쪽으로는 김천시 어모면, 개령면 일대의 내륙 분지가 내려다보이고, 서쪽으로 눌의산에서 추풍령을 건너 분수계 구분이 쉽지 않은 작점리 언저리를 돌아 웅이산으로 올라가는 대간길이 모두 조망되는 천혜의 전망봉 역할을 한다.

갈기봉에서 내려와 구불구불한 포장길과 능선을 드나들며 내려간다. 리본을 따라 좌측으로 낮은 능선을 넘어가면 커다란 표지석과 쉼터가 있는 작점고개(340m)에 도착한다. 작점(雀店)고개는 충북 영동군 추풍령면 작점리와 경북 김천시 어모면 능치리를 잇는 고개이다.

작점고개

유래는 고개 아래 옹기를 구워 파는 작점마을에서 찾아볼 수 있다. 옹기를 우마차에 싣고 고개를 넘어가는 모습을 멀리서 보면 마치 검붉은 참새와 같아 '참새 작(雀)'과 '사기 점(店)'을 따서 작점이라 지은 것으로 추정된다. 작점고개 우측으로 김천시 어모면 능점(能店)마을은 옛날에 도자기를 생산하는 도공들이 모여 살았는데 능히 한 마을을 이루었다고 해서 능점 마을이라 한다.

8:55출발-9:45도착 = 50분+10분 = 1:00[3:55]-1:10[3:55] = -10분[00분]

작점고개(340m)~용문산(708.5m)은 4.9km / 2:10(누적 : 13.6km / 6:05)으로 매우 긴 오르막 구간이다.

작점고개 표지석 옆 돌계단으로 올라간다. 좌측 개간지를 끼고 20여 분 완만하게 진행하다가 가파르게 한번 올라채면 무좌골산(474m)이다. 참나무에 리본과 표지판이 붙어 있을 뿐 별 볼품없는 평범한 봉우리 같은데 당당하게 이름을 꿰찬 이유가 궁금하다. 잡목이 우거진 능선으로 완만하게 내려가면 흔적만 남아 있는 갈현고개가 나온다. 영동군 추풍령면 죽전리와 김천시 어모면 능치리를 넘나드는 산중 고개로 칡고개로 불리기도 한다.

고개 우측에 있는 도치량 마을은 예로부터 옻나무에서 옻을 채취하는 도칠량이라고 하는 공방이 있어 마을 이름도 도칠량이라 하였으나 1779년 박치(朴治)라는 선비가 도치랑으로 고쳤다가 1900년대 들어 도치량으로 변경되었다고 한다.

움막이 있는 능선을 넘고 대간을 가로질러 가는 임도를 건너 완·급경사를 번갈아 올라간다. 낮은 암릉을 지나 급하게 오르면 무명봉(687m) 정상인데 봉우리는 보이지 않고 넓고 평탄한 능선길이 우측으로 굽어진다. 좌측으로 내려가는 능선이 금강수계 초강의 지류인 추풍령천과 금강·초강수계 석천의 지류인 반계천을 가른다.

무좌골산

용문산

10여 분 진행하다가 가파르게 올라채면 넓은 헬기장에 표지석과 삼각점 그리고 이정표(⇦작점고개 4,100m / 국수봉 2,310m ⇨)가 있는 용문산이다. 예로부터 봉우리가 넓고 평평하다고 하여 맷돌봉이라고 한다.

천고마비의 가을, 내리쬐는 햇볕을 피해 그늘에 앉아 점심을 먹고 있는데 사기점고개에서 텐트를 접던 프랑스인 부부가 어느새 뒤를 따라와 힘들었는지 우리 옆에 앉는다. 과일을 나눠 먹으며 목적지를 물어보려 해도 의사소통이 되지 않으니 답답했다. 궁하면 통한다고 지도를 보자고 하니 흔쾌히 보여준다.

절첩식으로 된 프랑스판 백두대간 지도가 펼쳐진다. 전도(全圖) 형식의 한반도 지도에 백두대간은 산맥처럼 굵은 선으로 그려져 있고 대간을 가르는 고개와 도로는 가는 실선으로 표기되어 있었다. 우리나라 백두대간이 프랑스까지 알려져 있다니 참으로 놀라운 사실이 아닐 수 없었다. 이것이 바로 프랑스 국력이 아닌가. 사진이라도 찍어둘 걸 후회가 됐다.

9:55출발-12:10도착 = 2:15+40분 = 2:55[6:50]-2:10[6:05] = 45분[45분]

용문산(708.5m)~웅이산(795m)은 2.2km / 1:00(누적 : 15.8km / 7:05)으로 큰 능선 봉우리 세 개를 넘어가는 구간이다.

프랑스 부부와 간단한 인사를 나누고 먼저 일어났다. 가파른 내리막이 시작되는 지점에 전망바위가 나타난다. 우측 산기슭에 자리한 용문산 신앙촌이 내려다보이고 비록 나뭇가지에 가려지기는 하지만 커다란 봉우리 세 개가 험난한 여정을 예고한다. 가파른 통나무계단으로

용문산에서 웅이산 방향

용문산 기도원

내려가면 추풍령면 상웅마을 갈림길이 나오고 한동안 순하게 진행되지만 왠지 지루하고 썰렁한 느낌이 든다.

낮은 능선 봉우리를 넘어가면 용문산 기도원과 웅북리로 갈라지는 사거리 안부가 나온다. 우측 용문산 마을은 옛날에 절(寺)과 민가 몇 집이 있었는데 1947년 4월 5일 나운몽 목사가 들어와 용문산 신앙촌을 형성하였다고 한다.

이어서 가파른 바윗길과 흙길 능선을 올라가면 평탄한 능선 봉우리에 용문사 갈림길이 또 나온다. 우측 백운산으로 내려가는 능선이 기양지맥(岐陽枝脈)으로 낙동강수계 감천의 지류인 아천과 낙동강의 지류인 병성천을 가르고 김천시 어모면과 상주시 공성면의 경계가 된다.

얕은 안부를 건너 그리 급하지 않은 능선을 타고 오른 뒤 마지막 낡은 밧줄이 매달린 암릉 구간을 올라서면 국수봉에서 백학산에 이르는 대간길과 영동 추풍령면 웅북리와 상주 공성면 신곡리 일대가 한눈에 내려다보이는 전망대가 나타난다.

웅이산에서 수경과 산경이 복잡한 추풍령 일대 전경

50여 미터를 올라가면 국수봉 표지석과 이정표(⇦ 용문산 0.65km / 큰재 3.0km ⇧)가 있는 봉우리 정상에 도착한다. 남쪽 황악산과 북쪽 백학산 사이에 있는 국수봉은 고도는 그리 높지 않지만 대간 전후 조망에 있어서 그 의미가 매우 크다.

지나온 대간길은 황악산에서 괘방령을 건너 가성산과 눌의산을 딛고 내려서면 바람도 쉬어가는 추풍령이다. 이후 작점리를 가운데 두고 금산에서 난함산 갈기봉을 찍고 작점고개와 무좌골산, 용문산을 지나 웅이산으로 올라오는 크고 작은 봉우리들이 모두 조망된다. 큰재에서 백학산으로 이어지는 실낱같은 대간길은 그런대로 선명하지만 그 이후는 백학산에 가려지고 멀리 속리산에서 백화산에 이르는 대간길은 천고마비 하늘 아래 아른거린다.

국수봉은 상주시 공성면과 김천시 어모면, 충북 영동 추풍령면 경계에 걸쳐 있는 산으로 낙동강과 금강의 분수령이다. 산경표에 웅이산으로 표기되어 있는데 김천에서는 '용문산', '웅산', 상주에서는 '곰실', '웅이산', 영동에서는 '국수봉(掬水峰 763m)'으로 불렸으나 2012년 5월 18일 국가지명위원회에서 '웅이산(熊耳山)'으로 확정하고, 2015년 5월에 웅이산(熊耳山 795m) 표지석을 새로 세웠다.

웅이산에서 큰재 방향

웅이산에서 서쪽으로 내려가는 능선이 충북 영동군 추풍령면 웅북리와 경북 상주시 공성면 신곡리를 가르는 도계가 되고 큰재로 내려가는 백두대간은 청화산까지 상주시를 지나가는데 거리가 무려 69km나 된다. 그 중 59km(웅이산~형제봉 49.7km, 문장대~청화산 9.3km)가 고스란히 상주시를 통과한다.

12:50출발-14:05도착 = 1:15+25분 = 1:40[8:30]-1:00[7:05] = 40분[1:25]

웅이산(795m)~큰재(324m)는 2.9km / 1:15(누적 : 18.7km / 8:20)으로 고도를 무려 471m나 내려야 하는 구간이다.

시작부터 가파른 통나무계단이 나타난다. 돌길과 통나무계단을 번갈아 내려가면 첫 번째 안부가 나오고 잠시 주춤하다가 한 번 더 내려가면 깊은 안부가 또 나온다. 이후 완만한 통나무계단으로 잠깐 오른 뒤 평탄하게 진행하면 삼각점이 있는 683m 고지에 도착한다.

683m 고지에서 용문산과 웅이산 뒷모습

683m 고지 내리막 전망대에서 큰재 전경

687m 고지 갈림길에서 용문산, 웅이산에 이르는 대간길과 신북리 남실마을의 좁은 곡저 평야가 조망된다. 얕은 안부를 건너 좌측으로 굽어지고 가파른 내리막이 시작되는 지점에 웅이산에서 보이지 않던 큰재가 내려다보이는 전망바위가 나타난다.

뜻밖의 광경에 감사하며 짧지만 가파른 암릉 구간을 내려가면 긴 통나무계단이 나타나면서 고도를 급격히 낮춘다. 벌목이 진행되고 있는 455m 고지에서 완·급경사를 번갈아 내려가면 좌측으로 묘지가 나오고 좌측 골짜기에 있는 다랭이논을 따라 평지나 다름없는 능선으로 진행하면 날머리에 이정표(⇦ 국수봉 3km / 큰재 50m ⇩)가 큰재로 안내한다.

큰재

아스팔트 포장길로 내려가면 신곡리 마을 표지석이 있고 큰재 건너편에 상주시에서 운영하는 백두대간 생태교육장이 있다.

1991년 1월 「사람과산」 종주팀이 도착했을 당시만 해도 신곡리와 우하리 일대의 남실, 음촌, 양촌, 윗돗골, 아랫돗골에서 몇 안 되는 학생들이 다니는 공성면 옥산초등학교 인성분교가 있었다고 한다.

14:30출발-15:40도착 = 1:10+00분 = 1:10[9:40]-1:15[8:20] = -05분[1:20]

산을 좋아하는 사람이라면 누구나 한 번쯤은 백두대간 종주를 꿈꾸지만 실행에 옮기기는 쉽지 않다. 나 역시 육십령부터 시작은 하였지만 여건이 될 때마다 하다 보니 계속 이어지지 못하고 있었는데, 사기점고개서 만난 이방인의 백두대간 종주에 신선한 충격을 받아 중간에 멈추지 않고 완주할 수 있는 계기가 되었다.

또한 백두대간 남·북 전 구간을 종주한 최초의 산악인이 한국 사람이 아닌 뉴질랜드인 로저 셰퍼드 씨라는 것을 얼마 전에 알았다. 그는 2007년에 백두대간 남한 구간을 종주하고 영

큰 상처 입은 금산

문판 백두대간 안내서를 제작하였으며, 그 후 2011~2012년에 걸쳐 북한 구간까지 완주를 하고 「코리아 백두대간 남과 북의 산들」이라는 책을 발간했을 뿐만 아니라 평양과 천안 등지에서 사진전을 여는 등 활발하게 활동하고 있다고 한다. 우리가 갈 수 없는 북녘 땅을 사진으로나마 감상할 수 있어 다행이지만 왠지 모르게 씁쓸함이 밀려왔다. 그의 책이나 사진전을 직접 보지는 못했지만 남의 손을 빌어 볼 수밖에 없는 현실이 매우 안타까울 뿐이다.

현재 그는 전남 구례에서 '하이크 코리아'라는 회사를 운영하면서 외국인들에게 백두대간을 알리는 사업을 하고 있다고 한다. 외국인뿐만 아니라 우리나라 사람도 종주를 할 수 있는 날이 하루 빨리 오길 바랄 뿐이다. 이제 막 4구간을 마쳤을 뿐인데 나머지 구간은 어느 세월에 다 마칠 수 있을는지 또 마친다면 그냥 마칠 것인지 아니면 또 무엇이 달라질 것인지 의문이 꼬리를 문다.

10구간

추풍령~작점고개~웅이산~큰재(18.7km / 8:20)는 9시간 40분(6:00 출발 – 15:40 도착) 소요, 예상보다 1시간 20분이 지체되었다. 구름 한 점 없는 따가운 가을 햇살에 체력 소모가 많아 자주 휴식을 취했기 때문이다.

전체적으로 흙산 능선으로 진행되는 대간길은 숲이 많아 주위 조망이 되지 않는 데다가 금산 이후 용문산까지는 이정표가 없어 위치 파악에 어려움이 있다. 철도용 석산 개발로 심하게 훼손된 금산은 사라지기 전에 멈춘 것이 그나마 다행이라고 생각된다.

백두대간 10구간 안내도

11

白頭大幹

백학이 날아드는 백학산

큰재~개터재~윗왕실재~백학산~개머리재~지기재~신의터재

23.2km / 9:20

신의터재까지 금강·초강수계 석천의 지류인 반계천·금계천, 금계천의 지류인 삼포리천과 낙동강수계 병성천, 병성천의 지류인 장산천·청리천, 낙동강의 지류인 북천의 분수계이며, 경북 상주시 공성·외남·내서·모동·모서·화동면을 지나가는 매우 복잡한 구간이다.

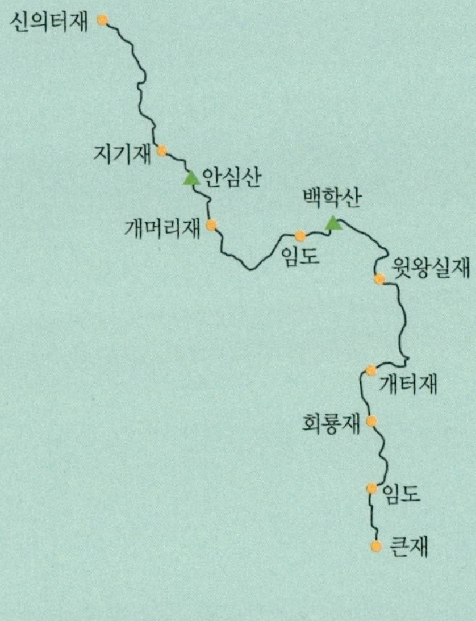

▲ 2012년 10월 13일, 형님네 부부와 우리 부부 넷이서 백두대간 5구간 종주를 마치고 이후 2015년 1월 11일, 신의터재에서 큰재로 남진하는 익산 백두산악회 대간종주에 동행하였고 2017년 10월 22일, 개인적으로 부분산행에 나섰다.

큰재(324m)~개터재(380m)는 5.4km / 2:15(누적 : 5.4km / 2:15)으로 고도가 낮은 구릉성 구간이다.

백두대간 생태 숲

백두대간 숲 생태원을 가로질러 올라가면 최근에 새로 조성된 쌍묘가 나오고 오르막길 우측으로 상주시 공성면 일대의 너른 들이 내려다보인다. 상주는 경주와 더불어 경상도의 어원이 되는 중요 도시이다. 서쪽 백두대간과 동쪽 낙동강 사이에 너른 들이 발달해 있어 예로부터 쌀과 곶감 그리고 누에고치가 유명한 삼백(三白)의 고장으로 알려져 있다. 또 낙동강(洛東江)은 그 어원이 '낙양(洛陽)의 동쪽에 있는 강'이란 의미이다. 즉 상주(尙州)가 곧 낙양(洛陽)을 의미한다고 볼 때 상주는 범상치 않은 지역임을 알 수 있다.

구불구불한 대간길 곳곳에 묘지가 자주 나타나고 정상부를 넘어가자 회룡목장으로 가는 임도(⇦ 회룡목장 120m / 큰재 1.6km ⇨)가 나오는데 큰재에서 30여 분 소요된다. 좌측에 솟아 있는 541m 고지가 분수계이지만 편의상 산허리에 개설된 임도를 따라 100여 미터 진행하면 하늘길을 대문 삼아 하루에도 수 십 번씩 넘나드는 회룡목장 입구가 나온다. 정문에서 보면 좁은 골짜기를 따라 길게 늘어선 낮은 산줄기가 대간 능선으로 겨우 명맥만 유지한 채 초라하게 지나간다.

목장 입구에서 우측 능선으로 조금 진행하면 폭이 좁고 깊은 옛 고개가 나온다. 대간길 좌측 회룡목장은 고도차가 10m가 채 되지 않는데 반해 우측 공성면 오광리 일대는 어림잡아 200m를 훌쩍 넘는다. 회룡재까지는 대체적으로 낮은 능선이지만 통나무계단이 있을 정도

회룡목장 입구

로 가파른 곳도 있다. 중간에 우측으로 내려가는 능선이 낙동강수계 병성천과 그 지류인 장산천을 가르지만 위치 파악이 쉽지 않다.

옛 고개에서 숲이 울창한 능선으로 20여 분 진행하면 회룡재(⇦ 개터재 1.7km / 회룡마을 600m ⇩ / 큰재 3.9km ⇨)가 나온다. 경북 상주시 모동면 상판리 회룡마을과 공성면 봉산리를 잇는 고갯길로 달구지가 다닐 정도로 폭이 넓다. 낮은 능선을 넘어가면 옛 고개가 또 나오는데 좌측은 회룡마을로 향하고 우측은 흙과 낙엽이 뒤범벅된 돌무더기로 막혀 있다.

숲길 능선으로 들어서면 대간길 턱밑까지 파고든 개간지가 나타난다. 누런 황토를 드러낸 개간지는 대간 능선과 2~3백여 미터 정도 나란히 진행된다. 소사고개 부근처럼 밭 가운데를 걷게 될 날이 오지 않길 바랄 뿐이다. 조금씩 오르막이 시작되면서 개간은 멈춰지고 등산로는 깊은 산속으로 들어간다.

앞에 솟아 있는 봉우리가 472m 고지이지만 오르지 않고 굴곡이 심한 우측 비탈길로 진행된다. 쉬어가기 좋은 능선 자락에 둘러 앉아 오랜만에 달콤한 휴식을 취하고 개터재로 향했

회룡재

옛 고개 개간지

개터재에서 큰마마을과 백학산 전경

다. 규모가 작은 너덜지대를 지나 완만하게 내려가면 깊은 안부에 위치한 개터재(380m)가 나오는데 이정표는 옛 고개로 되어 있어 여간 혼란스럽지 않다.

상주시 공성면 효곡리와 봉산리를 잇는 고개로 좌측은 큰 고도차 없이 큰마마을로 가는 농로와 연결되고 우측은 가파르지만 흔적이 미미하다. 백학산 자락에 아늑하게 자리 잡은 효곡리 큰마마을은 한눈에 봐도 전형적인 배산임수의 명당임을 알 수 있다.

5:50출발-7:40도착 = 1:50+00분 = 1:50[1:50]-2:15[2:15] = -25분[-25분]

개터재(380m)~백학산(618m)은 6.5km / 2:45(누적 : 11.9km / 5:00)으로 대체로 완만한 오르막 구간이지만 급경사를 이루는 곳도 있다.

개터재에서 가파르게 올라가면 묘지가 나오고 대간길은 실낱처럼 가늘어진다. 골(谷)이 얕은 등산로는 능선과 골짜기를 가로지르며 올라가는데 분수계 폭은 5m, 수경과 산경의 고도차가 0.5m가 채 되지 않는 곳도 있다. 정상부에 이르면 이정표(⇦ 백두대간등산로 ⇨)가 512m 고지 좌측으로 안내하고 숲이 울창해 주변 분간이 되지 않은 능선이 길게 이어진다.

중간에 우측으로 내려가는 능선이 낙동강수계 병성천의 지류인 장산천과 청리천을 가르고 공성면과 외남면의 경계가 되지만 위치 파악이 되지 않는다. 고만고만한 높이를 가진 능선이 지루하게 이어지고 주변보다 약간 높은 463m 고지를 넘어 20여 분 내려가면 동물 이동통로가 있는 윗왕실재에 도착한다. 다리 건너편에 이정표(⇦ 개터재 3.7km / 백학산 2.9km ⇨)가 있다.

윗왕실재는 경북 상주시 모동면 효곡리 윗왕실과 외남면 소상리 좀실을 잇는 작은 고갯길이었는데 1995년에 임도가 개설되었다. 폭은 소형 차량만 통과할 수 있으며 윗왕실 방면으로만 시멘트 포장이 되어 있다. 왕실마을은 큰마(널은마) 윗쪽에 있는 마을로 지세에 따라 왕실(王室)이라 하였으나 이를 함부로 사용할 수 없어 '성할 왕(旺)'자를 써 상왕치(上旺峙)라 부르면서 윗왕실재가 되었다고 한다.

윗왕실재

윗왕실재에서 가파르게 올라가면 능선 분기점이 나온다. 우측 충티재로 내려가는 능선이 낙동강수계 병성천의 지류인 청리천과 낙동강의 지류인 북천을 가르고, 상주시 외남과 내서면의 경계가 된다. 9부 능선에 묘지가 있는 무명봉(477m)에서 좌측으로 굽어 내려가면 묘지가 또 나오고 가파른 내리막길에 소나무 군락지가 나타난다.

제법 깊은 능선 안부를 건너 가파르게 올라가면 백학산 갈림길이다. 우측으로 내려가는 능선이 모동면과 내서면의 경계가 되고 좌측으로 조금 올라가면 넓은 공간에 표지석과 쉼터가 있는 백학산(白鶴山 618m) 정상에 도착한다. 산을 하얗게 덮을 정도로 백학(白鶴)이 내려와 앉았다고 해서 붙여진 이름이라 한다.

주변은 숲이 울창하지만 앞으로 진행될 대간길이 시원스럽게 조망된다. 턱밑에 움푹 들어간 안부가 효곡리에서 대포리로 넘어가는 임도이고 서쪽으로 가느다란 능선을 타고 달려가던 대간길이 북으로 굽어 개머리재 능선을 타고 올라가면 안심산이다. 다시 지기재를 건너 올라가면 금은골 뒷산이고 쑥밭골을 따라 내려가면 신의터재가 되는데 구분이 쉽지 않다.

굴곡이 심해 방향 잡기가 여의치 않은 능선에 약간 솟아오른 봉우리가 무지개산이고 어산리 계곡을 감싸고 돌아가면 윤지미산인데 봉우리만 보인다. 오랜 침식으로 낮아진 구릉성 산봉우리와 능선을 가리켜 토룡길에 비유하는 사람도 있지만 엉켜 있는 실타래를 풀겠다고 나선 초기 개척자들의 수고스러움을 조금이나마 엿볼 수 있는 현장이기도 하다. 그 현장의 중심이 된 백화산과 팔음산 사이에 상주시 모서면 득수리가 자리 잡고 있다.

1988년 대학생들이 처음 대간길 탐사에 나설 때 10구간 팀은 팔음산에 올라 봉황산으로, 11구간 팀은 백화산 능선을 타고 괘방령으로 향한 곳이다. 큰재 방향으로 걸어왔던 토룡길을 보려고 이리저리 헤맸지만 숲이 울창해 애쓴 보람도 없이 아까운 시간만 허비하고 말았다.

⏱ 7:40출발-10:45도착 = 3:05+10분 = 3:15[5:05]-2:45[5:00] = 30분[05분]

백학산(618m)~지기재(260m)는 6.8km / 2:45(누적 : 18.7km / 7:45)으로 임도까지는 급경사를 이루고 이후부터는 잔잔한 구릉성 능선이 펼쳐지다가 안심산을 넘어가는 구간이다.

백학산 정상에서 조금 내려서면 첫 번째 분기점(⇦ 백두대간 ⇨)이 나온다. 성봉산으로 직진하는 능선이 금강·초강수계 석천의 지류인 반계천과 금계천을 가르고 상주의 공성과 모동면의 경계가 된다.

대간은 여기에서 북쪽으로 내려가지만 지나온 길이 궁금해 성봉산 방향으로 조금 내려가니 낮은 능선 봉우리 좌측으로 조금 열린 공간이 나타난다. 상주시 공성면 효곡리 계곡 너머

백학산에서 토룡길로 오해 받는 대간길

로 멀리 용문산과 웅이산이 아른거리고 회룡목장 언저리로 진행되었던 가느다란 산줄기가 제법 선명하게 다가온다. 토룡길을 볼 거라는 기대를 하지 않아서인지 횡재한 느낌이 든다.

분기점으로 복귀해 통나무계단을 타고 완·급경사를 번갈아 내려가면 공성면 효곡리 큰마마을에서 모서면 대포1리 함박골로 넘어가는 임도가 나타난다. 50여 미터 전방에서 임도는 우측으로 내려가고 백두대간 방향만 표기된 이정표를 따라 능선으로 들어간다.

소나무가 무성한 대간길은 좌측 성봉산 줄기와 달리 폭이 좁고 고도가 낮아 초라한 느낌이 든다. 서쪽으로 20여 분 진행하면 대간길은 서서히 북쪽으로 굽어 가파르게 내려가는데 행정구역상 상주시 모서면으로 들어간다.

효곡리에서 대포리로 넘어가는 임도

솔밭능선으로 20여 분 더 내려가면 분수계를 가로질러 가는 얕은 안부가 나오고 낮은 능선을 넘어가면 이번에는 짧은 곡선 농로가 나온다. 좌측은 경사가 완만해 넓은 밭농사 지대가 펼쳐지지만 우측은 가파른 골짜기로 남아 있다.

백학산에서 개터재 방향

농로 곡선 구간을 지나자마자 우측 능선으로 올라가면 개머리재로 향하는 시멘트 포장길이 나온다. 좌측으로 200여 미터를 내려가면 아스팔트 도로가 지나가는 개머리재인데 아무런 표식도 없다. 상주시 모서면 소정리와 대포리를 잇는 고갯길로 소정재라고도 한다.

상주시 모서면 소정리 일대의 잔잔한 구릉성 평야지대를 내려다보며 숲길 능선으로 가파르게 올라가면 묘지가 나오고 정상부를 넘어가면 임도와 만나게 된다. 200~300여 미터를 진행하다가 우측 능선으로 올라가는데 작은 바위들이 드러난 두 번째 오르막은 경사가 제법

곡선 농로

개머리재로 향하는 이동희 송미숙, 손정숙

가파르다. 부근에서 좌측 대가산으로 내려가는 능선이 금계천과 금계천의 지류인 삼포리천을 가르지만 구분이 쉽지 않다.

둥글넓적한 정상부는 숲이 울창한 오솔길이지만 잠시 마을에서 올라오는 임도를 따라 진행되기도 한다. 백두대간 방향만 표시된 이정표에서 임도를 버리고 안심산으로 가는데 곧게 뻗은 나무들이 밀림을 이룬다. 쉼터가 있는 안심산 갈림길은 모서인의 희망과 꿈이 잉태되는 곳이라 여겨 해마다 1월 1일 모서면 해맞이 및 풍년 기원제를 지낸다고 한다.

대간길은 좌측으로 굽어 내려가는가 싶더니 이번에는 이정표가 우측 내리막으로 안내한다. 가파른 통나무계단이 나타나는데 주변은 온통 장대 같은 낙엽송이 주류를 이룬다. 숲을 빠져 나가면 지기재에서 금은골 뒷산 갈림길에 이르는 대간길이 조망된다. 좌측 금강 수계는 경사가 완만하지만 우측 낙동강수계는 깊은 협곡을 이룬다.

밭두렁과 시멘트 포장길로 내려가면 901번 지방도가 지나가는 지기재에 도착한다. 상주시 모서면 석산리와 대포리를 잇는 고갯길로 옛날에 동네 뒷산에 도적이 많이 나왔다 하여 적기재(賊起峙)로 불리다가 지기재가 되었다고 한다. 길 건너편에는 금강과 낙동강의 분수령 안내판과 백두대간 종합안내판이 있다.

10:55출발-14:05도착 = 3:10+00분 = 3:10[8:15]-2:45[7:45] = 25분[30분]

지기재 전경

지기재(260m)~신의터재(280m)는 4.5km / 1:35(누적 : 23.2km / 9:20)으로 금은골 뒷산을 넘어가면 잔잔하게 진행되는 구간이다.

지기재에서 과수원 가운데로 올라가는 능선이 분수계이지만 금은골마을로 가는 포장길을 따라 진행된다. 농가 앞 이정표(⇩ 백두대간 ⇨)에서 우회전을 하자마자 곧바로 임도 좌측으로 진행되고 공터에서 능선으로 올라가는가 싶었는데 다시 포장길로 내려선다.

삼거리 마을 갈림길에서 우회전 하면 50m 앞 낮은 산줄기가 백두대간 능선이지만 이름에 걸맞지 않게 높이는 5m가 채 되지 않고 폭은 개미허리처럼 잘록하다. 그것마저 '유(U)'자 모양으로 완전히 잘려 나갔고 능선 턱밑까지 깎아 논으로 만들어 버렸다. 백두대간으로서 위상이 더 이상 훼손되지 않기를 바라며 좌측 나무계단으로 올라가면 묘지가 종종 나오는 잔잔한 구릉성 능선이 펼쳐진다.

삼거리 마을 갈림길

허리 잘린 백두대간

이정표(⇦ 신의터재 3.2km / 지기재 1.5km ⇩)가 있는 능선 봉우리에서 우측으로 내려가는 능선이 상주시 모서면과 화동면의 경계가 되고 대간은 좌측으로 진행된다. 밧줄이 설치된 미끄러운 바위 언덕에 올라가면 금은골 뒷산 갈림길(⇦ 신의터재 2.8km / 지기재 1.9km ⇨)이다. 비록 조망점은 낮지만 아쉬운 대로 대간 전후가 조망된다.

지나온 안심산 이후는 뚜렷하지만 웅이산과 백학산은 봉우리만 보인다. 신의터재가 있는 화동면 일대는 산들이 모두 고만고만해 마치 대관령 고위 평탄면을 보는 것 같다. 안쑥밭골 옆으로 내려가는 대간길과 무지개산, 윤지미산은 뚜렷하지만 그 외에는 산경과 수경이 실타래처럼 엉켜 있어 분수계 구분이 뚜렷하지 않다. 다만 분수계 우측으로 형성된 낙동강수계 골짜기는 좌측 금강수계에 비해 골이 깊다는 점을 간과해서는 안 된다.

좌측 바깥쑥밭골을 따라서 10여 분 내려가면 직진하는 능선을 두고 우측으로 가파르게 내려간다. 안쑥밭골 좌측 금강수계는 경사가 완만해 농경지를 이루지만 우측 낙동강수계는 가파른 협곡을 이룬다. 쑥밭골은 좌측 골짜기를 바깥, 우측을 안쑥밭골이라 한다. 이 둘은 중간에 합류해 화동중학교 앞까지 이어진다. 이는 화동 주민들이 골짜기에 흐르는 물을 이용하여 벼농사를 짓기 위해 계단식으로 대간 분수계까지 확장한 것으로 추정된다.

금은골 뒷산에서 지기재 방향

금은골 뒷산에서 신의터재 방향

안쑥밭골 대간길

신의터재

능선으로 접어드는 지점에 이정표(⇦ 신의터재 2.5km / 지기재 2.2km ⇨)가 있는데 이전 이정표(⇦ 신의터재 2.2km / 지기재 2.5km ⇨)와 거리가 뒤바뀐 것 같다. 신의터재까지 30여 분 소요되는데 평지나 다름없지만 능선은 굴곡이 매우 심하다. 여러 개 이정표와 묘지들을 지나 신의터재에 도착했다. 상주시 화동면 이소리에 있는 마을 고갯길에 불과하지만 표지석이 여러 개나 되고 쉼터가 있어 쉬어가기 좋은 곳이다.

신의터재의 유래는 임진왜란 전에 신은현으로 불리다가 왜란 때 의사 김준신이란 의병장이 이 재에서 의병을 모아 상주에 진을 친 왜병을 도륙하고 장렬하게 순절한 후 부터 신의터재라 불리었으나 일제 때 민족정기 말살정책의 일환으로 어산재가 되었다가 문민정부 수립 이후 광복 50주년을 맞이하여 민족정기를 되찾고 후손들에게 이 사실을 알리기 위해 옛 이름인 신의터재로 다시 고쳤다고 한다.

14:05출발-15:50도착 = 1:45+00분 = 1:45[10:00]-1:35[9:20] = 10분[40분]

한국대학산악연맹 ―――― 1988년 대학생들이 대간길 탐사에 나설 때 11구간(득수동~황보~쾌방령~질매재)과 10구간(득수동~팔음산~천택산~봉황산~늘재)의 출발점을 팔음산 아래 있는 상주시 모서면 득수리로 삼은 것에서 볼 수 있듯이 이 구간은 지형 변화가 심해 애초부터 분수계 구분이 쉽지 않았음을 알 수 있다.

11구간(득수동~질매재) 탐사에 나선 대학생들이 득수동에서 충북 영동과 경북 상주의 도계가 되는 백화산~지장산 능선을 타고 추풍령~눌의산이 아닌 황보와 회곡마을에서 장군봉으로 진입해 괘방령을 건너 황악산을 넘고 삼성산에 도착했는데 길이 여러 갈래로 나있어 어지간한 독도로는 길 찾기가 쉽지 않아 헤매다가 겨우 질매재(우매재)에 도착했다고 한다.

10구간(득수동~늘재) 탐사에 나선 학생들은 대간에 벗어난 득수리에서 출발해 석탄광산촌을 지나 팔음산과 천택산에서 많은 시간을 허비했으며, 속리산 천왕봉이 시야에 들어오는 곳에서 지도를 펼쳐 보았지만 어딘지 잘 몰라 헤맸고 천왕봉으로 가는 등산로가 잘 나있어 운행 속도가 빨랐으며 문장대 부근에서 길을 잃고 여러 시간을 허비했다. 늘티(늘재)까지 계속되는 내리막을 신나게 내려간 것으로 보아 암릉 구간을 우회해 시어동으로 내려간 것 같다.

이처럼 한 치 앞도 분간되지 않는 숲속에서 수많은 시행착오를 겪으며 분수계 구분이 불분명한 대간길 개척에 나선 대학생들의 용기 있는 행동과 그 뒤를 이어 「사람과산」 검증팀의 노고를 짐작할 수 있는 구간이다.

11구간

큰재~백학산~지기재~신의터재(23.2km / 9:20)는 10시간(5:50 출발 – 15:50 도착)소요, 예상보다 40분이 지체되었다.

다른 구간에 비해 해발고도가 낮아 이를 두고 어떤 사람들은 '소백산맥은 없다 또는 토룡길이다' 라고 혹평하기도 하는데 결코 그렇지 않다. 대간 좌측 사면에 해당하는 상주시 모동·모서면 방향에서 보면 낮은 곳은 50m, 높게는 100m 내외의 낮은 구릉에 불과하지만 우측 상주시 공성·외남·내서면 방향에서 보면 300~400m의 산줄기가 된다.

좌측은 경사가 완만해 대간 능선 턱밑까지 개간이 이뤄졌을 뿐만 아니라 배산임수와 더불어 음택풍수에 의한 묘지가 많은 것이 특징이다. 사람의 간섭으로 인해 더 이상 훼손이 되지 않기를 바랄 뿐이다.

백두대간 11구간 안내도
N
어산리
선교리
돌적골
25
갈방
장자골
평지
11구간
도착
신의터재
평지리
관재
내 서 면
개재
화 동 면
상주화동
농공단지
유정
안골
상덕
49
안쑥
밭골
큰마
노류리
신촌리
노산
모 서 면
외 남 면
901
지기재
봉양
대포리
석산리
안심산
송지리
돌산
아랫갈밭
배골
함박골
선유동
가막리
소정리
백학산
618
개머리재
원소정
477
한가매
윗왕
실재
도안리
소상리
금잔
넓은마
윗왕실
463
삼포리
원산
송산
효곡리
모동면
성봉산
571.9
큰마
용호리
덕곡리
상이
재사동
512
개터재
송림
송림
하이
472
상 주 시
용신리
금천리
이동리
무수동
회룡
용암
회룡재
송현
건평
골가실
와성
봉산리
구암
쌍암
송계
상판리
상판저수지
68
관촌
오광리
신천리
솔보
상판
반계
양촌
윗돗골
아랫돗골
와곡산
576.5
신곡
우하리
음촌
도곡리
반계리
출발
11구간
큰재
하남
정양리
장동리

12

白頭大幹

봉황의 기운이 서린 봉황산

신의터재~윤지미산~화령재~봉황산~비재

19.2km / 8:20

화령재까지 금강·초강·석천수계 금계천의 지류인 삼포리천, 삼포리천의 지류인 이소천, 금강수계 보청천의 지류인 적암천과 낙동강수계 병성천의 지류인 북천, 낙동강수계 영강의 지류인 이안천의 분수계이며, 상주시 모서·화동면을 지나간다.

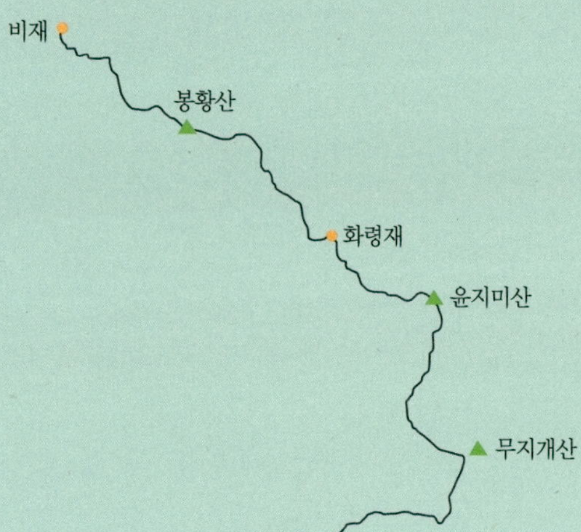

2012년 11월 25일, 그동안 우리 뒤를 바짝 뒤따라 오던 군산 대간산악회와 함께 하는 첫 산행이다. 경험이 풍부한 산악회와 함께 하게 되어 여러 가지로 큰 도움이 될 것 같다. 이후 2014년 12월 14일, 비재에서 신의터재로 남진하는 익산 백두산악회 대간종주에 동행하였다.

신의터재(280m)~무지개산(438m)은 4.1km / 1:40(누적 : 4.1km / 1:40)으로 완만한 구릉성 능선이지만 굴곡이 매우 심한 구간이다.

표지석 건너편 들머리에서 묘지 구간을 벗어나면 이정표(⇦ 화령재 11.4km / 신의터재 0.5km ⇨)가 나오고 좌측으로 화동면 선교리마을을 내려다보며 순조롭게 진행된다. 마을을 등지고 얕은 안부에 이르자 한 동안 보이지 않던 묘지가 하나둘씩 보이기 시작한다.

이정표를 지나 10여 분 진행하면 대간 능선 턱밑까지 파고든 농경지가 나오고 완만하게 올라가면 이정표(⇩ 화령재 9.7km / 신의터재 2.2km ⇨)가 좌측으로 안내한다. 산경과 수경의 드나듦이 너무 복잡해 방향 감각을 유지하기가 쉽지 않다.

무지개산 갈림길
막창골 전경

노간주나무 군락지에서 조금 내려가면 지기개~신의터재 사이의 쑥밭골 같은 골짜기가 나타나는데 막창골이라 한다. 더 이상 개간을 할 수 없어 붙여진 이름으로 추정된다. 대간 능선 바로 옆은 갈대밭이지만 그 뒤로는 포도밭이 펼쳐지고 낮은 능선 너머 무지개산과 윤지미산 봉우리가 보인다.

잠시 넓은 임도로 진행하다가 완만하게 올라가면 앞에 능선 봉우리를 두고 이정표(⇩ 화령재 8.8km / 신의터재 3.1km ⇨)가 좌측으로 안내를 한다. 한적한 소나무 숲길을 걸어 올라가면 노간주나무 군락지가 나오고 우측으로 화동면 어산리 돌적골에서 신의터재로 올라오는 계곡이 조망되는데 그 깊이가 만만치 않게 보인다. 안부를 지나 다소 가파르게 올라가면 무지개산 갈림길(⇦ 화령재 7.4km / 무지개산 0.2km ⇧ / 신의터재 4.5km ⇨)이다.

무지개산은 난함산처럼 대간 분수계에서 살짝 벗어나 있지만 5분여를 올라가면 리본과 표지판이 붙어 있는 무지개산 정상에 도착하게 된다. 우측으로 어산지를 끼고 돌아가는 대간길과 끝자락에 우뚝 솟은 윤지미산 그리고 속리산으로 가는 길목에 솟아 있는 봉황산이 조망된다.

8:00출발-9:15도착 = 1:15+20분 = 1:35[1:35]-1:40[1:40분] = -5분[-05분]

무지개산(438m)~윤지미산(538m)은 4.3km / 1:45(누적 : 8.4km / 3:25)으로 매우 지루한 능선으로 이어지다가 윤지미산을 급하게 올라가는 구간이다.

무지개산에서 윤지미산으로 가는 대간길은 구릉성 능선으로 진행된다. 5분 정도 완만하게 내려가면 고개를 살짝 쳐드는 지점에 이정표(⇦ 화령재 7.1km / 신의터재 4.8km ⇨)가 있고 울창한 잣나무 조림지를 지나면 이정표(⇦ 화령재6.7km / 신의터재 5.2km ⇨)가 있는 옛고개가 나온다.

좌측 선교리 막장골에서 갈라져 나온 골짜기와 어산리를 잇는 산중 고개로 막창골 방향 200여 미터 지점에 블루베리 농장이 있다. 이후 기복은 적지만 굴곡이 심한 능선으로 15분여를 진행하면 능선 한가운데 묘지가 나온다.

좌측 상주시 화동면 판곡리는 경사가 완만하여 골짜기마다 개간이 이루어진 데 반해, 우측 상주시 화동면 어산리는 경사가 매우 가파른 골짜기를 형성하고 있다. 마치 강원도 양양

무지개산에서 윤지미산 방향

윤지미산에서 화령재 방향

구룡령 깊은 골짜기를 보는 것 같고 뒤돌아보면 무지개산도 높게만 보인다.

숲이 울창한 능선으로 30여 분 진행하면 이정표가 나오고 묘지를 지나 완만하게 올라가면 이정표(⇦ 화령재 4.4km / 신의터재 7.5km ⇨)가 또 나오는데 이전과 거리가 뒤바뀐 것 같다. 비탈길로 올라가면 능선 갈림길인데 우측 437m 고지로 뻗어가는 숭덕지맥(崇德枝脈)이 낙동강수계 병성천의 지류인 북천과 영강의 지류인 이안천을 가르고, 상주시 화동면과 내서면의 경계가 된다.

능선 안부를 건너 올라가면 청주~상주고속도로를 신나게 질주하는 자동차 굉음이 요란하다. 층층이 고도를 높여 가면 자연석에 이름을 새겨 놓은 윤지미산에 도착한다. 독특한 이름을 가진 윤지미산은 원래 소머리를 닮았다고 해서 소머리산이라 하였는데 윤지미산으로 바뀌었다고 한다. 그 이름의 뜻은 정확하게 알 수 없지만 예사롭지 않다. 마륜의 북동쪽에 있는 산으로 '윤'은 지명을 '지(支)'는 고개를 그리고 '미'는 산(山)을 뜻하여 윤지미산이 되었다고 하는데 확인할 길이 없다. 산 높이는 538m에 불과하지만 숲이 울창해 조망점 찾기가 쉽지 않다. 정상 맨 끝자락에 다가서서 화령재에서 봉황산으로 오르는 능선을 겨우 볼 수 있다.

🕘 **9:35출발-11:45도착 = 2:10+10분 = 2:20[3:55]-1:45[3:25] = 35분[30분]**

윤지미산(538m)~화령재(320m)는 2.7km / 1:00(누적 : 11.1km / 4:25)으로 윤지미산에서 내려가는 능선은 경사가 매우 급하지만 이후부터는 구릉지 능선 구간이다.

윤지미산을 내려가는데 안전 밧줄이 드리워진 내리막은 갈수록 가팔라진다. 고도만 보고 봉우리가 낮다고 얕잡아 봤다간 큰 코 다친다. 가파른 밧줄 구간이 끝나고 완만하게 내려가면 넓은 밭농사 지대가 펼쳐진다. 모서면 금계천에서 갈라져 나온 삼포리천의 끝자락이다.

좌측 금강수계는 경사가 매우 완만하고 산경과 수경의 고도차가 거의 없지만 우측 낙동강수계는 가파른 경동지형을 이룬다. 다시 숲길 능선으로 들어가면 둘레석을 한 묘지가 나오는데 별로 반갑지 않지만 잡목이 제거된 공간은 좋은 전망대가 되기도 한다. 윤지미산을 가깝게 볼 수 있고 판곡저수지 방향 경사면은 마치 부채를 펼쳐놓은 것 같다.

숲이 우거진 능선을 빠져나가면 임도가 나오는데 화동면 판곡리에서 화서1터널 위를 지나 화서면 신봉리 수청거리 삼거리로 연결되는 임도 겸 마을길로 이용된다. 임도 좌측으로 솟아 있는 봉우리가 분수계이지만 편의상 임도로 진행되고 봉우리에서 서쪽으로 내려가는 능선이 금계천의 지류인 삼포리천과 이소천을 가른다.

임도 끝자락(⇦ 화령재 0.8km)에서 능선으로 들어가면 청주~상주고속도로가 지나가는

판곡저수지 상류 밭농사 지대

윤지미산 전경

화서1터널이 나오고 낮은 능선을 넘어가면 화령재가 나온다. 화령재는 상주시 화서면 상곡리에 있는 백두대간 고갯길이지만 화서면의 마을 경계선에 불과하다. 비교적 넓은 공간 한가운데 거대한 표지석이 있고 우측 언저리에 오래된 표지석과 정자가 있다.

⏱ 11:55출발-13:00도착 = 1:05+00분 = 1:05[5:00]-1:00[4:25] = 05분[35분]

화령재(320m)~봉황산(740.8m)은 4.5km / 2:10(누적 : 15.6km / 6:35)으로 전체적으로 긴 오르막 구간이다.

보은 방면 도로를 따라 300여 미터를 내려가면 수청거리 삼거리가 나온다. 괴산·화북 방면 49번 지방도로를 건너 들머리로 올라가면 묘지가 나오고 소나무 숲길을 20여 분 완만하게 올라가면 좌측으로 화서면 일대가 내려다보이는 전망대가 있다. 곧이어 450m 고지를 넘어가는데 통나무계단이 제법 가파르다.

화서1 터널

화령재

완만한 능선에 이정표(⇦ 백두대간 ⇨)가 나타나고 왼쪽 상현마을로 내려가는 갈림길에서 조금 더 올라가면 납작한 묘지 뒤로 가파른 능선이 있지만 등산로는 우측 비탈길로 올라간다. 이정표(⇦ 화령재 / 백두대간 ⇧)에서 지나 조금 올라가면 봉황산 산불감시 초소가 있는데 수청거리 삼거리에서 1시간 정도 소요된다. 산불을 감시하는 망루에 올랐지만 화령재 능선은 나뭇가지에 가려 시원스럽지 않다.

수청거리 삼거리

초소를 지나 소나무 숲으로 100여 미터 진행하면 바위 몇 개가 있는 낮은 능선 봉우리가 나타난다. 바위 뒤로 돌아가면 봉황산과 형제봉이 올려다보이고 발밑에 이안천이 흐르는 화서면 하송리 일대의 좁은 계곡이 내려다보인다.

좌측으로 굽어 내려가면 능선 안부가 나오고 완만한 오름길에서 또 한 번 좌측으로 굽어지면 화서면 일대와 갈령계곡이 번갈아 조망된다. 가시 돋친 암릉 비탈길로 올라가면 봉황산 턱밑에 있는 안부가 나오고 마지막 깔딱고개를 200여 미터 올라채면

산불초소 부근 전망대에서 봉황산 전경

봉황산 정상에 도착하게 된다. 쉼터 뒤로 아담한 표지석과 삼각점이 있고 좌측 팔음지맥(八音枝脈)으로 내려가는 능선이 금강·초강·석천·금계천수계 삼포리천의 지류인 이소천과 금강수계 보청천의 지류인 적암천을 가른다.

봉황의 몸통과 머리에 해당하는 봉황산은 봉황이 날개를 접으며 내려앉는 모습이 좌익으로는 상현리를, 우익으로는 상용리를 품고 있는 형국이라고 한다. 주변 조망은 그리 썩 좋은 편은 아니지만 찾아보면 주변이 두루 조망된다. 저 멀리 웅이산과 백학산이 아른거리고 무

봉황산에서 화령재 방향

봉황산에서 천왕봉 방향

지개산과 윤지미산은 비교적 뚜렷이 조망된다. 앞으로 진행될 속리산 능선은 갈령계곡과 나란히 달려간다.

⏱ **13:00출발–15:10도착 = 2:10+05분 = 2:15[7:15]–2:10[6:35] = 05분[40분]**

봉황산(740.8m)~비재(320m)는 3.6km / 1:45(누적 : 19.2km / 8:20)으로 급경사 긴 내리막 구간이다.

표지석 뒤로 울퉁불퉁한 바윗길을 지나 조금 내려가면 '급경사 위험' 안내판 뒤로 아찔한 절벽이 펼쳐진다. 안전시설이 없어 조금 위험하지만 주변 조망은 더할 나위 없이 좋다. 구병산에서 천왕봉에 이르는 보은군 속리산면 일대가 한눈에 들어온다. 갈림길(600m)에서 청원~상주고속도로와 나란히 서쪽으로 뻗어가는 산줄기가 구병산 능선이고 북쪽으로 갈령계곡을 따라 올라가는 산줄기가 속리산 천왕봉으로 가는 대간길이다. 애석하게도 비재는 능선에 가려져 보이지 않는다.

거칠고 미끄러운 바윗길로 내려서면 이전보다 조망점이 낮은 바위가 있고 낮은 능선을 넘어가면 이정표(⇦ 백두대간 등산로 ⇨)가 가파른 경사면으로 안내한다. 나무 허리에 매달아 놓은 밧줄 구간을 지나 완만하게 올라가면 부근이 660m 고지인데 능선과 구분되지 않는다.

봉황산 내리막 전망대 전경

비재로 내려가는 도중에 좌측으로 전망바위들이 종종 나타나지만 무심코 지나치기 쉽다. 몇 걸음의 여유를 갖고 오르면 비재에서 형제봉으로 오르는 대간 능선을 조망할 수 있다. 특히 비재 주변은 남북으로 뻗은 백두대간과 동서로 연결되는 구병산 능선이 서로 교차하는 지점에 위치해 있어 대간 능선 구분이 쉽지 않은 곳이다.

완·급경사를 번갈아 내려가면 옛 묘지 터로 추정되는 나대지 공터가 나오고 가파르게 한 번 더 내려가면 비재가 나온다. 상주시 화남면 동관리에 있는 고갯길로 좁은 협곡을 이루는 고개였는데 최근 복원되어 새롭게 태어났다.

동쪽 동관과 서쪽의 장자동 사이에 있는 령(嶺)으로 새가 나는 형국이어서 비조령(飛鳥嶺)이라고도 한다. '비스듬하다, 비탈, 벼랑' 등의 뜻으로 쓰이는 말을 지명에서 한자로 표기 할 때는 '천(遷), 애(崖), 별(別), 성(星), 비(飛)'로 나타나는데 상주 지역에서는 '비루, 비알'이라고 한다.

'비탈'과 '비루'를 땅 이름에서 한자로 옮길 때 '비(比:견줄비, 飛:날비, 琵:비파비)'를 썼는데, 특히 '비(飛)'가 많이 쓰였다고 한다. 비조령 아래에는 비조마을이 있으며 북동쪽으로는 청계산에 후백제 왕 견훤이 쌓았다는 성산산성이 있고 대궐터·차력굴·용암(龍岩)·주춧돌·우물터 등이 있다고 한다.

15:15출발-16:55도착 = 1:40+00분 = 1:40[8:55]-1:45[8:20] = -05분[35분]

첩첩산중 비재 전경

옛 비재

복원된 비재

사람과산 ―――― 1991년 1월 6일, 4구간(질매재~비재) 종주에 나선 「사람과산」 검증팀은 1일째 동지섣달 매서운 바람을 가르며 질매재(우두령)를 출발해 바람재를 건너 눈 덮인 황악산을 넘고 괘방령에 도착했다. 2일째 백두대간 주능선에 올랐으나 눈 때문에 능선이 어디로 이어졌는지 알 수가 없어 헤매다가 가성산을 넘고 장군봉 아래 넓은 공원묘지가 있는 봉산면 안돈목으로 내려갔고 추풍령을 지나 작은 마을에서 조금 떨어진 곳에서 막영을 하였다.

3일째 작점고개를 지나 용문산 기도원을 내려다보며 국수봉 올랐으며 길게 늘어선 능선을 내려와 남실, 음촌, 양촌, 윗돗골, 아랫돗골에서 몇 안 되는 학생들이 다니는 공성면 옥산초등학교 인성분교에서 하룻밤 신세를 졌다.

4일째 백학산을 넘는데 산기슭에는 저수지가 널려 있고 산을 돌고 돌아 백학산에 겨우 올랐으며 서쪽으로 뻗어나가다가 대포저수지 윗 능선에서 북으로 방향을 바꾸어 인삼밭을 가로지르고 여러 개의 소로를 지나 소정마을(개머리재)에서 닿았다.

5일째 금은골과 쑥밭골을 지나 신의터재에 도착했으나 이후 대간길을 찾는 데 가장 큰 애를 먹었으며 '이 땅에 얼마나 많은 골(谷)과 고개와 내(川)가 산을 싸고 있는 걸까?'라는 의문을 품으며 화령재에 도착했고, 6일째 모처럼 700m 고지의 봉황산에 올라 숨 한번 크게 쉬었으며 속리산 형제봉을 눈앞에 두고 비재에서 구간 종료를 마쳤다.

12구간

신의터재~윤지미산~봉황산~비재(19.2km / 8:20)는 8시간 55분(8:00 출발 – 16:55 도착) 소요, 예상보다 35분이 지체되었다.

신의터재~화령재는 무지개산과 윤지미산을 제외하고는 고도가 낮은 구릉성 능선으로 굴곡이 매우 심하고 조망점이 없어 지루하게 진행되는 구간이다. 특히 신의터재 부근은 공동묘지를 방불케 할 정도로 묘지가 유달리 많다. 또한 수경과 산경이 맞닿을 만큼 낮아진 백두대간은 턱밑까지 개간이 이루어져 대간인들을 안타깝게 한다. 화령재를 넘어서면서부터 대간으로서 면모를 갖추기 시작하지만 아무리 순탄한 구간이라 해도 만만한 구간은 없는 것 같다.

백두대간 12구간 안내도
N
화 남 면
갈령
삼형제봉
문장대
관광농원
청계
500
510
12구간
도착
비재
하송리
예의리
동관
양지
송내
49
외 서 면
대마
점촌
화 서 면
660
봉황산
740.8
여골재
점마
동점
금곡
동관리
450
사재골
명통
복용사
상용리
백운사
놋점
창안
상곡리
증말
복룡
상촌
하현
무동
화령재
25
지명골
청주-상주고속국도
화서
휴게소
상주화서
농공단지
IC
화서
화서1터널
신기
윤지미산
538
항갓골
금산리
외항
서당골
서원리
지산리
전대
봉강
437.7
마륜
상 주 시
전성
판곡
저수지
봉촌리
황산
판곡리
장림
원티고개
원통산
내 서 면
사산리
서원마
효자정재수
기념관
신평마
중마
사래실
수부
율현
무지개산
438
율림리
선교리
갈평
어산리
큰마
영안동
소곡리
새터
골마
배실
이소리
장자골
화 남 면
12구간
어방
멍거리
출발
너래이
신의터재
관재
화 동 면
상주화동
농공단지

13

白頭大幹

삼파수가 흐르는 속리산

비재~형제봉~천왕봉~문장대~밤티재~늘재

21.3km / 11:40

늘재까지 금강수계 보청천의 지류인 적암천·삼가천, 남한강수계 달천, 달천의 지류인 신월천·화양천과 낙동강수계 영강의 지류인 이안천·영강의 분수계를 이룬다. 형제봉까지 상주시 화북면, 문장대까지 충북 보은군 속리산면과 경북 상주시 화북면의 도계를 이루고, 늘재까지 상주시 화북면을 통과한다.

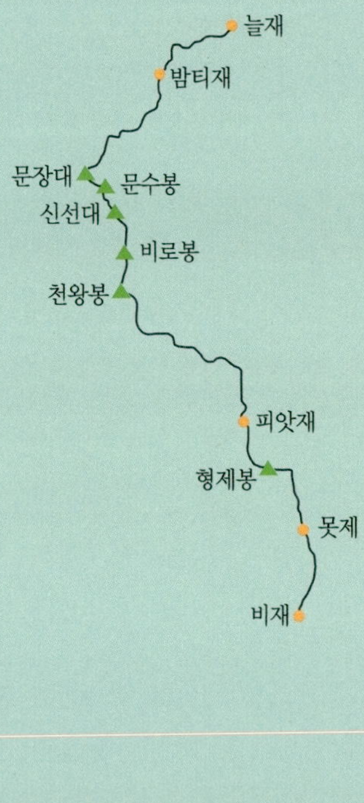

2013년 5월 26일, 늘재에서 갈령으로 남진하는 군산 대간산악회 무박종주에 동행하였다. 칠흑 같은 어둠을 뚫고 696m 고지까지 무사히 올랐지만 암릉 구간에서 길을 찾지 못해 헤맸고 조용히 쉬고 싶다는 밤티재를 건너 문장대로 향했다. 스틱도 소용없는 암릉 구간을 지나 문장대에 오르기도 전에 지쳐버렸다.

한여름 같은 더위와 싸우며 천왕봉을 넘고 피앗재를 건너 형제봉에 겨우 올랐다. 기진맥진한 가운데 갈령 삼거리에서 비재가 아닌 갈령으로 하산하였다. 때문에 2014년 9월 27일, 문장대에서 암릉 구간을 통과할 수 있을지 없을지 모르는 상황에서 비재에 도착하니 어느새 나무계단으로 말끔히 새롭게 단장이 되어 있었다. 이후 2016년 5월 8일, 늘재에서 비재로 남진하는 익산 백두산악회 무박종주에 또 한 번 동행하였다.

비재(320m)~갈령 삼거리(721m)는 3.7km / 2:20(누적 : 3.7km / 2:20)으로 경사가 심한 큰 봉우리 서너 개를 넘는 긴 오르막 구간이다.

500m 고지 전망대에서 봉황산 방향

복원된 비조령 들머리로 올라가면 말끔하게 단장된 나무계단이 나타난다. 첫 번째 510m 고지는 고도만 놓고 보면 낮은 봉우리에 불과하지만 경사는 형제봉 오르막 못지않고 가파른 오르막은 묘지가 있는 9부 능선까지 이어진다.

510m 고지를 넘고 안부 구간을 건너가면 전망바위가 나타나는데 봉황산에서 비재로 내려오는 능선은 물론 앞으로 진행될 500m 고지와 구병산 갈림길까지 올려다보인다. 주변을 아무리 둘러봐도 손바닥만한 땅 한 평 없는 산골짜기가 끝도 없이 펼쳐진다. 산골도 이런 산골이 또 있을까 싶다.

500m 고지를 넘어가면 우측으로 갈령 아래 고즈넉하게 자리한 억시기마을이 내려다보이고 숲속에 숨겨진 암릉을 지나면 묘지 끝에 억시기마을 갈림길(⇦ 갈령삼거리 1.7km / 억시

기 ⇧ / 비재 2.3km ⇨)이 나온다. 조금 더 올라가면 충북알프스 갈림길이 나오는데 구병산으로 향하는 산줄기가 금강수계 보청천의 지류인 적암천과 삼가천을 가른다. 충북알프스는 구병산~형제봉~천왕봉~문장대~관음봉~상학봉으로 이어지는 능선으로 거리만도 자그마치 43.9km나 된다.

산에 대한 동경이 커지면서 영·호남 등 각 지역마다 알프스라는 이름이 유행처럼 번져가고 있다. 바로 옆에 작은 둠벙 같은 못제는 백두대간과 충북알프스 능선이 분기하는 지점에 발달한 못(池)으로 그리 크지 않고 갈수기에는 메말라 있다.

'상주에서 후백제를 일으킨 견훤은 원래 지렁이 후손으로 못제에서 목욕을 하면 힘이 세져 주변 지방을 하나씩 장악해 나갔는데 견훤과 세력 다툼을 하던 보은군의 호족인 황충 장군이 거의 매일 싸움을 벌였지만 싸움 족족 패하자, 견훤의 힘이 어디서 나오는지를 알기 위해 그를 미행하여 그 비밀을 알아내 못제에 소금 삼백 가마를 풀자 견훤의 힘이 약해져 황충이 승리했다'는 이야기가 전해진다.

못제 바로 위에 헬기장 봉우리를 넘어가면 구병산 갈림길이 또 나오고 완만하게 올라가면 '급경사 위험' 안내판이 나타난다. 이후 등산로는 소나무 숲에 숨겨진 암릉 비탈길로 진행되지만 중간 중간 솟아 있는 암릉에 오르면 지나온 못제 능선과 봉황산이 조망된다.

숲에 가려진 암릉 구간을 넘어가면 갈령 삼거리(⇦ 천왕봉 6.6km, 형제봉 0.7km / 비재 3.6km ⇩ / 갈령 1.3km ⇨)가 나온다. 대간길 요충지답게 산객들이 쉬어갈 수 있는 쉼터가 있고 우측 갈령으로 내려가는 능선이 작약지맥(芍藥枝脈)으로 낙동강수계 영강의 지류인 이

못제

갈령 삼거리

갈령 삼거리 암릉에서 못제 방향

안천과 영강을 가르고 상주시 화서면과 화북면의 경계가 된다. 갈령은 화서면 동관리와 화북면 상오리를 연결하는 고갯길로 대간에서 벗어나 있지만 대간 산객들이 자주 찾는 고개 중 하나이다.

6:00출발–8:20도착 = 2:20+00분 = 2:20[2:20]–2:20[2:20] = 00분[00분]

갈령 삼거리(721m)~피앗재(600m)는 2.1km / 1:20(누적 : 5.8km / 3:40분)으로 중간에 형제봉을 넘어가는 구간이다.

갈령 삼거리에서 얕은 안부를 건너가면 처음에는 완만하지만 갈수록 가파른 깔딱고개로 변한다. 숨 한번 크게 몰아쉬고 올라채면 형제봉(829m)인데 표지석은 우측 암릉 위에 있다. 봉황산과 천왕봉 중간 지점에 위치해 있어 비재 부근을 제외하고 대간 전후 조망이 매우 좋은 편이다.

「산경표」에 따르면 봉황산과 속리산 사이에 구봉산이 기록되어 있는데 형제봉으로 추정된다. 천왕봉까지 구불구불 실타래를 타고 올라가는 대간길이 인상적이다. 천왕봉도 아득한데 보이지도 않는 문장대는 물론 밤티재를 건너 늘재까지 가야 한다고 생각하니 발걸음이 한없이 무거워지는 것 같다.

형제봉에서 갈령 삼거리 방향

천왕봉으로 향하는 대간길

형제봉에서 조금 내려가면 천왕봉 안부까지 무려 13개를 지나야 하는 첫 번째 현위치 「16-13」이 있고 안부를 건너가면 리본만 몇 개 붙어 있는 무명봉(803m)이 나온다. 피앗재로 내려가는 도중에 숲 위로 솟아 있는 큰 바위에 오르면 깊은 안부에 위치한 피앗재와 천왕봉을 향해 꿈틀거리는 대간길을 한 눈에 볼 수 있다.

피앗재
608m 고지 내리막에서 피앗재 전경

가파른 내리막은 충북 보은군 속리산면 만수리에서 경북 상주시 화북면 상오리로 넘어가는 피앗재(⇦ 형제봉 1.5km / 만수리 1km ⇧ / 천왕봉 5.6km ⇨)까지 이어진다. 상주 상오리 방면은 흔적이 미미하지만 보은 만수리는 흔적이 뚜렷하다. 피앗재의 유래는 화전민들이 쌀과 혼용하거나 엿이나 술의 원료로 이용되는 벼과에 속한 피를 재배한데서 유래되었다는 이야기가 있고 또 하나는 상주시 화북 사람들이 비재나 화령재를 넘나들 때 도적들을 피해 넘던 고개라 해서 피앗재라 불렸다는 이야기가 전해진다.

8:20출발-9:40도착 = 1:20+00분 = 1:20[3:40]-1:20[3:40] = 00분[00분]

피앗재(600m)~천왕봉(1,057.7m)은 5.2km / 2:50(누적 : 11.0km / 6:30)으로 기복과 굴곡이 매우 심한 긴 오르막 구간이다.

피앗재의 깊은 안부를 빠져나가면 여러 개 리본이 붙어 있는 곳이 639m 고지이다. 현위치 「16-09」를 지나 완만하게 올라가면 노두가 약간 드러난 나대지에 현위치 「16-08」이 있는 667m 고지에 도착한다. 좌측으로 약간 굽어 15분여를 진행하면 좌측으로 또 한 번 굽어지는 지점에 지나온 형제봉과 걸어가야 할 천왕봉이 조망되는 전망대가 있다.

현위치 「16-06」이 있는 725m 고지를 넘고 현위치 「16-05」를 지나가면 흔적만 남아 있는 헬기장이 나온다. 현위치 「16-04」에서 고도를 높여 가면 리본 몇 개가 붙어 있는 봉우리가 703m 고지이다. 현위치 「16-03」에서 조금 더 올라가면 만수리 계곡이 흐르는 땀을 식혀준다.

현위치 「16-03」 부근 전망대에서 만수리 계곡 전경

현위치 「16-02·01」를 지나면 납작 엎드린 묘지 우측으로 장각동으로 내려가는 등산로인데 흔적이 미미하다. 바위능선을 넘어가면 천왕봉 턱밑 깊숙한 안부에 새 번호로 시작되는 현위치 「04-05」가 있다. 잠시 휴식을 취하고 600m 남아 있는 천왕봉으로 향한다.

등산로 폭이 좁고 너덜과 나무뿌리가 뒤엉켜 발걸음을 더디게 한다. 20여 분 가파르게 올라가면 형제봉에서 걸어왔던 실타래 능선이 모두 내려다보이는 전망대가 있다. 수경을 가르며 끊임없이 요동치는 산줄기가 마치 살아서 움직이는 것 같다.

큰 암석들이 널려 있는 정상에는 아담한 표지석(天王峯 1,058m)이 있고 남서방향 말티고개로 내려가는 능선이 금강수계 보청천의 지류인 삼가천과 남한강의 지류인 달천을 가르는 한남·금북정맥이다. 지금까지 대간은 금강과 낙동강의 분수계를 이루었지만 천왕봉에 이르러 한강 줄기가 시작되니 이를 삼파수(三巴水)라 한다.

이우형 씨가 쓴 「대동여지도의 독도」에 의하면 속리산의 범위는 피앗재에서 묘봉 서쪽의 활목고개에 이르는 17km 내의 폭과 문장대 동북방 늘재에서 천황봉 남서쪽 말티고개까지 17km내의 모든 산경과 수경을 포괄한다고 되어 있다.

묘봉과 천황봉을 잇는 속리 주릉의 반달형 호(弧) 중심에 있는 법주사는 묘봉에서 활목고개에 이르는 능선을 좌익, 천왕봉에서 피앗재에 이르는 능선을 우익, 문장대에서 늘재에 이르는 머리와 좌우를 감싸는 다리 사이에 위치해 있어 천하제일의 명당으로 보고 있다.

때문에 속리는 곧 법주가 되며 세속을 떠나 불법과 더불어 살만한 곳이라 한다. 속리산의

천왕봉에서 형제봉 방향

천왕봉에서 문장대 방향

주봉은 그 형국에 걸맞은 '皇(임금 황)'자의 천황봉(天皇峰)이지만 대동여지도처럼 때론 '임금 왕(王)'자를 써 천왕봉이라 부르기도 한다.

9:40출발-12:25도착 = 2:45+25분 = 3:10[6:50]-2:50[6:30] = 20분[20분]

천왕봉(1,057.7m)~문장대(1,028m)는 3.4km / 1:50(누적 : 14.4km / 8:20)으로 기복이 심한 암릉 구간이다.

상고석문

문장대 방향 속리산 주능선을 바라보며 산죽길로 내려가면 헬기장이 있는 장각동 갈림길이 나온다. 내려온 만큼 더 내려가면 법주사 갈림길이고 300여 미터를 더 내려가면 우측 암릉이 무너져 내려 형성된 상고석문이 나타난다. 좁은 바위 틈바구니를 통과하는데 천장에서 짓누르는 바위 무게만큼이나 내 마음까지 무거워지는 것 같다.

진실한 사람만이 통과할 수 있는 석문을 무사히 통과해 각목계단으로 올라가면 비로봉 밑에 아늑한 봉황의 둥지가 나타난다. 왼쪽으로 돌아 이정표(⇩ 천왕봉 1.2km / 문장대 2.2km ⇨)를 보고 올라가면 바위 밑에 현위치 「04-08」이 있는 비로봉(1,032m) 정상이다. 형제봉에서 천왕봉에 이르는 대간길은 열려 있지만 문장대는 닫혀 있다.

비로봉에서 천왕봉 방향

계단을 내려서서 우측 능선으로 바꾸고 긴 데크계단으로 내려간다. '브이(V)'자 모양의 좁은 협곡 같은 바위틈을 넘어가면 각목계단이 나타나고 한동안 산죽이 무성한 평범한 능선으로 진행된다. 중간 중간 등산로에서 몇 걸음만 발품을 팔면 천하제일의 명당 법주사가 있는 속리산면 일대와 속리산의 백미라 일컫는 입석대, 신선대, 청법대, 문수봉, 문장대까지 수많은 군상들을 한데 모아둔 암릉들을 볼 수 있다.

아직 속리산에 대한 내공이 부족해 문장대 이외에는 짐작만 할 뿐이다. 약간의 간격을 두고 나타나는 2단 통나무계단으로 내려가면 안내판 좌측으로 비석 모양의 입석대가 보이지만 나무에 가려져 조금 아쉽다. 법주사 방향의 경업대에서 잘 보인다는 입석대는 높이가 약 13m 정도 되는 비석 모양의 바위로 임경업 장군이 속리산에서 수련한 지 7년째 되던 해 세웠다는 이야기가 전해진다.

이정표(⇦ 천왕봉 1.5km / 문장대 1.9km ⇨)에서 산죽길로 10여 분 진행하면 법주사 갈림길이 나오고 신선대 휴게소 부근 바위에 오르면 지나왔던 비로봉 능선과 청화산 방면 시어동 계곡이 한눈에 들어온다.

신선대 휴게소 부근에서 늘재 방향

신선대 휴게소에서의 짧은 휴식을 취하고 문장대로 향한다. 폭이 넓은 돌길은 기복이 심한 편이다. 여러 구비 바위 모퉁이를 돌고 돌아 철제 난간이 설치된 바위계단에 올라서면 청법대 부근이지만 아무런 표식도 없다. 계속되는 돌계단으로 올라가면 지나온 천왕봉과 문장대가 조망되는 문수봉(1,027m)이다.

문수봉에서 문장대로 가는 길은 폭이 넓은 돌계단과 흙길 능선으로 진행된다. 운동장만한 문장대 갈림길이 나오고 돌계단으로 오르면 표지석 뒤로 우뚝 솟아 있는 암봉이 올려다보인다. 철계단으로 올라가면 주변 조망은 명성만큼이나 사방팔방 거칠 것 없이 좋다.

속리산 주능선과 봉우리뿐만 아니라 주변 기암괴석들의 멋진 풍경이 펼쳐진다. 좌측 관음봉 방향으로 내려가는 능선이 달천과 그 지류인 신월천을 가르고, 충북 보은군 속리산면과 경북 상주시 화북면의 도계가 된다. 예로부터 세 번 올라가면 극락에 간다는 문장대의 원래 이름은 구름 속에 감추어져 있다고 하여 운장대(雲藏臺)라 하였으나 조선 세조가 이곳에서

문장대에서 속리산 전경

문장대에서 관음봉 방향

문장대의 위용

시를 지으면서 문장대(文藏臺)로 바뀌었다고 한다.

⏱ **12:50출발-14:30도착 = 1:40+15분 = 1:55[8:45]-1:50[8:20] = 05분[25분]**

문장대(1,028m)~밤치(티)재(490m)는 3.8km / 2:00(누적 : 18.2km / 10:20)으로 매우 험한 암릉 내리막 구간이다.

문장대에서 내려다보이는 헬기장에서 5분여를 내려가면 첫 번째 거대한 암릉이 앞을 가로막는다. 천천히 접근하면 첫 번째 관문이 기다리고 있다. 스틱을 접고 배낭을 최대한 당겨 메

첫 번째 관문

첫 관문 통과 후

두 번째 관문上

두 번째 관문下

세 번째 관문 입구

세 번째 관문

네 번째 관문

다섯 번째 관문 통과 후

야 통과할 수 있다. 앞을 가로 막고 있는 1.5m 정도 되는 둥그런 바위에 오른 뒤 작은 구멍을 파도타기 하듯이 통과해야 한다.

무사히 빠져나와 뒤돌아보니 어떻게 저렇게 작은 구멍을 통과했는지 믿어지지 않는다. 위에 있는 바위가 반질반질해 올라가보니 절벽을 이룬다. 반대편에서 진행하는 사람들은 밧줄을 구멍 속으로 매달아 놓은 이유가 있음을 명심해야 한다.

밧줄이 매달린 골이 깊은 바위를 내려가면 산죽이 나타나고 희미한 흔적을 따라 큰 바위틈 속으로 들어간다. 이를 통과하자마자 우측으로 빠져나가야 하는데 그대로 직진하면 지나왔던 암릉을 한 바퀴 돌아 제자리를 맴돌게 된다. 필자가 한 바퀴 돌고 내린 결론이다.

5분여를 가파르게 내려가면 큰 바위들이 옹기종기 모여 있는 암봉 정상부에 도착한다. 이곳이 바로 지하 세계로 들어가는 두 번째 관문이다. 주변은 온통 커다란 바위들이 무덤을 이루고 있다. 암릉 밑으로 내려뜨린 밧줄을 보고 조심조심 다가서면 깊이가 5~6m 정도 되는 지하 암릉 세계가 보인다.

경사가 완만한 윗부분은 굵은 밧줄이지만 아랫부분은 가늘어 손에 잘 잡히지도 않을 뿐만 아니라 바위틈 안쪽이 빈 공간으로 남아 있어 발 디딜 곳이 마땅치 않다. 그냥 밧줄에 대롱대롱 매달린 채 팔 힘만으로 내려가는 것이 가장 좋은 방법이다.

좁은 바위 협곡들을 지나 잘록한 안부를 건너가면 산죽이 무성한 갈림길이 나오는데 오른쪽은 리본도 없고 길도 희미하다. 하지만 길 흔적을 잘 찾아간다면 어려운 3·4관문을 우회할 수 있다. 직진하는 왼쪽 길은 리본이 붙어 있고 길도 뚜렷하지만 어려운 3·4관문을 통과해야 한다.

필자는 희미한 길보다 뚜렷한 길을 선택했다. 가끔 하나씩 붙어 있는 리본과 스프레이 자국을 보면서 천천히 진행하면 굵은 나무가 입구를 가리고 있어 입구가 보이지 않는다. 가느다란 나무에 붙어 있는 빨간 스티커를 보고 다가서니 세 번째 관문이 나타난다. 입구를 찾지 못해 내심 불안했는데 대단한 발견이라도 한 것처럼 미소가 절로 나왔다. 초기 개척자들이 지도를 정치하면서 길을 찾느라 얼마나 애썼는지 조금이나마 알 수 있을 것 같다. 바짝 엎드려 낮은 포복자세로 통과해야 하는데 바닥이 불규칙해 여의치 않다.

이를 통과하면 높이가 1.5m정도 되는 네 번째 관문 바위가 나타난다. 우측 낭떠러지 방향으로 기울어져 있어 자칫 잘못하다간 굴러떨어질 수 있다는 공포감 때문에 보기와 다르게 쉽지 않다. 카메라를 배낭에 넣고 바짝 엎드려 간신히 넘고 우측 돌무더기 위로 올라가니 멀리 696m 고지와 청화산이 보이기 시작한다.

입석바위

이전에 갈라졌던 등산로와 합류해 밧줄이 매달린 낮은 바위를 넘어가면 8시에서 2시 방향으로 갈수록 넓어지는 다섯 번째 관문이 나타난다. 매달린 밧줄을 잡고 통과하면 될 것 같은데 배낭 때문에 만만치 않다. 아랫부분은 폭이 좁아 통과하기가 어렵고, 윗부분은 반대로 폭은 넓지만 경사가 급하다. 최대한 낮은 자세로 엎드려 겨우 통과했다.

어려운 관문을 모두 통과하면 주변을 살펴볼 수 있는 전망바위가 나타난다. 문장대에서 내려오는 험난했던 암릉 구간과 밤티재와 늘재를 건너 청화산으로 올라가는 대간 능선은 물론 화북면 일대가 시원스럽게 조망된다. 마치 바위무덤 속에서 살아 돌아온 기분이다. 암릉 구간에 들어선지 한 시간 남짓 흘렀는데 아직도 밤티재는 까마득하다.

암릉 구간 전망대 전경

가파른 밧줄과 페인트 자국이 선명한 비탈길로 내려가면 큰 소나무에 매달린 밧줄이 나타난다. 내려서서 우측 바위에 올라가면 밤티재에서 청화산에 이르는 대간길이 거침없이 조망되는 전망대가 있다.

좁은 바위틈을 지나 가파른 비탈길로 20여 분 내려가면 우측 산등성이에 입석바위가 서 있다. 그동안 바짝 긴장하면서 정신없이 내려오느라 힘들었는지 다리가 후들거린다. 벌써 10시간째 속리산을 헤매고 있으니 그럴 만도 하다.

아직도 갈 길이 멀기만 한데 발에 모래주머니라도 찬 듯 무겁기만 하다. 밧줄이 매달린 수직 절벽과 '브이(V)'자 모양의 홈 바위가 나타나고 10여 분 더 내려가니 넓적한 바위가 앞을 가로 막는다. 낙서처럼 보이는 희미한 글씨는 견훤성 갈림길 이정표(⇧ 밤치 / 견훤 ⇨) 역할을 하고 있다.

이후 대간길은 암릉 대신 흙길로 변하고 기복도 완만해진다. 공터에서 조금 내려가면 절개지가 앞을 가로막는데 부근의 비재나 이화령과는 비교가 되지 않을 정도로 크고 가파르다. 한 가운데 동물 이동 통로가 있지만 절개지 규모에 비해 초라하기 짝이 없다.

이동 통로를 향해 내려가는데 너무 가팔라 굴러떨어질 뻔했다. 꼭 이렇게 밖에 만들 수 없었는지 의문을 품으며 밤티재 좌측에 있는 지킴터 방향으로 내려갔다. 밤티(치)재는 상주시 화북면 장암리와 중벌리를 잇는 고갯길로 한강과 낙동강의 분수계이지만 행정 구역상으로는 리(理) 경계에 불과하다.

표지석도 이정표도 안내판도 하나 없는 밤티재는 백두대간 여느 고개와는 사뭇 다른 삼엄

바위에 새겨진 견훤성 이정표

밤티재

한 분위기가 짙게 풍긴다. 동물 이동 통로를 제외하고는 절개지 양쪽으로 철망이 높게 쳐져 있는 것으로 보아 소통이 아닌 통제만 하는 인상을 준다. '자연도 조용히 쉬고 싶어 합니다'라는 문구를 가슴에 새기며 건너편 비탈길로 올라갔다.

선행자들에 의하면 2004년 1월, 밤티재에 도착하니 대형 불도저 2대가 굉음을 내며 산자락을 파내고 있었다고 한다. 십년이면 강산도 변하는데 강산이 변하기도 전에 백두대간 여러 구간이 복원되었고 현재 진행 중인 곳도 있다. 앞으로 이 구간은 어떤 모습으로 다가올지 궁금해진다.

14:45출발-16:50도착 = 2:05+00분 = 2:05[10:50]-2:00[10:20] = 05분[30분]

밤티(치)재(490m)~늘재(380m)는 3.1km / 1:20(누적 : 21.3km / 11:40)으로 짧은 급경사 오르막과 긴 내리막 구간이다.

밤티재를 건너 한번 올라채면 묘지가 나오고 가파른 3단 흙길 오르막을 올라가면 커다란 바위들이 나타나면서 본격적인 암릉 오르막이 시작된다. 집채만 한 바위와 숲이 어우러진 암릉은 정상부까지 이어지는데 중간 중간 속리산 방향으로 열려 있는 전망대가 자주 나타나지만 다 돌아볼 여유가 생기지 않는다.

희미한 등산로 흔적을 찾아 올라가는데 힘겨워 제자리에서 맴돈다. 가다 서다를 반복하며 밤티재를 출발한 지 40여 분 만에 극적으로 암릉구간 정상부에 올라섰다. 뒤돌아보니 감회가 새롭다. 천왕봉에서 문장대에 이르는 속리산 주능선과 마음 졸이며 통과했던 문장대 암릉구간 그리고 힘겹게 건너왔던 밤티재가 한눈에 들어오지만 날은 저물어가고 구름까지 잔뜩 끼어 있어 괜히 힘들여 올라왔나 싶다.

아쉽지만 하늘이 기회를 준 만큼만 보고 마지막 미끄러운 흙길 능선을 올라가니 '백두대간 696.2m 준·희' 표지판이 눈에 들어온다. '준·희' 표지판은 백두대간을 하면서 종종 보던 표식이라 낯설지가 않다. 봉우리 좌측 백악산으로 내려가는 능선이 남한강수계 달천의 지류인 신월천과 화양천을 가른다.

정상에서 조금 내려가면 '탐방로 아님'을 알리는 안내판이 있지만 간혹 등산로가 희미한 왼쪽 백악산 방향으로 접어들어 고생하는 분들이 종종 있다고 하니 유의해야 한다. 암릉 비탈

696m 고지에서 밤티재 전경

길로 내려가면 풀 한 포기 자라지 않는 황량한 무명봉이 나온다. 소나무 사이로 청화산을 잠깐 보고 안부를 건너가면 628m 고지인데 숲이 울창해 봉우리 구분이 쉽지 않다. 내려가는 도중에 백악산 방향으로 뻗어가는 산줄기가 종종 나타나지만 머릿속엔 오직 늘재 생각뿐이다.

얕은 능선 안부를 건너가니 좌측으로 파란 농가 건물이 보였다 사라지고 묘지를 지나서 한참 더 내려가면 소나무에 매달아 놓은 밧줄 구간이 나타난다. 보기에는 낮은 구릉지 같은데 제법 가파르고 길게 내려가면 늘재가 나온다. 늘재는 경북

늘재 전경

늘재 표지석

상주시 화북면 장암리 윗늘티와 귀빈래마을을 넘나드는 낮은 고개로 32번 지방도가 지나간다. 한강과 낙동강의 분수계이지만 마을 경계에 지나지 않는다. 건너편에 거대한 백두대간 표지석이 서 있고 고개 북쪽으로 넘어가면 청화산농원과 '지구촌 어머니 사랑동산' 공원이 있다.

16:50출발-18:15도착 = 1:25+00분 = 1:25[12:15]-1:20[11:40] = 05분[35분]

13구간

비재~형제봉~천왕봉~밤티재~늘재(21.3km / 11:40)는 12시간 15분(6:00 출발 - 18:15 도착) 소요, 예상보다 35분이 지체되었다.

천왕봉을 기준으로 이전은 고도가 낮고 숲이 울창한 데 반해 이후는 고도가 높고 여러 형상의 기암괴석이 즐비한 암릉 구간이다. 특히 문장대~늘재 구간은 표지석도 이정표도 없어 어디쯤 왔는지 또 얼마나 가야 하는지 알 수 없다.

가끔씩 붙어 있는 리본만이 유일한 안내자 역할을 한다. 또한 스프레이로 표시된 곳도 있는데 보기 좋지 않지만 이 구간에서만큼은 반갑다. 하루 빨리 안심하고 대간 산행을 도전할 수 있도록 안전시설이 갖추어졌으면 한다.

지리산 천왕봉부터 시작된 백두대간은 여기 문장대~밤티재 구간에서 비지정 등산로라는 이유로 한번 끊어진다. 백두대간은 우리 국토의 대동맥으로 한반도 산지 분류체계의 상징으로서 한민족의 인문·사회·문화·역사의 기반이 되어 자연환경과 생태계의 중심축을 이루는 대표적인 산줄기임에는 틀림없다.

백두대간이 지나가는 지자체마다 이를 홍보하기 위해 표지석과 이정표를 세우고 대간 종주자들에게 많은 편의를 제공하는 곳이 있는 반면, 보호라는 명분을 앞세워 통제만 하는 무사 안일한 공원관리 정책이 공존하고 있다.

산림이 심하게 훼손된 지역이 있다면 지리산 노고단 구간처럼 우회로를 만들고, 환경 보전이 필요한 지역이 있다면 사전에 입산 등록제를 실시하고, 안전사고 위험이 있는 구간은 안전시설을 갖추어 대간 종주자들이 안심하고 완주할 수 있는 날이 하루 빨리 오길 바란다.

백두대간 13구간 안내도

14

白頭大幹

우복동천을 품은 청화산

늘재~청화산~조항산~밀재

11.2km / 5:10

밀재까지 남한강수계 달천의 지류인 화양천과 낙동강의 지류인 영강, 영강의 지류인 궁기천·양산천의 분수계이며, 청화산까지 경북 상주시 화북면을 지나가고, 청화산 이후 밀재까지 충북 괴산군 청천면과 경북 문경시 농암면·가은읍의 도계를 이룬다.

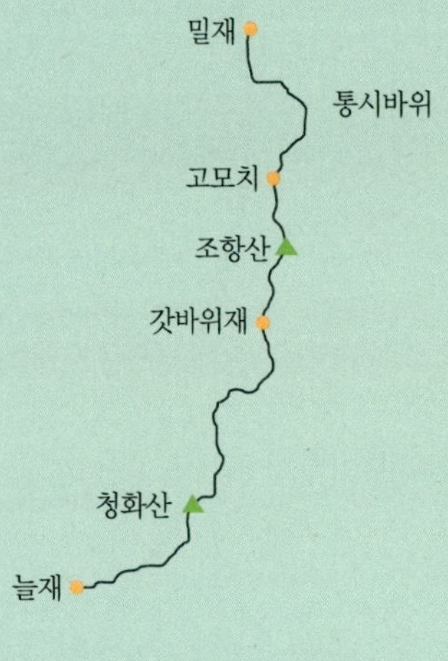

▲ 2013년 1월 13일, 군산 대간산악회의 대간종주에 함께 동행하였다. 늘재 귀빈래마을 '지구촌 어머니사랑동산'에 도착하니 온 세상은 하얗고 금방이라도 눈이 쏟아질 것 만 같다. 빼어난 절경을 간직한 속리 산수화를 감상하며 청화산에 올랐다.

미끄러운 암릉과 씨름하면서 조항산을 넘고 고모치를 건너 무사히 밀재에 도착했지만 하루 종일 잿빛 하늘밖에 볼 수 없어 아쉬움으로 남았다. 그 후 2015년 12월 27일, 한 번 더 청화산과 조항산을 넘기 위해 늘재에 도착하니 올 들어 가장 춥지만 하늘은 한없이 맑고 쾌청했다.

늘재(380m)~청화산(984m)은 2.4km / 1:30(누적 : 2.4km / 1:30)으로 급경사 암릉 구간으로 매우 힘들지만 곳곳에 전망대가 많다.

늘재 정상에서 커다란 표지석 뒤로 백두대간의 정기를 받은 늘티에 당(堂)이 있으니 백두대간 성황당이라 한다. 이 당은 원래 탑의 신앙과 산신 신앙을 혼성한 서낭당에서 유래하였으나 신라, 고구려 때는 횡액 질병을 막고 길손의 무사여행을 기원하는 소박한 민간 토속으로 전래되다가 조선에 이르러 동제로 발전되었다. 잦은 국난을 당하면서 국태민안을 위해 성황신을 백신(白神)의 장으로 모시고 관민이 신봉하는 전통 신앙으로 승화되어 당도 「지지(地誌)」에 등재되어 왔다.

성황당 옆으로 올라가면 이정표(⇦ 늘재 0.4km / 청화산 2.4km ⇨)가 나오고 갈수록 등산

늘티 성황당

정국기원단

로 골은 깊어진다. 경사가 시작되면서 밧줄이 나타나고 나무로 막아 놓은 갈림길을 지나 거대한 암벽 비탈길로 올라가면 전망대가 나타나지만 조망점이 낮아 시선을 잡아두지 못한다. 집채만 한 바윗돌을 피해 한 번 더 올라가면 늘재를 출발한지 30분 만에 속리산을 배경으로 아담하게 꾸며진 정국기원단에 도착한다.

청화산 오르막 첫 번째 전망대

청화산 오르막 네 번째 전망대

이곳은 개인이 수만 평을 확보하여 청화산의 관광명소로 개발하려는 '지구촌 어머니 사랑동산'의 일환이라 한다. '白頭大幹 中元地 "靖國祈願壇" 白衣民族 聖地, 不失其祖 三巴水'라 새겨진 표지석과 좌우에 돌로 만든 향로가 있다. 정국기원단(靖國祈願壇)은 어지러운 나라의 태평을 기원한다는 뜻이 담겨있으나 '정국(靖國)'은 일본에서 '야스쿠니(靖國)'로 부르고 있어 대간인들 사이에 논란이 되고 있다.

경사가 완만한 밧줄 구간과 폭이 좁은 안부를 건너 암릉 구간을 올라가면 등 뒤로 수직 바위가 올려다보이는 곳에 속리산 속까지 다 보여주는 첫 번째 전망바위가 나타난다. 천왕봉부터 문장대에 이르는 속리산 바위봉우리와 마음 조리며 내려와야 했던 문장대 암릉 구간 그리고 굴러떨어질 뻔했던 밤티재, 대간을 사랑한 '준·희'를 생각하며 넘었던 696m 고지가 눈에 선하다.

밧줄이 낮게 드리워진 능선을 지나 밧줄이 매달린 암릉에 오르면 정국기원단과 유사한 곳에 두 번째 전망대가 있고 계속해서 밧줄을 잡지 않고서는 오르기 힘든 암릉이 자주 나타나

청화산에서 우복동천 전경

는데 오를수록 전망은 더욱 좋아진다. 천왕봉에서 문장대로 이어지는 속리산 영봉들은 모두 그만 그만해 다정한 형제봉 같고 밤티재와 늘재를 건너 청화산으로 올라오는 대간길이 모두 거침없이 조망된다.

마지막 네 번째 전망대에서 가파른 바윗길로 올라가면 낮은 봉우리를 두고 좌측 비탈길로 굽어 진행된다. 큰 바위를 지나 완만하게 올라가면 화북면 용유리 일대의 우복동천(牛腹洞天)이 한눈에 내려다보이는 헬기장이 나타난다.

남북으로 갈령과 늘재 사이의 긴 타원형을 이루고 있는 넓은 분지가 동서남북 각각 도장산, 속리산, 두로봉, 청화산으로 둘러싸여 있는 형국으로 한눈에 봐도 소의 배처럼 편안하게 보인다. 정감록에 십승지지 중 으뜸이라고 하는데 전문가는 아니어도 이해가 되는 것 같다.

헬기장을 건너 잠시 숲으로 올라가면 청화산 정상이다. 낡은 이정표와 표지석(970m)이 있는데 지도(984m)와 고도차가 많이 난다. 산경표에는 속리산과 불일산 사이에 화산(華山)으로 표기된 청화산(靑華山)은 속리산과 함께 이곳의 2대 명산의 하나로 수십 리 밖 어디에서 바라보아도 항상 화려하고 푸르게 빛난다고 하여 부근에 있는 시루봉도 청화산이라 부른다. 또한 청화동, 청화연처럼 이 산의 이름을 따서 부르는 마을도 있지만 정상에서 주변 조망은 명성만큼 좋지 않다.

7:40출발-9:40도착 = 2:00+00분 = 2:00[2:00]-1:30[1:30] = 30분[30분]

청화산(984m)~조항산(953.6m)은 4.6km / 1:50(누적 : 7.0km / 3:20)으로 801m 고지를 중심으로 긴 내리막과 오르막이 펼쳐지며 곳곳에 암릉이 숨어 있어 볼거리가 많은 구간이다.

중간에 낮은 바위능선을 넘어가면 도석재 갈림길(⇦ 늘재 2.6km / 시루봉 3.1km ⇨ / 조항산 3.7km ⇧)이 나온다. 도석재와 시루봉으로 직진하는 우복동천 길이 낙동강의 지류인 영강과 그의 지류인 궁기천을 가른다. 대간은 이곳에서 북으로 굽어 조항산으로 향한다.

887m 고지에서 청화산 방향

887m 고지에서 801m 고지 방향

나무 사이로 조항산을 보며 응달진 비탈길로 내려가면 밧줄이 매달린 작은 암릉이 나온다. 청화산 이후 가끔 바위가 나타나지만 변변한 조망점 하나 없이 순한 길로 진행된다. 도석재 갈림길에서 20여 분만에 858m 고지를 넘고 노두가 약간 드러난 887m 고지에 오르면 지나온 청화산이 조망되는데 시원스럽지 않다.

조금 내려가면 조항산 방향으로 열려 있는 두 개의 전망바위가 나타난다. 첫 번째는 잡목에 약간 가려지지만 두 번째는 조항산 가는 대간길이 군더더기 하나 없이 깨끗하게 조망된다. 청화산과 대야산 사이의 작은 봉우리로만 생각했는데 대야산보다도 크고 웅장하게 보일 뿐만 아니라 봉우리 모양도 신비롭게 다가온다. 비탈길로 내려서서 중간에 험한 암릉 두 개를 차례로 넘어가는데 대간 전후 조망이 좋은 편이다. 그동안 암릉에 가려져 보이지 않던 능선이 나타나면서 거리는 더 늘어나고 능선의 모양은 이전과 유사해 뒤로 돌아간 느낌이 든다.

역시 가파른 암릉을 내려서서 완만하게 진행하다가 비탈길로 올라가면 청화산과 조항산 중간 지점에 위치한 801m 고지에 도착한다. 대간길 양방향이 모두 시원스럽게 조망되는데 특히 887m 고지에서 내려오는 암릉과 저수지가 있는 의상골 계곡이 어우러져 환상적인 풍경을 자아낸다.

801m 고지에서 청화산 방향

801m 고지에서 조항산 방향

궁기리 전경

갓바위재

나무에 나부끼는 리본을 따라 숲으로 들어간다. 숨어 있던 바위들이 나타나면서 비탈길로 진행되고 나무 위로 솟아 있는 바위에 오르면 의상골과 궁기리 일대를 조망할 수 있다. 오를수록 능선 안부에 위치한 갓바위재와 조항산에 돋아난 암릉이 한층 더 가까이 다가오고 뒤돌아보면 좌측 송면과 우측 궁기리 계곡이 시원스럽게 조망된다.

이를 감상하며 조금 더 진행하면 앞뒤로 낮은 능선 봉우리 사이에 위치한 갓바위재(769m)에 도착한다. 갓바위재는 충북 괴산군 청천면 삼송리와 문경시 농암면 궁기리를 넘나드는 고갯길로 지금도 이용한 흔적이 뚜렷이 남아 있다. 궁기리는 조항산과 둔덕산에 둘러싸인 산간오지 마을로 후백제 견훤이 궁궐을 짓고 군병을 훈련하던 곳이라 하여 궁기라는 명칭이 붙게 되었다.

상주 세력을 키운 아자개의 아들로 태어난 견훤은 892년 왕이 될 뜻을 품고 문경군 농암면 궁기리에 터를 잡아 세력을 키웠다. 그 후 완산에서 후백제(900년)를 세워 왕건에게 망할(936년) 때까지 45년 동안 영용한 이름을 곳곳에 드날렸던 인물이다.

견훤이 꿈을 키웠던 속리산과 희양산 사이의 백두대간 양쪽에는 신선들이 놀다 갈 만큼 풍광이 매우 빼어난 곳이 여러 군데 있다. 지나온 청화산 자락에는 화양동과 용유동이, 대야산 좌우에는 각각 두개의 선유동이 심산유곡의 비경을 이룬다.

갓바위재 바로 옆에 있는 헬기장을 가로질러 능선 봉우리를 넘고 암릉 구간에 이르면 주변 조망이 좋아진다. 시시각각 달라지는 주변 풍경을 만끽하며 한발 한발 내딛는 발걸음도 가볍게 느껴진다. 8부 능선까지 거북이걸음으로 올라서면 지나온 대간길은 물론 조항산 좌측으로 대야산과 장성봉이 얼굴을 내밀기 시작한다.

마지막 암릉 끝자락에서 밧줄을 잡고 내려서서 거친 숲길로 올라가면 조항산(鳥項山) 정상이다. 남쪽 청화산과 북쪽 대야산 사이에 있는 암봉으로 새(鳥)의 목(項)을 닮았다고 해서 조항산이라 불리며 산경표에는 대야산, 불일산, 화산, 속리산 순으로 기록되어 있는 것으로 보아 조항산의 옛 이름은 불일산(佛日山)으로 추정된다. 이와 관련된 지명으로 동쪽 능선 자락에는 불당골이 있다.

조항산 암릉 구간 전경

조항산 전경

지나온 청화산과 속리산을 뒤로하고 표지석 뒤로 돌아가면 설악산만큼은 아니어도 말로 표현할 수 없는 빼어난 풍광이 펼쳐진다. 앞으로 진행될 대

조항산에서 청화산 방향

조항산에서 고모치와 통시바위 전경

야산, 장성봉 그리고 거대한 화강암 덩어리 희양산을 넘어 백화산까지 조망되지만 대간길 좌우로 복원 중인 채석장이 옥에 티로 남아있는 것이 한 가지 흠이라면 흠이고 설경이 없는 것이 조금 아쉬움으로 남는다.

9:40출발-12:20도착 = 2:40+05분 = 2:45[4:45]-1:50[3:20] = 55분[1:25]

조항산(953.6m)~밀재(662m)는 4.2km / 1:50(누적 : 11.2km / 5:10)으로 깊은 안부에 위치한 고모치를 건너 통시바위 갈림길을 넘어가는 구간이다.

고모치

고모샘

조항산 정상만 내려서면 한동안 평탄하게 진행된다. 낡은 이정표(⇦ 조항산 0.5km / 고모치 0.9m ⇨)가 있는 갈림길에서 좌측은 의상저수지로 가고 우측이 고모치로 가는 대간길이다. 가파른 내리막은 관리가 이루어지지 않아 거칠고 험해 안전에 유의해야 한다. 사람들의 발길이 닿지 않아 을씨년스런 낮은 능선을 넘어가면 고모치(⇦ 대야산 3.8km / 고모샘 10m ⇧ / 조항산 1.2km ⇨) 안부가 나온다.

우측 10m 아래에 바위틈에서 흘러나오는 고모샘이 있는 고모치(670m)는 충북 괴산군 청천면 삼송리에서 경북 문경시 농암면 고모리를 넘나들던 산중 고개로 고모령이라고 한다. 옛날에는 백제와 신라의 국경 지역으로 죄를 지은 사람이 이 고개를 넘어가면 잡지 못한다하여 지금도 무슨 일을 하다가 잘못하면 '고모재 넘어간다'라고 한다.

고개의 유래는 옛날에 고모와 질녀가 이 고개 밑에서 살았는데 질녀가 병을 얻어 죽게 되자 고모가 이를 슬퍼하며 식음을 전폐하고 이곳에서 몇날 며칠을 질녀의 이름을 부르다가 죽었다고 해서 고모재라 불린다는 이야기가 전해진다. 또한 부근에 곰이 많이 서식했다고 하여 곰재라고도 한다.

고모치에서 통시바위 갈림길로 향하는 능선은 잡목과 잡풀이 많아 조망은 좋지 않지만 가끔 나무 사이로 이 지역 방언으로 뒷간(측간)의 뜻을 가진 통시바위가 그 모습을 드러내기 시작한다. 집채만 한 바위들이 층층이 쌓여 있는 통시바위는 소나무와 어우러져 한 폭의 산수화를 자아낸다. 이름 때문인지 주변 환경 때문인지 마치 미지의 세계에 들어선 것 같다.

갈수록 가파른 능선을 타고 올라가면 통시바위 갈림길(⇦ 밀재 1.9km / 조항산 2.25km ⇨)에 도착한다. 우측 통시바위 방향으로 조금 더 올라가면 지나온 조항산 능선은 물론 선유

통시바위 갈림길에서 조항산 방향

통시바위 갈림길에서 장성봉 방향

동을 감싸고 돌아가는 대간길이 한눈에 들어오는 전망대가 있다. 층층이 쌓여 있는 통시바위 능선을 지나 둔덕산으로 가는 산줄기가 낙동강수계 영강의 지류인 궁기천과 양산천을 가르고 농암면과 가은읍의 경계를 이룬다.

854m 고지 내리막 전망대

통시바위 갈림길에서 10여 분 진행하면 주변보다 약간 높은 곳에 리본이 붙어 있는 854m 고지가 나온다. 좌측 벼랑에 고질라 바위가 있지만 고모치 방향으로 경사를 이루고 있어 보이지는 않는다. 조금 더 내려가면 조항산 방향으로 열려 있는 마당바위가 있는데 고질라 바위가 있는 854m 고지에서 멀리 조항산과 청화산까지 한눈에 조망된다.

능선 가운데에 버티고 있는 큰 바위 옆으로 내려가면 앞에 솟아 있는 봉우리가 849m 고지이지만 오르지 않고 우측으로 비켜간다. 큰 바위들이 엉켜 있는 집채바위(구멍바위)를 지나 거칠고 미끄러운 비탈길을 제법 길게 내려가면 안부가 나오고 낮은 능선을 넘어 밀재에 도착했다.

밀재

밀재는 괴산군 청천면 삼송리와 문경시 가은읍 완장리를 넘나드는 산중 고갯길로 양방향 모두 길이 있지만 삼송리 방향은 이정표(⇩ 월영대 1.9km / 대야산 1.1km ⇨)에 표기도 없고 목책으로 막혀 있다.

2013년 1월 13일, 늘재에서 밀재 종주산행

첫 번째 산행 때는 벌바위 주차장으로 내려가는 도중에 날이 저물어 하얀 눈을 등불 삼아 그럭저럭 내려갔고, 두 번째는 농바위골(화양골) 계곡을 따라 내려가 삼송3리 마을회관에 도착했다.

12:25출발–14:25도착 = 2:00+00분 = 2:00[6:45]–1:50[5:10] = 10분[1:35]

14구간

늘재~청화산~조항산~밀재(11.2km / 5:10)는 6시간 45분(7:40 출발 – 14:25 도착) 소요, 예상보다 1시간 35분이 지체되었다. 이는 겨울 산행 안전에 유의하면서 조망점을 찾느라 예상보다 많은 시간이 소요되었다.

청화산은 초반에 고도를 590m나 올려야 하는 급경사 긴 오르막 암릉 구간이며 우리나라 십승지지 중 하나인 우복동천길의 일부분 구간이다. 우봉동천길은 늘재와 갈령 사이의 문장로(32번 지방도)를 중심으로 좌우로 형성되어 있다. 즉 늘재~청화산~도장산~청계산~갈령~형제봉~천왕봉~문장대~늘재까지 한 바퀴 도는 등산로이다. 조항산으로 가는 대간길은 이정표가 없어 거리 측정에 어려움이 많다.

겉으로 보기에는 숲이 우거진 흙산처럼 보이지만 그 속내는 전혀 다르다. 돌산으로 유명한 속리산군에 속해 있다는 것을 잊어서는 안 되는 구간이다. 곳곳에 조망점이 많아 산행 내내 지루하지 않다.

백두대간 14구간 안내도
N
도착 14구간
밀재
농바위
가 은 읍
849
854
통시바위
갈림길
채석강
완장리
청 천 면
고모치광산
고모치
고모샘
삼송리
괴 산 군
조항산
953.6
32
삼송리
고기
의상골
의상
저수지
의상동
갓바위재
769
입석리
궁기리
801
상궁
입석리1리
887
858
관기리
문 경 시
청화산
984
도석재
갈림길
도석재
농 암 면
송학골
귀빈래
원적암
속리산국립공원
늘재
출발
14구간
산신당
시루봉
696.2
628
매기재
윗늘티
밤티재
아랫늘티

15

白頭大幹

소나무와 바위가 절경을 이루는 대야산

밀재~대야산~버리미기재~장성봉~은티재

14.2km / 6:40

은티재까지 남한강수계 달천의 지류인 화양천·관평천, 달천수계 쌍천의 지류인 행목동천·쌍천과 낙동강수계 영강의 지류인 양산천의 분수계이며, 대야산 중대봉 갈림길까지 충북 괴산군 청천·연풍면과 경북 문경시 가은읍의 도계를 이루다가 대야산 이후 막장봉 갈림길까지 가은읍을 통과하고, 그 이후로는 충북 괴산군 칠성·연풍면과 경북 문경시 가은읍의 도계를 이룬다.

2013년 01월 27일, 버리미기재에서 늘재로 남진하는 군산 대간산악회 대간종주에 동행하였으나 꽁꽁 얼어붙은 대야산 암벽 앞에서 발길을 돌려야 했고 2013년 2월 17일, 버리미기재~은티재를 먼저 마치고 2013년 2월 24일, 대야산 암벽을 무사히 내려와 촛대재에서 피아골로 하산한 것으로 만족해야 했다. 2014년 10월 4일, 한 번 더 마음 단단히 먹고 1박 2일 밀재~이화령 구간 종주산행을 위해 가은읍 완장리 벌바위 주차장에서 용추골 계곡을 거슬러 올라갔으며 최근 2017년 9월 2일, 개인적으로 부분 산행에 나서기도 하였다.

밀재(662m)~대야산(930.7m)은 1.1km / 30분(누적 : 1.1km / 30분)으로 조망이 좋은 암릉 오르막 구간이다.

밀재에서 각목계단으로 올라가면 첫 번째 둥글고 매끄러운 바위가 있지만 조망점이 낮아 통시바위 갈림길을 넘지 못하고 좌우로 화양골과 용추계곡만 조망된다. 여러 갈래 길이 나 있는 바위를 넘어가면 용추계곡 갈림길이 나오고 조금 더 올라가면 가은읍 완장리 선유동 일대와 선유동을 감싸고 돌아가는 대간길이 조망되기 시작하는 전망바위들이 나타난다.

커다란 대문 같은 대문바위와 버섯 모양의 송이바위 등 갖가지 형상을 하고 있는 암릉 구간을 지나는데 바위들이 너무 커 카메라에 잘 잡히지 않는다. 숲이 울창한 비탈길로 올라가

송이바위

대야산 정상

면 갈림길이 나오고 우측으로 굽어 암반 구간에 올라서면 방금 지나왔던 암릉과 신선들이 놀았다는 선유동계곡이 조망된다.

화양계곡 쪽으로 하얀 속살을 드러낸 화강암 바위를 감상하며 올라가면 중대봉 갈림길인데 아무런 표식도 없다. 좌측 중대봉으로 향하는 능선이 남한강수계 달천의 지류인 화양천과 그 지류인 관평천을 가르고, 충북 괴산군 청천면과 경북 문경시 가은읍의 도계가 된다. 대야산 정상은 바로 코앞에 있지만 험한 바위 구간을 건너가야 한다.

기복이 심한 암릉 구간을 건너가면 삼각점이 있는 대야산 정상에 도착한다. 대야산(大耶山)은 충북 괴산군 청천면과 경북 문경시 가은읍의 경계에 있는 산으로 속리산국립공원에 속해 있으며 대하산·대화산·대산·상대산 등으로 불린다. 야(耶)는 아지를 부르는 말로 큰아버지와 같은 뜻을 지녔다고 하는데 그 큰 뜻을 파악하는데 어려움이 많다.

주변 조망은 사방팔방이 거침없지만 특히 선유동 방면은 눈부실 정도의 아름다운 경관이 펼쳐진다. 멀리 속리산부터 아득히 걸어온 대간길은 물론 신선들이 노닐 만큼 빼어난 절경을 자랑하는 선유동계곡과 앞으로 진행될 촛대봉, 장성봉, 희양산, 백화산이 시원스럽게 펼쳐진다.

대야산에서 밀재 방향

대야산에서 선유동계곡 전경

깎아지른 암봉과 기암괴석이 어우러져 아름다운 산세를 자랑하는 대야산 좌측 선유구곡(화양골)은 한강수계이고, 우측 선유동(용추골) 계곡은 낙동강수계가 된다. 특히 용추계곡에는 바위와 계곡에 달빛이 비친다는 월영대와 용추폭포, 하트 모형의 용소(沼) 등의 명소가 많아 여름이면 많은 탐방객들이 즐겨 찾는다. 절경 감상에 빠져 잠시 내려가는 것도 잊어버렸다. 신선놀음에 도낏자루 썩는 줄 모른다는 이야기가 이럴 때 두고 하는 말 같다.

9:00출발-10:00도착 = 1:00+30분 = 1:30[1:30]-30분[30분] = 1:00[1:00]

대야산(930.7m)~촛대봉(668m)은 1.3km / 1:00(누적 : 2.4km / 1:30)으로 수직암벽을 내려가는 매우 위험한 구간이다.

정신을 바짝 차리고 표지석 뒤로 돌아가면 '위험'을 알리는 안내판이 있고 길게 늘어선 밧줄을 보는 순간 바짝 긴장된다. 가파른 잡목 구간을 내려가면 앞이 훤히 열려 있는 전망바위가 있는데 번지 점프대와는 비교되지 않고 마치 패러글라이딩을 타고 하늘을 나는 것 같다. 촛대봉, 곰넘이봉, 장성봉은 물론 희양산(999m)과 백화산(1,063.5m)까지도 모두 발아래 둔다. 말로만 듣던 암벽의 위용이 느껴지는 순간이다.

첫 번째 밧줄

두 번째 밧줄(상)

두 번째 밧줄(하)

세 번째 밧줄(상)

세 번째 밧줄(하)

대야산 북쪽 거대한 수직 암벽은 정상에서 내려가는 관문이다. 스틱을 접고 배낭끈을 바짝 잡아당겨 만반의 준비를 다 했지만 아직도 뭔가 허전하다. 내 몸을 지켜줄 안전 밧줄이 없는 것이 맘에 걸렸지만 어쩔 수 없다. 튼튼한 두 팔다리를 믿고 큰 바위에 매여 있는 첫 번째 밧줄을 잡고 5m 정도 내려서서 아래를 보니 끝이 보이지 않는다.

심호흡을 하고 두 번째 밧줄로 갈아타고 5~6m를 내려갔는데 발 디딜 곳이 마땅치 않다. 세 번째는 나무에 묶어놓은 밧줄을 잡고 내려가는데 길이가 10m 이상 되고 너무 길어 중간에 나무 그루터기를 한번 감고 내려간다. 긴 밧줄도 끝부분이 짧아 옆에 가느다란 밧줄로 갈아타고 2~3m 정도 더 내려가야 땅에 닿는다.

마지막 두 발이 착지될 때까지 방심은 금물이다. 위험했던 대야산 수직 암벽을 모두 내려오고 나니 마음도 홀가분해진다. 주위를 둘러보니 초기 산행자들이 루트를 개척하면서 하나 둘 씩 매달아 놓은 밧줄들이 여기저기 매달려 있다.

그들의 노고에 다시 한 번 감사드리며 가파르게 내려가는데 수직 암벽에 비하면 식은 죽 먹기에 지나지 않는다. 이후 20여 분 내려가면 촛대봉이 올려다보이는 넓은 암반이 나오고 조금 더 내려가면 얕은 안부가 바로 촛대재이다. 대야산 동남쪽의 피아골 계곡과 북서쪽 계

촛대봉에서 대야산 전경

곡을 잇는 산중 고갯길인데 흔적이 매우 미미하다.

서서히 오르막이 시작되면서 숲에 숨어 있던 바위들이 하나둘씩 나타난다. 밧줄이 매달린 가파른 바위능선에 오르면 위용이 대단했던 대야산 수직 암벽이 조망된다. 봉분이 납작한 묘지를 지나 촛대봉에 도착하니 큰 소나무 밑에 대야산을 배경으로 서 있는 촛불 모양의 표지석이 이채롭게 다가온다.

10:30출발-11:30도착 = 1:00+00분 = 1:00[2:30]-1:00[1:30] = 00분[1:00]

촛대봉(668m)~버리미기재(450m)는 2.8km / 1:05(누적 : 5.2km / 2:35) 거리로 블란치재 안부와 곰넘이봉을 넘어가는 암릉 구간이다.

밧줄이 매달린 미끄러운 흙길을 내려서서 완만하게 내려가면 갑자기 길이 끊어지는 깊은 안부가 나온다. 홈이 깊고 달구지가 다닐 정도로 폭이 넓은 블란치재이다. 블란치재는 문경시 가은읍 완장리와 괴산군 칠성면 관평리를 잇는 고갯길로 지금은 북쪽에 위치한 버리미기재에 밀려 통행이 거의 없어 옛길 흔적만 남아 있다. 우측 벌바위 주차장 방향으로 내려가면 계곡 입구에 불한령 표지석이 수문장 역할을 하고 있다.

춥지 않은 고개라는 의미를 지닌 불한령(弗寒嶺)은 남쪽의 촛대봉과 북쪽의 곰넘이봉 사이에 있는 고개로 두 봉우리 양쪽에는 대야산과 장성봉이 가로 막고 있어 한겨울 찬바람에도 포근하다고 하여 불한령으로 불리게 되었는데 불란치로 불리게 된 이유는 불이 났던 고개라는 설과 불한치보다 블란치가 더 부르기 쉽기 때문이라는 이야기가 전해진다.

블란치재

블란치재 표지석

블란치재에서 곰넘이봉으로 향하는 능선은 참나무가 밀림을 이룬다. 흔적만 남아 있는 헬기장을 지나가면 가파른 암릉이 시작되고 무명봉(721m)을 오르는 도중에 지나온 대간길이 조망되는 전망바위가 종종 나타난다. 대야산 북벽의 위용은 아직도 수그러들지 않았고 촛대봉은 뫼에 지나지 않는다.

조금 더 올라가면 자연이 만든 위대한 조형물이 대야산을 배경으로 서 있다. 미륵바위라고 불리는데 볼수록 신기하다. 숲속에 숨겨진 암릉 오르막은 계속되고 바위에 오를 때마다 절경이 펼쳐진다. 무명봉(721m)을 하나 넘고 큰 바위 사이로 곡예하듯 올라가면 집채만 한 바위들이 옹기종기 모여 있는 정상부가 나온다.

721m 고지 오르막에서 대야산 전경

미륵바위

곰넘이봉

희미한 발길을 찾아 바위 뒤로 돌아가면 두 쪽으로 갈라진 넓은 암반 위에 곰넘이봉(733m) 표지석이 있다. 둔덕산과 대야산 자락에 고즈넉하게 자리한 선유동계곡이 손바닥처럼 훤히 내려다보인다.

세심하게 살피지 않으면 찾기 힘든 곰넘이봉을 뒤로하고 버리미기재로 향한다. 척박한 바위에 뿌리를 내린 소나무는 아름다운 경관을 선사하기도 하지만 간혹 견디지 못하고 뿌리 채 뽑힌 소나무는 보는 이를 안타깝게 한다. 자연이 만든 천연 분재들을 감상하며 바위와 소나무를 이리저리 피해 내려가면 장성봉은 물론 애기암봉과 원통봉 뒤로 희양산과 백화산까지 조망되는 전망대가 나타난다.

곰넘이봉 내리막

위험한 바위(상)

위험한 바위(하)

앞에 보이는 바위 암봉을 넘어가는데 둥그렇고 매끈한 암릉이 나타나면서 갑자기 길이 뚝 끊어진다. 주변을 돌아봐도 길은 보이지 않고 리본이 붙어 있는 바위 옆으로 돌아가니 절벽이라 건너갈 엄두가 나지 않는다. 다시 바위에 올라가 전·후진을 몇 번 하다가 앞으로 천천히 다가서니 둥근 바위를 절반쯤 감고 있는 가느다란 녹색 나일론 줄이 보인다.

예전에는 매듭 있는 튼튼한 밧줄이 큰 소나무에 매달려 있었는데 철거를 해버리자 어느 산객이 가느다란 나일론 줄을 매달아 놓은 것 같다. 아무리 비등구간이라고는 하지만 설치된 밧줄마저 제거한 것은 너무한 것 같다.

중간에 헬기장을 지나 가파르게 내려가면 버리미기재가 나온다. 화령재나 늘재처럼 크고 육중한 표지석은 아니어도 작은 표지석이라도 있을 법한데 아무런 표식도 없다. 내려올 때 좌·우로 조금만 벗어나면 계곡으로 내려가기 때문에 유의해야 한다. 버리미기재는 괴산군 청천면 관평리와 문경시 가은읍 완장리를 연결하는 고갯길로 922번 지방도가 지나가는데 정상에는 지킴터만 있고 표지석은 관평리 마을 입구에, 장성봉 안내판은 완장리 방향 옷나무골 입구에 각각 떨어져 있다. 백두대간이 지나가는 것을 자랑삼아 알리려고 하는데 이곳만은 자꾸 숨기려고만 하고 있다.

버리미기의 유래는 정확히 알 수 없지만 자식을 여럿 거느린 팔자 센 과부가 자식들을 벌어 먹이기 위해 넘나들던 고개가 버리미기로 불리었다는 설과 관평리 뙈기 밭에서 추수한 보리를 메고 넘나들던 고개라는 뜻의 보리메기가 버리(보리)미기(메기)로 변했다는 설이 전해진다. 모두 먹고 살기조차 힘들다는 궁핍한 생활을 표현한 것이 아닌가 한다.

11:30출발-12:50도착 = 1:20+05분 = 1:25[3:55]-1:05[2:35] = 20분[1:20]

버리미기재 정상

버리미기재 표지석

버리미기재(450m)~장성봉(916m)은 1.9km / 50분(누적 : 7.1km / 3:25) 거리로 급경사 긴 오르막 구간이다.

버리미기재 정상에서 희미한 들머리를 찾아 두리번거리며 들어가는데 왜 이렇게 가슴 조려야 하는지 납득이 되지 않는다. 뉴질랜드인 로저 셰퍼드 씨는 북녘도 가는데 왜 우린 남한 땅도 마음대로 갈 수 없는가. 용기를 내어 백두대간에 나서는 사람들이 마음 편히 종주할 수 있는 날이 하루 빨리 오길 기원하면서 가파르게 올라가면 숲에 숨겨진 암릉 구간이 나온다.

암릉 좌측에서 우측으로 넘어가는 길목에 119 구조요청 '장성봉(1)지점'이 있고 10여 분 올라가면 '장성봉(2)지점'에서 옻나무골에서 올라오는 갈림길과 합류한다. 몇 걸음 올라서면 좌측으로 힘겹게 내려왔던 대야산, 곰넘이봉과 선유동계곡이 시원스럽게 펼쳐지는 둥그런 전망바위가 있다.

10여 분 올라가면 옷나무골 방향으로 열린 암반이 나타나고 뿌리째 뽑힌 큰 소나무를 지나면 '장성봉(3)지점'이 나온다. '장성봉(4)지점'이 있는 나대지 무명봉우리를 넘어가면 우측으로 봉암용골 계곡이 내려다보이는 천혜의 전망대가 나타난다. 악휘봉 갈림길에서 백화산에 이르는 대간길과 장성봉에서 애기암봉을 지나 원통봉으로 내려가는 또 다른 능선이 실감나게 조망된다.

905m 고지 전망대에서 원북리 전경

바로 앞에 905m 고지를 지나 우측으로 소나무가 있는 바위를 넘어가면 대야산에서 곰넘이봉을 넘고 버리미기재를 건너오는 대간길과 관평리 일대가 한눈에 들어오는 전망대가 있다. 완장리는 산세가 수려한 반면 경작지가 없고 관평리 일대는 산세는 완장리만 못하지만 골짜기를 따라 작은 다랭이 논들이 제법 넓게 발달되어 있다.

이정표(⇦ 절말 6.2km)를 끼고 우측 장성봉으로 돌아가는데 스님 한 분이 갑자기 나타나 깜짝 놀랐다. 스님은 봉암사에서 지름티재로 올라와 장성봉까지 왔는데 애기암봉으로 가는 길을 찾지 못해 당황하고 있었다. 가지고 있던 지도를 살펴보니 905m 고지와 장성봉 사이에

장성봉에서 버리미기재 방향

장성봉에서 악휘봉 방향

등산로가 있어 찾아보았지만 숲이 우거져 실패했다. 장성봉을 둘러보고 다시 한 번 왕복 해봐도 마찬가지다. 스님과 지도를 보면서 길을 찾는 데 20여 분이 훌쩍 지나간다.

주변이 숲으로 둘러싸여 있는 나대지 공터 한가운데 표지석이 있는 장성봉(長城峰)은 문경시 가은읍 서쪽에서 백두대간의 허리를 떠받치고 있는 숨은 명산으로 마치 봉우리가 장성의 일부를 보는 듯하여 불리는 이름이다. 백두대간이 희양산에서 서쪽으로 꺾였다가 악희봉을 솟구친 후 다시 직각으로 꺾여 남쪽의 대야산으로 치닫다가 중간쯤에 이르러 우뚝 솟은 산이 장성봉이다.

12:55출발-13:55도착 = 1:00+20분 = 1:20[5:15]-50분[3:25] = 30분[1:50]

장성봉(916m)~악휘봉 갈림길(821m)은 5.1km / 2:25(누적 : 12.2km / 5:50) 거리로 잔잔한 구릉성 능선 구간이다.

스님을 더 돕고 싶었지만 내 코가 석자라 아쉬운 작별을 하고 스님이 알려준 절말 방향으로 내려가는데 내심 미안한 마음이 들었다. 낙엽이 수북하게 쌓여 있는 길로 정신없이 내려가는데 독사 한 마리가 똬리를 틀고 있다. 놀랄 겨를도 없이 스틱으로 황급히 치우고 급히 내려가니 이정표(⇦ 장성봉 0.5km / 막장봉 0.7km, 절말 5.7km ⇨)가 나온다. 그 후론 낙엽 쌓인 곳을 지날 때마다 머리가 곤두선다.

좌측에 우뚝 솟아있는 막장봉 방향 능선이 남한강·달천수계 화양천의 지류인 관평천과 달천수계 쌍천의 지류인 행목동천을 가르고, 충북 괴산군 칠성면과 경북 문경시 가은읍의 도계가 된다. 이후 대간길은 대미산의 문수봉 갈림길까지 충북과 경북의 도계가 된다. 숲이 울창한 능선 안부를 건너 수직절리가 발달한 바위에 오르면 지나온 장성봉과 막장봉 능선이 조망된다.

바로 위에 숲이 무성한 봉우리가 827m 고지이지만 조망은 좋지 않고 사람의 발길이 뜸한 능선에는 낙엽만 두껍게 쌓여 있다. 갈수록 희미해지는 등산로는 기복이 거의 없는 평탄한 능선으로 진행되다가 오른쪽으로 굽히는 지점에 소나무에 가려진 선바위가 나타난다. 장성봉과 악휘봉 중간 지점에 위치해 있어 양방향 모두 조망이 좋다.

바위에서 안부를 건너가면 809m 고지이다. 조금만 앞으로 다가서면 봉암사가 있는 봉암용

선바위에서 장성봉 방향

선바위에서 악휘봉 방향

골 계곡이 조망되는 넓은 암반이 나타난다. 북쪽 악휘봉 갈림길에서 희양산에 이르는 능선과 남쪽 장성봉에서 애기암봉과 원통봉 능선을 분수계로 삼는 봉암용골은 이름부터 범상치 않다.

희양의 봉새와 아홉 마리 용의 전설을 간직한 계곡은 누구라도 한 번 들어가면 쉽게 헤어 나오지 못할 것 같은 심산유곡을 이룬다. 잔잔한 구릉성 능선으로 흙과 암반이 번갈아 나온다. 지도에도 없는 옛 고개를 건너 능선과 봉우리가 구분이 되지 않은 무명봉(787m, 785m) 두 개를 넘고 완만하게 내려가면 잡풀만 무성한 헬기장이 나온다.

악휘봉에서 백두대간 전경

괴산군 칠성면 살구나무골과 문경시 가은읍 봉암용골을 넘나들던 옛 고개이지만 지금은 흔적이 미미하다. 이후 숲이 울창해 위치 파악이 되지 않는 능선으로 올라가면 이정표는 공중분해 되어 여기저기 널려 있고 삼각점만 변함없이 자리를 지키고 있는 악휘봉 갈림길(821m)이다. 악휘봉 방향 능선이 남한강·달천수계 쌍천의 지류인 행목동천과 쌍천을 가르고, 괴산군 칠성면과 연풍면의 경계가 된다.

얕은 안부를 건너 10여 분 가파르게 올라가면 악휘봉(845m) 정상이다. 동서남북, 사방팔방이 모두 조망되는데 압권이란 말 밖에 할 말이 없다. 장성봉부터 지나온 대간길은 물론 앞으로 진행될 구왕봉과 희양산까지 한눈에 들어온다. 이처럼 대간 능선 전후를 한눈에 볼 수 있는 곳은 많지 않다. 부근에서 굳이 꼽는다면 마패봉을 들 수 있다.

14:15출발-16:05도착 = 1:50+20분 = 2:10[7:25]-2:25[5:50] = -15분[1:35]

악휘봉 갈림길(821m)~은티재(582m)는 2.0km / 50분(누적 : 14.2km / 6:40)으로 긴 내리막 구간이다.

악휘봉 갈림길(821m)로 복귀해 기수를 동(東)으로 돌린다. 말안장 같은 순한 능선을 건너 마분봉(입석리)을 분가시키고 얕은 능선 안부를 건너가면 여러 개의 리본이 붙어 있는 둥글넓적한 820m 고지가 나온다.

좌측으로 꺾어 내려가야 하는데 그대로 직진하면 묘지 앞 장성봉에서 악휘봉 갈림길까지

봉암용골을 감싸고 내려오는 대간길이 조망되는 넓은 마당바위가 나타난다.

820m 고지 정상에서 가파른 비탈길로 내려서서 살짝 올라채면 나대지 좁은 봉우리가 712m 고지이다. 낮은 봉우리에 불과하지만 바위가 절벽을 이뤄 좌측에 설치된 철계단으로 내려간다.

712m 고지 철계단

722m 고지로 향하는 능선은 겉보기에는 숲이 우거진 평범한 능선 같지만 숨어 있는 바위가 많아 기복이 매우 심하다. 지나온 820m 고지와 말똥을 닮았다고 해서 붙여진 마분봉은 조망되지만 철계단 고지(712m)는 어느새 자취를 감추고 보여주지 않는다.

선돌 모양의 바위가 있는 722m 고지를 넘어가면 긴 밧줄을 늘어뜨린 내리막 암반이 나타난다. 그동안 베일에 가려졌던 은티재에서 희양산으로 가는 굵직한 봉우리들이 마침내 그 모습을 드러낸다. 악휘봉에서 보이지 않던 주치봉도 덩치가 웬만큼 큰 게 아니다. 장성봉에서 악휘봉 갈림길에 이르는 잔잔한 무명 봉우리들과는 그 차원부터가 다르다.

우측으로 봉암용골 계곡을 바라보며 암반길로 내려간다. 경사는 가파르지만 밧줄이 없이도 내려갈 만하다. 잠시 숲 구간을 지나면 암반이 연이어 나타나는데 하나같이 모두 조망이 좋다. 마지막 암반을 내려서서 숲이 울창한 능선으로 5분여를 내려가면 은티고개(⇦ 악휘봉

722m 고지에서 은티재 전경

2.1km / 은티마을 2.3km ⇧ / 구왕봉 2.4km ⇨)가 나온다.

은티재

은티마을 입구

은티재는 충북 괴산군 연풍면 주진리와 경북 문경시 가은읍 원북리를 잇는 산중 고갯길로 우치재로 불려진다. 원북리 방향은 목책으로 막혀 있어 출입이 불가능하고 주진리 은티마을 방향으로만 통행이 가능하다. 생각 같아선 호리골재나 지름티재에서 마감하고 싶었지만 어두워지기 전에 하산하기로 했다. 스님은 길을 잘 찾았는지 염려하며 골짜기와 과수원 밭두렁을 따라 은티마을로 내려왔다.

은티마을은 연풍면 소재지에서 서남쪽으로 약 4km 지점에 위치하고 있는 마을로 풍수지리설에 의하면 여궁혈(女宮穴)에 자리하고 있어 마을 입구에 남근석을 세워 놓고 매년 음력 정월 초이튿날을 마을의 평안과 가족 모두의 안녕을 기원하는 소제(燒祭)를 올린다고 한다.

16:25출발-17:05도착 = 40분+00분 = 40분[8:05]-50분[6:40] = -10분[1:25]

15구간

밀재~대야산~장성봉~은티재(14.2km / 6:40)는 8시간 05분(9:00 출발 - 17:05 도착) 소요, 예상보다 1시간 25분이 지체되었다.

대야산 오르막 암릉 구간의 기암괴석과 대야산 정상에서 이름만큼이나 빼어난 절경에 취해 많은 시간이 지체되었다. 예상보다 1시간 정도 더 소요되는 것이 당연하다. 대야산과 대간에서 한발 벗어나 있는 악휘봉은 힘들여 오른 만큼 이를 충분히 보상해준다. 대야산 수직 암벽은 조령산과 설악산 공룡능선에서나 볼 수 있는 대자연을 감상할 수 있어 좋았다.

최근에 밀재~대야산 암릉 구간은 계단이 설치되어 있어 오르기 편해졌다지만 대야산 정상에 목책과 감시 카메라가 설치되어 있어 촛대봉 방면으로 더 이상 종주를 할 수 없는 구간이 되어버렸다고 하는데, 산을 사랑하는 한 사람으로서 참으로 안타까운 일이 아닐 수 없다. 또한 대간 전후 조망이 매우 좋지만 제대로 된 이정표 하나 없는 것이 이해가 되지 않고 쉼터까지 마련된 일부 구간과는 너무 비교가 된다.

백두대간 15구간 안내도
N
시루봉
칠보산
779
악휘봉
845
칠 성 면
연 풍 면
은티
820
주진리
712
722
785
15구간 도착 은티재
787
주치봉
괴 산 군
호리골재
809
780
쌍 곡 리
879
구왕봉
827
원 북 리
문 경 시
장성봉
916.3
투구봉
887
막장봉
905
애기암봉
740
517
668.5
상관평
버리미기재
옷나무골
가 은 읍
922
곰넘이봉
733
721
미륵바위
완장리
청 천 면
불란치재
완장
벌버위
완장리
668
촛대봉
촛대재
용추계곡
선유동 계곡
대야산
930.7
선유동
국립대야산 자연휴양림
15구간 출발
밀재

16

白頭大幹

골 깊고 물 맑은 백화산

은티재~구왕봉~희양산~배너미평전~이만봉~백화산~황학산~이화령
19.7km / 9:25

이화령까지 남한강수계 달천의 지류인 쌍천과 낙동강수계 영강의 지류인 양산천, 영강수계 조령천의 지류인 초곡천의 분수계이며, 충북 괴산군 연풍면과 경북 문경시 가은읍·마성면·문경읍의 도계를 이룬다.

2013년 3월 10일, 이화령에서 은티재로 남진하는 군산 대간산악회 무박종주에 나섰던 구간이다. 꽃샘추위와 칠흑 같은 어둠을 뚫고 황학산을 지나 백화산에 올랐지만 여전히 컴컴했으며 평전치에 이르러 겨우 세상이 보이기 시작했다.

시야 확보가 좋지 않은 가운데 이만봉을 넘고 배너미평전에 도착해 이런 곳도 있구나 했다. 희양산은 주변 경관이 빼어났지만 내려가는데도 힘들었고 구왕봉은 오르는데 더 힘들었다. 주치봉을 넘고 은티재에 도착했을 때에는 몸이 완전히 녹초가 되어버렸다.

2014년 10월 5일, 은티마을에 도착하니 아침 공기는 상쾌하다 못해 차가움이 느껴진다. 탐스럽게 익어가는 사과밭을 지나 계곡을 거슬러 은티재에 도착했다. 이 구간은 추후 2017년 9월 3일, 개인적으로 또 한 번 부분산행에 나섰다.

은티재(582m)~지름티재(650m)는 2.8km / 1:35(누적 : 2.8km / 1:35)으로 큰 봉우리 두 개를 넘어가는 험난한 구간이다.

잠시 숨고르기를 하고 주치봉으로 향하는데 목책이 자꾸 신경 쓰인다. 미끄러운 흙길로 10여 분 올라가 주치봉 정상에 도착했다. 봉우리가 매우 평탄한 주치봉(683m)은 구왕봉에 비하면 작은 언덕에 불과하고 식생은 참나무를 비롯한 낙엽 활엽수가 대부분을 차지한다.

잠시 가파른 길로 내려가면 옛 고개 흔적이 고스란히 남아 있는 곳에 녹슨 채 방치된 봉암사 입산 통제 안내문이 눈길을 끈다. 조금 진행하면 은티마을 호리골 계곡으로 내려가는 갈

주치봉

봉암사 입산통제 안내문

림길(⇦ 구왕봉 1.6km / 은티마을 3.8km ⇩ / 악휘봉 3.0km ⇨)인데 묘지가 능선 가운데를 차지하고 있어 보기 매우 흉하다.

호리골재

낮은 봉우리(680m)를 넘어가자 숲에 숨어 있던 암릉이 나타나고 조금씩 고도를 높여 가면 경사면에 흘러내린 돌들이 듬성듬성 보이기 시작한다. 급하게 한번 올라채면 잠시 평탄한 곳에 쉬어가기 좋은 갈라진 암반이 나온다. 두 암반 사이의 폭은 1m 남짓 밖에 되지 않지만 깊이는 2m가 넘어 그냥 건너뛰기가 만만치 않다. 구왕봉을 올려다 볼 욕심으로 건너뛰긴 했지만 내려올 때에는 지나가는 등산객 도움으로 겨우 내려왔다.

바위틈 사이로 내려서서 가파른 비탈길로 20여 분 올라가면 고사목이 된 소나무 옆에 전망대가 있다. 722m 고지에서 큰 봉우리였던 주치봉도 이곳에서는 작은 뫼에 지나지 않고 좌측 화강암 절벽 너머로 시루봉과 조령산이 조망된다.

구왕봉 정상부 전망대에서 악휘봉 방향

마당바위를 지나 완만하게 올라가면 봉우리가 매우 넓은 구왕봉(879m)에 도착한다. 주치봉은 전형적인 육산이고 희양산은 완전한 돌산이라면 구왕봉은 그 중간 정도쯤 된다. 구왕봉은 지증대사가 심충이라는 사람의 권유로 봉암사 절터를 정하고 그 자리에 있던 큰 못을 메울 때 용이 달아난 봉우리라 하여 구왕봉으로 불렸다는 이야기가 전해진다.

정상에서는 조망이 시원스럽지 않지만 내려가는 길에 세 군데 전망대가 있다. 정상에서 조금 내려서면 앞이 탁 트인 첫 번째 전망대가 나타나는데 희양산을 가운데 두고 왼쪽 끝머리 시루봉에서 오른쪽 봉암용골에 자리 잡은 봉암사와 뇌정산 자락에 위치한 정토수련원까지 한눈에 들어온다.

봉암사가 조계종 스님들을 위한 특별 수도원으로 1년에 단 한번 부처님 오신 날만 개방하는 반면 정토수련원은 범부 중생들에게 어리석음에서 벗어날 수 있도록 깨달음의 장을 열고 있다. 모두가 함께 행복해지는 세상을 위해 삶을 실천해 나가는 곳으로 알려지면서 많은 사람들이 소리 소문 없이 찾는다고 한다.

첫 번째 전망대에서 내려가는 등산로는 험하기 이를 데 없다. 가파른 바위에 바짝 달라붙은 밧줄을 잡고 내려가면 큰 소나무 앞에 자연이 만들어 놓은 두 번째 전망대가 나타난다. 둥그런 달덩이 같기도 하고 헬멧 같기도 한 거대한 암봉 덩어리는 퍽이나 인상적인 만큼 보면 볼수록 신비롭게 다가온다.

첫 번째 전망대

두 번째 전망대

세 번째 전망대

세 번째 전망대에서 희양산 전경

동·서·남 3면이 거대한 화강암으로 이루어진 돌산으로 '햇빛 희(曦)'에 '밝을 양(陽)'을 써 햇빛에 밝게 빛나는 산이다. 또한 붉은 봉황의 날개가 구름 속으로 치켜 솟아오르는 듯해서 봉암이라고 하며 봉암사라는 사찰 이름도 봉암에서 유래되었다고 한다.

두 번째 내리막 역시 암벽에 달라붙은 밧줄을 잡고 내려서면 유격훈련장에서나 볼 수 있는 바위 협곡이 나타난다. 천정에 매달린 밧줄을 잡고 건너가면 마지막 세 번째 전망대가 있다. 위쪽 두 전망대에서 볼 수 없었던 지름티재의 깊은 안부와 희양산 능선뿐만 아니라 시루봉으로 이어지는 대간길까지 군더더기 하나 없이 조망된다. 이런 경관을 볼 수 있는 것만으로도 대간 종주에 나선 보람이 느껴진다.

세 번째 전망대에서 내려가는 좁은 바위틈은 나무뿌리가 엉켜 있어 발 디딜 곳이 마땅치 않고 나무뿌리와 씨름하면서 내려간 뒤에도 가파른 밧줄은 한동안 계속된다. 봉암용골에 살던 용이 구왕봉으로 달아날 때 이곳으로 지나갔더라면 길이 매끈하게 잘 나 있었을 텐데 하면서 하염없이 밧줄을 잡고 내려갔다.

가파른 내리막이 끝나고 잠시 완만해지더니 햇볕도 들어오지 않는 능선에 갑자기 목책과 초소가 나타난다. 삼엄한 분위기가 감도는 지름티재는 충북 괴산군 연풍면 주진리와 경북 문경시 가은읍 원북리를 잇는 고갯길인데 1982년 이후 봉암사가 조계종의 특별수도원으로 지정되면서 막아버렸다고 한다. 고갯길은 사람들이 넘나들며 소통하고 교류하는 곳인데 막혀있으니 내 가슴이 답답해지는 것 같다.

지름티재

6:30출발-8:10도착 = 1:40+00분 = 1:40[1:40]-1:35[1:35] = 05분[05분]

지름티재(650m)~배너미평전(790m)은 2.4km / 1:30(누적 : 5.2km / 3:05)으로 암벽타기 수준의 희양산에 오른 뒤 능선 봉우리 두 개를 넘어가는 구간이다.

고개는 쉬어가는 곳인데 그대로 희양산으로 향한다. 길게 늘어선 목책을 따라 올라가면 집채만 한 바위를 젓가락 같은 막대기로 받쳐 놓았는데 웃음만 나올 뿐이다. 이를 지나 조금 더 올라가면 좌측으로 구왕봉이 올려다 보이는 넓은 바위가 나타난다. 희양산에 비해 별 볼품없는 산이라 생각했는데 내려올 때 왜 이렇게 힘들었는지 그 이유를 충분히 알고도 남는다.

숲속에 널브러진 커다란 바위가 하나 둘씩 보이더니 마침내 돌무더기를 이룬다. 나무에 붙어 있는 리본을 따라 집채만 한 암릉 사이를 숨바꼭질 하면서 미로 구간을 빠져 나가면 잠

작대기 바위

희양산 암벽

시나마 한적한 산길이 시작된다.

이후 등산로는 직진하는 목책과 서서히 멀어지면서 좌측 비탈길로 진행되고 길은 점점 거칠어진다. 가파른 밧줄 구간을 건너가면 사라졌던 목책이 나타나면서 길은 순해진다. 이후 등산로는 가파른 너덜 오르막에 이어 밧줄이 그물처럼 늘어진 거대한 수직 암벽이 나타난다.

대야산 수직 절벽에 비해 경사는 좀 덜하지만 긴 밧줄을 여러 번 바꾸며 올라가는 모습이 '잭과 콩나무' 동화책 속에 나오는 나무덩굴 같다. 밧줄과 20여 분 사투 끝에 겨우 희양산 갈림길(⇦ 시루봉 3.0km / 구왕봉 1.5km ⇩ / 희양산 0.2km ⇨)에 올라섰다.

악휘봉이나 깃대봉처럼 대간 분수계에서 약간 비켜서 있는 거대한 암봉 덩어리가 어떤 모습으로 다가올지 궁금해하며 희양산으로 향했다. 낮은 능선을 넘어가면 구왕봉 방향으로 시원스럽게 열린 첫 번째 마당바위가 나타난다. 멀리 속리산부터 시작된 실타래 능선은 대야산을 넘고 장성봉에서 북쪽으로 치닫다가 악휘봉 갈림길에서 직각으로 꺾여 구왕봉에 이르는 대간길이 시원스럽게 조망되지만 험난하게 내려왔던 구왕봉 내리막은 숲에 가려진다.

희양산에서 은티재 방향

희양산에서 배너미평전 전경

마당바위에서 약간 높은 바위에 오르면 시루봉으로 향하는 두 개의 무명봉(871m, 910m)과 배너미평전 그리고 시루봉 건너편에 우뚝 솟아 있는 조령산과 신선암봉이 조망된다. 특히 910m~963m 고지와 시루봉 사이의 복잡한 지형을 이루는 배너미평전은 볼수록 신기하게 다가온다. 대간은 910m 고지에서 배너미평전을 가로질러 963m 고지로 이어진다.

곳곳에 조망점이 많은 바위들을 지나 암반을 살짝 덮은 흙길로 조금만 올라가면 희양산(999m) 정상이다. 1,000m에 모자라는 높이를 채우려고 옛 표지석 위에 정성스럽게 쌓아올린 돌탑은 누구의 생각인지 재치가 그만이다.

표지석 옆으로 내려서면 깎아지른 벼랑 위에 환상적인 전망대가 있다. 이만봉에서 백화산을 찍고 황학산으로 내려가는 대간 능선이 조망되고, 남쪽으로는 정토 수련원이 있는 원북리 일대가 조망되지만 발아래 천 길 낭떠러지를 두고 있어 다가설 엄두가 나지 않는다.

속리산에서 희양산에 이르는 암릉 구간은 사천 육십리(1,652km) 백두대간 중에서 가장 서기(瑞氣)가 어린 구간으로 속리산을 봉황의 암컷(황새), 희양산을 수컷(봉새)에 비유한다. 지

희양산에서 백화산 방향

형상으로 희양산 양 끝에 장성봉과 백화산을 거느리며 발치의 알터에 봉암사(鳳岩寺)를 품은 형국이라 한다.

삼면이 암반인 희양산은 암벽 등반가들의 놀이터였는데 1982년 봉암사가 조계종의 특별수도원으로 지정되어 일반인들의 출입을 금하고 있다. 절 입구에는 경비실이 있어 용무가 없는 자는 누구도 들여보내지 않으며 행락철에는 봉암사 골짜기로 통하는 모든 고개는 몽둥이를 든 스님들이 지키기까지 하였다고 하는데 좀 과장된 듯하다.

구경은 잘 했는데 갈 길이 걱정된다. 희양산 갈림길로 복귀해서 조금 내려가면 은티마을 갈림길이 나오고 무너진 성벽을 따라 진행된다. 30여 분 무명봉 두 개(871m, 910m)를 넘고 내려가면 여기저기 쓰러진 나무들이 널려 있는 평탄한 배너미평전에 도착한다. 이정표가 있지만 실제 등산로가 아닌 방향을 가리키고 있어 이곳 지리에 익숙하지 않은 산행자들에게 오히려 혼란을 주고 있다.

배너미평전

배너미평전은 대간 분수계의 구분이 명확하게 드러나지 않는 구간이다. 외곽을 형성하고 있는 시루봉 능선과 안쪽으로 963m 고지에서 내려오는 긴 능선 사이의 넓은 고원습지를 형성하고 있다. 동쪽(시루봉 갈림길)에서 서쪽(은티마을)으로 흐르는 한강수계 물줄기와 북에서 남으로 흐르는 낙동강수계 물줄기가 서로 교차하기 일보 직전에 있는 매우 특이한 지형으로 마치 '와이(Y)'자 지형 두 개가 동서와 남북으로 겹쳐 있는 매우 복잡한 지형을 이루고 있다.

은티마을은 시루봉에서 희양산, 구왕봉, 마분봉에 이르는 산지와 연풍의 평지가 만나는 골짜기 입구에 위치해 있어 모든 골짜기 물이 모여들기 때문에 여궁혈이라 한다. 마을에서는 음기가 과도하게 왕성하면 마을의 질서가 깨지고 불미스런 일이 일어난다고 해서 마을 입구에 남근석을 세우고 이를 방비하고 있다고 한다. 음양의 조화를 바로잡기 위한 조상들의 지혜를 어떻게 봐야 할지.

시루봉에 오르는 방법은 두 가지가 있다. 첫 번째는 이정표에서 시루봉 방향으로 개울을 건너 직진으로 올라가는 데 10여 분 소요되고, 두 번째는 등산로를 따라 시루봉 갈림길로 우회하는데 20여 분 소요된다. 전자는 시간은 빠르지만 등산로가 없어 매우 힘들고, 후자는 시간은 많이 소요되지만 정상적인 등산로를 따라 수월하게 오를 수 있다.

8:10출발-09:55도착 = 1:45+00분 = 1:45[3:25]-1:30[3:05] = 15분[20분]

배너미평전(790m)~이만봉(990m)은 2.2km / 50분(누적 : 7.4km / 3:55)으로 963m 고지까지 급경사 오르막이지만 이후부터는 완만하게 진행되는 구간이다.

이정표에서 우측 963m 고지로 곧바로 올라가는 능선이 백두대간 분수계이지만 길 찾기가 쉽지 않고 시루봉에 오르기 위해 개울 옆 등산로를 따라 거슬러 올라간다. 주변은 모두 평탄한 평지나 다름없고 숲이 울창해 대낮인데도 어두컴컴하고 음산한 기운이 느껴진다.

갈림길에서 서쪽으로 갈대가 무성한 헬기장을 지나 10여 분 진행하면 능선 끝자락에 시루봉 표지석이 조령산을 배경으로 서 있다. 악휘봉처럼 대간에서 한 발짝 벗어나 있는 시루봉은 동쪽 백화산을 제외하고 장성봉에서 악휘봉 갈림길을 거쳐 희양산에 이르는 대간길과 이화령을 건너 조령산이 손에 잡힐 듯 가까이 조망된다.

시루봉 갈림길로 복귀해 낡고 허름한 이정표 두 개를 지나면 좌측 분지리로 내려가는 갈림길이 나오고 바윗돌 크기가 작은 너덜지대를 완만하게 올라가면 이번에는 능선 정상부에 위

시루봉에서 희양산 방향

시루봉에서 조령산 방향

치한 희양산 갈림길이 또 나온다. 우측 희양산 방면은 963m 고지에서 배너미평전으로 가파르게 내려가는 능선이 한강과 낙동강을 가르는 실질적인 분수계가 된다.

분지리 도막마을 갈림길을 지나 우측으로 보는 각도에 따라 시시각각 달라지는 희양산을 감상하면서 진행하면 분지리 좁은 골짜기와 도막마을이 내려다보이는 용바위가 나온다. 앞에 둥그런 봉우리가 이만봉이고 그 다음 뾰족한 봉우리가 곰틀봉이다.

용바위에서 이만봉 방향

평범하게 진행되던 능선에 갑자기 길이 뚝 끊어진 바위 협곡을 건너 잠깐 올라서면 두 가지 이야기가 전해 내려오고 있는 이만봉이다. 하나는 임진왜란 때 이곳 산골짜기에 이만호(貳萬戶)가 피난 온 데서 유래했다는 설이고, 다른 하나는 만호라는 벼슬을 가진 이 씨가 이 산에 들어와 살았다 해서 불리게 되었다는 것이다.

둥글넓적한 봉우리에 표지석이 있지만 보기와 달리 매우 협소하고 주변 조망은 나무에 가려 좋지 않지만 조금 내려서면 백화산 방향으로 열린 전망대가 있다. 곰틀봉에서 백화산에 이르는 대간길이 웅장하게 다가온다.

09:55출발–11:25도착 = 1:30+00분 = 1:30[4:55]–50분[3:55] = 40분[1:00]

이만봉(990m)~백화산(1,063.5m)은 5.0km / 2:35(누적 : 12.4km / 6:30)으로 곰틀봉과 사다리재, 뇌정산 갈림길과 평전치 같은 봉우리와 안부가 있는 긴 오르막 구간이다.

이만봉에서 내려와 평범한 능선 안부를 건너가면 곰틀봉 정상 부근에 전망대가 있다. 963m 고지에서 품이 넉넉한 이만봉을 향해 굽이치며 올라오는 대간길과 분지리 계곡 건너편에 대간 길목에 있지만 주목받지 못하는 갈미봉과 조봉이 늘어서 있고 이화령 건너편으로는 조령산, 주흘산, 포암산이 조망된다.

몇 걸음 내디디면 '곰틀봉'이라 표기된 마른 나무가 이채롭게 다가온다. 나무 뒤로 다가서면 앞이 환하게 열리면서 가은읍 원북리 일대가 한눈에 들어오고 사다리재 방향으로는 대간에서 벗어나 있는 뇌정산과 분지리 계곡 꼭지점에 솟아 있는 백화산이 웅장하게 다가온다.

하단 전망대에 내려서면 황학산 자락에 고즈넉하게 자리 잡은 흰드뫼(흰드메)가 목가적인 풍경을 자아낸다. 이름도 생소한 흰드뫼(흰드메)마을은 1970년대 초만 해도 90여 가구가 모여 살았지만 화전 정리 사업이 시작되면서 인구가 급격히 줄어 최근에 10여 가구만 남아 있었는데 현재는 사람이 살고 있는지 모르지만 육안으로 집 한 채 만 보이는 것 같다.

제법 급경사를 이루며 내려가면 깊은 안부의 사다리재에 도착한다. 충북 괴산군 연풍면 분지리 안말에서 경북 문경시 가은읍 원북리로 넘어가는 옛 고갯길로 지금은 안말 방향으로만 길이 나 있다.

곰틀봉에서 이만봉 방향

곰틀봉

곰틀봉에서 이화령 방향

곰틀봉에서 백화산 방향

사다리재

뇌정산 갈림길

뇌정산

사다리재를 빠져나와 바위투성이 암릉 길로 낮은 무명 봉우리(886m) 하나 넘고 20여 분 나무만 보고 가파르게 올라가면 뇌정산 갈림길이 나온다. 우측 뇌정산으로 향하는 능선이 영강의 지류인 양산천과 영강을 가르고 가은읍과 마성면의 경계가 된다. 뇌정산(雷霆山)은 이름 탓인지 유난히도 벼락이 잘 치고 물난리도 많이 나서 인근 마을에서는 뇌정산이라고 부르는 것을 금기시 하고 안에서 스스로 다스린다는 뜻을 지닌 내정산이라 부르고 있다고 한다.

뇌정산 갈림길에서 능선 봉우리 두 개를 넘어가면 평전(平田)이라는 명칭에 걸맞지 않게 숲속에 좁은 나대지가 나온다. 이곳 평전치(平田峙 890m)는 문경시 마성면 상내리와 괴산군 연풍면 분지리를 잇는 고갯길로 인근 마을에서는 평밭등이라 부르고 있다. 예전에는 분적골에서 상내리로 쪽으로 넘어가던 옛 고개였으나 지금은 폐로가 되었고 분적골까지 산판 임도가 개설되었지만 그 역시 거의 쓰임새를 잃고 현재 등산로로 이용되고 있을 뿐이다. 평전치 남쪽의 상내리 한실마을은 마원리, 중평리 여우목마을, 연풍 지역과 더불어 천주교 성지로 백화산 일대 대간 능선을 넘나들며 선교활동을 펼쳤던 곳이다. 1866년 병인박해를 피해 허기진 몸을 숨겼던 첩첩산중 천혜의 은신처이기도 했다.

평전치에서 몇 걸음 내디디면 곰틀봉 이후 처음 주변을 조망할 수 있는 열린 공간이 나타난다. 정면 백화산 오름길에 붙어 있는 작은 암봉 1,001m 고지가 백화산을 숨겨버릴 만큼 웅장하게 다가오고 우측으로 문경시 마성면 일대의 깊은 계곡이 한눈에 들어온다.

전망대에서 내려가는 순간부터 험난한 바위길이 시작된다. 울퉁불퉁한 바위 능선을 넘어가다가 뒤돌아보면 방금 내려왔던 평전치 부근 능선이 조망되고 밧줄이 매달린 바위 협곡 안부에 내려서면 좌측 분지리로 내려가는 갈림길이지만 이정표는 없다.

암릉 구간이 끝나고 안부까지 순한 흙길이 이어지다가 바위들이 종종 나타나는 가파른 길

평전치 전망대에서 백화산 방향

평전치

로 10여 분 올라가면 노두가 약간 드러난 1,001m 고지에 도착한다. 잠깐 휴식을 취하고 안부에 내려서면 만덕사 갈림길이다. 등산로는 숲이 우거진 암릉 좌측 비탈길로 진행되지만 듬성듬성 솟아있는 바위에 올라서면 희양산, 이만봉, 뇌정산 갈림길을 지나 백화산을 찍고 조령산으로 달려가는 대간길과 그 한 가운데 좁고 깊은 분지리 계곡이 한눈에 들어오고 우측으로는 만덕사가 있는 상내천 계곡이 시원스럽게 조망된다.

완만하게 조금 더 올라가면 분지리 계곡 끝자락에 우뚝 솟아 있는 백화산 정상에 도착한다. 백화산(白華山)은 충북 괴산군 연풍면과 경북 문경시 마성면의 경계를 이루며 괴산군에서 가장 높은 산이다. 골짜기가 깊고 물이 맑은 백화산은 겨울철에 눈 덮인 산봉우리의 모습이 하얀 천을 씌운 듯이 보여 붙여진 이름이라고 한다.

백화산 표지석

넓은 나대지 공간에 정상 표지석이 있다. 조망은 문경 일대는 물론 영남 내륙 깊숙이 조망되지만 분지리와 이화령 방면은 숲에 가려진다. 우측으로 내려가는 능선이 낙동강의 지류인 영강과 낙동강·영강수계 조령천의 지류인 초곡천을 가르고, 마성면과 문경읍의 경계가 된다.

11:25출발–13:40도착 = 2:15+05분 = 2:20[7:15]–2:35[6:30] = –15분[45분]

백화산 암릉에서 분지리 계곡 전경

백화산(1,063.5m)~이화령(548m)은 7.3km / 2:55(누적 : 19.7km / 9:25)으로 매우 긴 내리막 구간이다. 중간에 낮은 능선 봉우리들이 있지만 큰 어려움은 없고 단지 지루할 뿐이다.
정상에 있는 헬기장을 지나자마자 문경읍 서남쪽 백화산 자락에 있는 마원리와 옥녀봉으로 내려가는 갈림길이 나오고 10여 분 제법 가파르게 내려가면 암벽이 앞을 가로 막는다. 우측에 밧줄이 매달린 좁은 바위 협곡으로 암벽을 우회하면 좌우로 대칭을 이루는 대간길을 볼 수 있는 전망대가 있다. 아침부터 걸어왔던 희양산에서 백화산을 찍고 이화령으로 내려가는 대간길을 한눈에 볼 수 있다.

잡풀이 무성한 헬기장에서 조금 내려가면 마원리 갈림길인데 이정표(⇦ 황학산 0.7km, 이화령 5.9km / 마원리 3.1km ⇧ / 백화산 1.1km, 희양산 9.7km ⇨)는 흰드메(흰드뫼) 삼거리로 표기되어 있다. 흰드메(흰드뫼)는 괴산군 연풍면 분지리 긴 골짜기 상류에 있는 마을이다.

숲이 울창한 흙길 능선으로 진행하다가 주변보다 약간 높은 능선 봉우리(914m)에 오르면 나무 사이로 정상부가 마치 평지처럼 생긴 황학산을 볼 수 있다. 10여 분 완만하게 진행하다가 급하게 한번 올라채면 황학산(915m) 정상이다. 넓은 나대지에 아담한 표지석이 있지만 숲이 울창해 주변 조망이 좋지 않다. 충북 괴산군 연풍면과 경북 문경시 문경읍의 경계를 이루는 산으로 주변의 조령산이나 백화산에 비해 잘 알려지지 않았다. 호젓한 산길과 억새밭,

암릉 전망대

914m 고지에서 황학산 전경

참나무 숲길은 비할 데 없이 아름다운 산이지만 사람들의 발길이 뜸하여 길이 뚜렷하지 않다. 산에 있는 억새밭은 1960~1970년대 사람들이 살면서 목장을 하던 곳으로 갈수록 억새밭이 줄어들고 잡목이 늘어나고 있다.

황학산에서 조금 내려가면 분지리 계곡으로 내려가는 흰드뫼 갈림길(⇦ 백화산 / 분지안말 흰드뫼 ⇧ / 이화령 ⇨)이 나오고 낮은 봉우리(862m)를 넘어가면 주변이 조금씩 넓어지기 시작하더니 능선 끝이 보이지 않을 정도로 넓은 평전이 나타난다. 대간 능선 정상부에 이렇게 넓은 평지가 있으리라고는 생각도 못했는데 숲속의 평야지대를 보는 것 같다.

원래 평전(平田)은 평지에 있는 넓은 밭으로 산전(山田)과 대칭되는 개념이지만 백두대간 상에 평지처럼 넓다 하여 평전으로 불리는 곳이 몇 군데 있는데 그 중 세석과 배너미가 대표적이다. 또한 비록 평전이라는 이름은 갖지 못했지만 태백산 깃대배기봉 능선, 두타산 이기령 부근, 석두봉에서 화란봉 가는 능선, 두로봉 구간의 차돌배기와 신배령 부근, 점봉산의 북암령과 단목령 부근 등에는 평전 못지않은 넓은 능선을 갖고 있다.

넓은 평전지대

물 웅덩이

식생은 습기에 강한 참나무가 대부분을 차지하지만 말미에 낙엽송 지대가 넓게 펼쳐지고 작은 물웅덩이가 나타난다. 흔적으로 보아 속리산 구간 못제처럼 자연적이지 않고 화전이나 벌목하면서 파놓은 웅덩이에 물이 고인 것 같다. 벌목이 진행 중인 낙엽송지대는 잡풀이 무성해 주변이 어수선하다.

숲이 우거진 등산로를 따라 조금 진행하면 억새가 무성한 헬기장이 나오고 얕은 안부를 건너가자 이번에는 말끔하게 정비된 헬기장이 또 나온다. 지도상으론 우측으로 대간에서 벗어난 갈미봉이 있지만 숲이 울창해 육안으로 구분이 되지 않는다. 곧이어 능선과 별 차이가 없는 곳에 조봉(鳥峰 673m) 표지석이 있고 능선을 따라 길게 늘어선 밤나무 지대가 나타난다. 이정표가 없을 뿐만 아니라 장시간 산행의 지루함을 달래 보려고 쥐 밤을 하나둘씩 줍다보니 금세 한줌이 된다.

산행구간이 길든 짧든 말미는 항상 지루하고 힘이 든다. 종종 퇴적암 절개지와 쭉쭉 뻗은 침엽수가 자라는 낮은 능선 봉우리에 올라가면 잡풀만 무성한 헬기장이 나온다. 갈림길에서 군사시설이 있는 무명봉(681m)을 넘어가면 이화령 정상에 이르고 우측 비탈길로 10여 분 내려가면 터널이 나오는데 경사가 만만치 않고 거리도 제법 멀게 느껴진다.

조봉

이화령(548m)은 충북 괴산군 연풍면과 경북 문경시 문경읍 사이에 있는 고개로 가파르고 험하여

이화령에서 문경 방향

이화령

산짐승의 피해가 많아 여러 사람이 어울려서 함께 넘어갔다 하여 이유릿재라 하였다가 후에 고개 주위에 배나무가 많아서 이화령으로 되었다고 한다.

1925년에 신작로를 만든다는 이유로 일제에 의해 파헤쳐진 고개가 87년 만인 2012년 11월에 길이 90m, 폭 46m으로 복원이 이루어졌다고 하니 얼마나 다행인지 모른다. 이외에도 육십령, 빼재, 우두령, 비재, 밤티재, 벌재, 도래기재, 건의령, 삽당령, 구룡령, 조침령은 이미 복원이 이루어졌고 최근 사치재와 소사고개는 2015년 12월, 정령치는 2016년 11월에 완공되었다.

앞으로 여원재, 덕산재, 괘방령, 늘재, 저수령, 화방재, 닭목령, 대관령 등 개발이라는 명분으로 파헤쳐진 모든 고갯길이 복원되어 백두산에서 지리산까지 1625㎞가 하나로 이어지는 날이 하루 빨리 오길 바란다. 더불어 빼재나, 밤티재, 도래기재처럼 절개지 규모에 비해 초라한 복원이 아니었으면 한다.

13:45출발-16:00도착 = 2:15+00분 = 2:15[9:30]-2:55[9:25] = -40분[05분]

한국대학산악연맹 _______ 이화령은 1988년 대학생들이 대간길 탐사에 나설 때 8구간(이화령~조령산~하늘재~대미산~벌재~저수재)과 9구간(이화령~황학산~우치재~대야산~청화산~눌재) 팀의 출발점이다.

눌재(늘재)로 가는 9구간 팀은 황학산, 백화산을 거처 이만봉까지 잘 도착했으나 시루봉 근처가 애매하여 여러 번 산을 오르락내리락 한 뒤에 겨우 길을 찾아 희양산에 갔고, 주변의 멋진 풍광을 감상하고 자일을 이용해 내려왔다. 구왕봉을 오르는데 코가 땅에 닿았고, 우치재(은티재) 이후 덤불지대의 진수를 맛보며 어렵게 진행하다가 괴산군 청천면 관평리 상관평마을로 내려가 청화산에서 밀재까지 진행한 후 농바위골로 내려갔다.

저수재(저수령)로 가는 8구간 팀은 조령산 부근의 지형이 험해 너무 힘들었고, 조령 3관문을 지나 하늘재에 도착했다. 포함산을 넘고 938m 고지에 이르러 덤불지대를 힘들게 통과했으며 꼭두바위봉 이후 안개 때문에 길을 자주 잃어버린 끝에 대미산에 겨우 도착했다.

구간 목표지점인 저수재로 가야하지만 첫날 조령산 구간부터 조금씩 누적된 운행거리가 큰 부담이 되어 생달리 안산다리 마을에서 산행을 마쳤다. 처음 계획단계에서 구간의 난이도를 고려하지 않고 일률적으로 나눴기 때문에 완주에 어려움이 있었다고 토로하였다.

사람과산 _______ 1991년 2월, 5구간(비재~이화령) 종주에 나선 「사람과산」 검증팀은 1일째 비재를 출발해 큰 어려움 없이 천왕봉에 올라 상고암에서 하루를 묵었고, 2일째 독도가 까다로운 암릉 구간은 우뚝우뚝 솟은 암릉을 우회하다가 때로는 시커먼 절벽을 아슬아슬하게 오르내리면서 쉼 없이 앞으로 향해 윗늘티마을에 도착했다. 3일째 눈 쌓인 백두대간 길을 거슬러 올라가 청화산, 조항산을 지나 밀재에 도착해 움막에서 하룻밤 신세를 졌다.

4일째 대야산을 우회해 블란치재에 도착했을 때 지도상으로는 913번 지방도로(블란치재)가 지나가지만 폐쇄가 된 지 오래 되었고 그동안 볼 수 없었던 백두대간동지회에서 만들어 놓은 '지리에서 백두까지'라는 표식기가 자주 나무에 매달려 있다고 하는 것으로 보아 백두대간동지회라는 팀이 먼저 종주한 것을 알았다. 지도에도 없는 새로운 도로(버리미기재)를 건너 장성봉에 올랐고, 희양산을 바라보며 북으로 걷다가 동남쪽으로 꺾어 우치재(은티재)에 도착했다.

5일째 지름티재에서 희양산 오를 때 곡예하듯 오르다가 결국 자일을 사용하여 힘겹게 올랐다.

시루봉 못 미쳐 살아있는 물을 마시고 싶어 하는 대간꾼들을 위해 희망의 샘 하나 만들어 놓고 동남쪽(963m)으로 향하는데, 조금만 방심하면 시루봉으로 내닫을 뻔한 지역이지만 노련미로 느긋하게 이어 돌아 평전치에 도착했다.

6일째 백화산 가는 길은 경사와 굴곡이 심하고 고만고만한 봉우리들로 점철돼 있어, 이것이 백화산인가 하고 오르면 또 한 봉우리가 남고 몇 봉을 그렇게 넘다가 백화산에 올랐고, 백화산 정상에는 백두대간 동지회에서 '백두대간 종주를 위하여'라는 문구를 쓴 표지목이 박혀 있었다. 백화산 이후는 능선이 한 없이 순하고 길도 잘 나 있어 마라톤 선수처럼 질주해 이화령에 도착했다고 한다.

16구간

은티재~희양산~백화산~이화령(19.7km / 9:25)은 9시간 30분(6:30 출발 – 16:00 도착) 소요, 예상보다 05분이 지체되었다. 이는 백화산까지는 조망점이 많아 시간이 지체되었지만 백화산 이후는 조망점이 없고 순탄하게 내려가는 구간이라서 시간을 만회할 수 있었다.

동(東)에서 달려온 대간이 북(北)으로 굽히는 분기점에 있는 커다란 화강암 덩어리 희양산은 오름길부터가 심상치 않다. 마치 비밀통로 같은 좁은 바위 협곡으로 올라가면 굽이굽이 눈을 뗄 수 없는 절경이 펼쳐진다. 이를 감상하는 데 하루가 걸려도 아깝지 않을 만큼 좋아 많은 등산객들이 찾는 곳이다.

배너미평전에 이르면 산경과 수경이 뚜렷하지 않아 대간길을 찾기 쉽지 않고 시루봉은 악휘봉처럼 대간 능선에서 조금 벗어나 있지만 대간 전후를 볼 수 있어 좋다. 시루봉에서 백화산을 찍고 이화령에 이르는 대간 능선은 마치 바나나 모형을 하고 있다. 볼거리와 더불어 이야깃거리가 많은 구간이지만 백화산을 넘어가면 모두 숲에 묻혀 버리고 조망점 하나 없이 지루하게 진행된다.

백두대간 16구간 안내도
N
적석리
연풍
연 풍 면
삼풍리
758
이화령 도착 16구간
이 화 령 터 널
3
681
건촌
괴 산 군
중 부 내 륙 고 속 국 도
이 화 터 널
45
각서리
문경 대교
진안
마보
중리
조봉
673
갈미봉
770.1
은터
주진리
새봉
샛집담
시루봉
914.5
도막
배너미 평전
16구간 출발 은티재
910
963
683
주치봉
871
분지리
안말
흰드뫼
황학산
915.1
호리골재
990
곰틀봉
이만봉
마원리
879
지름티재
사다리재
구왕봉
999
희양산
981
평전치
1001
1063.5
백화산
원북리
백연암
문 경 시
봉암사
성골
가 은 읍
만덕사
애기암봉
큰마
원통봉
한실

17
白頭大幹

새도 쉬어가는 조령산

이화령~조령산~신선암봉~조령~마패봉~부봉~탄항산~하늘재

17.5km / 8:40

하늘재까지 남한강수계 달천의 지류인 쌍천, 쌍천의 지류인 원풍천, 달천의 지류인 석문동천, 남한강의 지류인 동달천과 낙동강·영강수계 조령천의 지류인 초곡천, 낙동강·영강·조령천 수계 신북천의 지류인 산이천의 분수계이며, 충북 괴산군 연풍·충주시 상모면과 경북 문경시 문경읍의 도계를 이룬다.

2013년 3월 24일, 꽃샘추위가 기승을 부리는 가운데 군산 대간산악회 무박종주에 동행하였다. 조령산은 오를 때에는 무난하게 올랐지만 내려가는데 줄을 잡지 않고서는 가만히 서 있기 조차 힘들었다. 밤새 오르락내리락 했지만 암릉 구간을 벗어나지 못하고 신선암봉에 오르는데 아찔한 절벽이 불쑥불쑥 나타났고 928m 고지에 이르러 여명을 맞이했다.

조령 3관문을 지나 마패봉을 힘들게 넘고 동암문까지는 순하게 진행되었다. 부봉에서 탄항산은 기복이 매우 심하게 진행되었고 모래산 부근에서 계곡을 타고 내려가야 했다. 그 후 2016년 2월 17일, 하늘이 더할 나위 없이 맑고 햇살이 눈부시게 아름다운 날 추가 산행하였다.

이화령(548m)~조령산(1,026m)은 2.7km / 1:25(누적 : 2.7km / 1:25)으로 급경사 오르막 구간이다.

이화령 터널을 사이에 두고 문경과 괴산 양방향에 들머리가 있다. 문경 방향은 이화정에서 능선 비탈길로 진행되고 괴산 방향은 휴게소 앞 계단으로 올라간다. 고개 정상에 있는 헬기장을 지나 묘지를 가로질러 가파르게 올라가면 중턱에 잡풀만 무성한 두 번째 헬기장이 나오고 한 번 더 올라채면 758m 고지에 도착한다. 좌측으로 내려가는 능선이 남한강수계 달천의 지류인 쌍천과 그 지류인 원풍천을 가른다.

정비가 잘된 헬기장 봉우리는 매우 넓고 깨끗하지만 주위에 큰 나무들이 많아 조망이 시원스럽지는 않다. 조령산 정상부에 살포시 내린 눈이 오늘 산행에 한층 더 기대감을 갖게 한다. 어떤 세계가 펼쳐질지 궁금해 서둘러 출발한다. 내리막길에 낮은 능선을 넘어가면 문경 방면 이화정에서 올라오는 비탈길과 만나고 폐타이어를 두른 헬기장을 지나 완만하게 올라가면 직진하는 능선이 분수계이지만 등산로는 우측 비탈

758m 고지에서 조령산 방향

제1관문 갈림길(조령샘)

조령샘 잣나무 숲

길로 진행된다.

눈꽃이 활짝 핀 너덜지대를 비스듬하게 진행하면 제1관문 갈림길에 도착한다. 왼쪽으로 고지대임에도 불구하고 수량이 풍부한 조령샘은 쉴 새 없이 물을 쏟아내고 있다. 물받이도 빨간 고무통에서 돌로 바뀌고 주변을 새롭게 단장을 하니 물맛이 더 좋아진 것 같다.

눈과 잣나무 숲이 어우러진 환상적인 풍경 속으로 들어가면 두 개나 되는 긴 데크계단이 고도를 급격히 올려놓는다. 연풍면 원풍리 절골로 내려가는 삼거리에서 우측으로 굽어 올라

조령산에서 이화령 방향

가면 조령산과 쌍봉을 이루는 헬기장 봉우리인데 가느다란 잡목이 많아 조망은 좋지 않다.

중간에 잣나무 숲이 있는 능선 안부를 건너가면 새도 쉬어간다는 조령산(1,026m) 정상이다. 조령산은 충북 괴산군과 경북 문경시의 경계에 있는 산으로 남쪽으로는 이화령 너머 백화산, 희양산, 장성봉으로, 북쪽으로는 조령을 넘어 마패봉, 부봉으로 이어진다.

예전에 작고 아담한 표지석 대신 커다란 표지석으로 새롭게 단장되었고 하얀 눈을 뒤집어쓴 관목 너머 희양산에서 이만봉, 곰틀봉을 지나 백화산을 찍고 이화령으로 달려오는 대간길과 주흘산이 조망된다.

공터 가장자리에는 북미 최고의 맥킨리(88), 세계 최고봉인 에베레스트(93), 카라코람의 가셔브룸1·2(97·98)봉을 등정하고 히말라야 안나푸르나(99)에서 하산 도중 별이 된 지현옥 산악인을 기리는 추모목이 주흘산을 배경으로 서 있다. 자연의 품에서 편히 잠들기 바라며 신선암봉으로 향했다.

7:00출발–8:10도착 = 1:10+05분 = 1:15[1:15]–1:25[1:25] = –10분[–10분]

조령산(1,026m)~신선암봉(937m)은 1.7km / 1:00(누적 : 4.4km / 2:25)으로 중간에 험한 무명봉 세 개를 넘어가는 구간이다. 내리막은 경사가 매우 심해 거미줄 같은 밧줄이 셀 수 없을 만큼 많다.

순백의 하늘길에 발자국을 남기며 150m를 내려가니 이정표(⇦ 신선암봉 1,530m / 이화령 3,030m, 조령산 150m ⇩)가 나타난다. 바로 앞 전망대에 올라서는 순간 나도 모르게 탄성이 절로 나왔다. 그저 바라만 볼 뿐 말문이 막힌다. 조령산~신선암봉~928m으로 이어지는 암릉 때문이다. 그 자체만으로도 절경인데 맑은 하늘에 설경까지 더해지니 감동은 이루 말할 수 없다. 겹겹이 둘러싼 산등성이는 그 속내를 알 수 없는 한 송이 커다란 백장미 같다. 절경에 취해 나는 새도 쉬어가는 조령산이 아닐는지.

괴산 원풍리와 새재계곡을 가르며 북진하던 대간길은 마패봉에서 동쪽으로 한번 굽는다. 잔잔한 능선을 타고 부봉에서 한번 솟구쳤다가 주흘산 갈림길에서 탄항산을 넘고 포암산으로 넘어간다. 날씨까지 받쳐주니 멀리 월악산까지 모습을 드러낸다. 이른 아침부터 발품을 팔은 보람이 있다. 오늘 산행은 하늘이 준 축복이다.

조령산 전망대에서 신선암봉 방향

전망대에서 첫 번째 삼거리 안부까지는 가파른 내리막이 펼쳐진다. 윗부분은 데크계단 공사가 완료되어 수월하지만 아랫부분은 조령산의 명물인 밧줄 구간으로 험하기 이를 데 없다. 앞으로 데크계단 공사가 완공된다면 조령산 밧줄은 전설 속의 이야기로만 전해질 것이다. 시시각각 펼쳐지는 파노라마에 취해 위험한 암릉 밧줄도 즐겁기만 하다.

이렇게 아름다운 광경을 어떻게 글로 다 표현한단 말인가. 한 장면도 놓치고 싶지 않아 연속해서 사진을 찍어보지만 프레임에 담기에는 역부족이다. 대신 눈이 호사를 누린다. 미끄럽고 험한 긴 밧줄 구간을 내려가면 깊은 안부에 마당바위 갈림길이 나온다. 이정표에서 우측 마당바위로 내려가는 길은 암벽에 매달린 밧줄을 타고 내려가야 한다.

앞에 뾰족한 무명 암봉이 있지만 중간에 비탈길로 넘어가면 여러 갈래로 얽히고설킨 두 번째 밧줄 내리막이 시작된다. 밧줄이나 나무를 잡지 않고서는 서 있기 조차 힘들 만큼 경사가 심한 구간이다.

2013년 3월 24일, 첫 번째 조령산 무박산행 때 예기치 않은 꽃샘추위에 손이 시린데도 불구하고 설악산 공룡능선도 이러진 않았는데 하면서 하염없이 밧줄만 잡고 내려간 기억을 떠올리며 중간 정도 내려가니 앞이 환하게 열린 전망바위가 나타난다. 비록 조망점은 낮지만 887m 고지로 올라가는 주름진 안부 구간을 그대로 보여준다. 나머지 밧줄 구간을 내려서면 능선은 잠시 평온을 되찾고, 서서히 진행하다가 급하게 한 번 더 내려서면 절골과 마당바위로 내려가는 사거리안부가 나온다.

숲이 우거지고 잔돌들이 널브러진 능선으로 10여 분 올라가면 문경소방서 '조령산 04'가 있는 887m 고지에 도착한다. 조령산과 신선암봉 사이에 있는 낮은 암봉에 불과하지만 주변을 두루 살필 수 있어 좋다. 조령산은 숲에 가려지지만 앞에 신선암봉으로 가는 숨겨진 대간길과 928m 고지가 조망되고 우측 벼랑 아래 조령 제1관문 너머 주흘산이 손에 잡힐 듯이 가깝게 다가온다.

우측으로 비슷한 높이를 가진 뾰족한 무명봉우리에 오르지 않고 좌측 비탈길로 진행된다. 숲이 우거진 능선 길로 올라가면 갑자기 길이 뚝 끊어지고 바위틈에 뿌리내린 소나무가 나타난다. 신선암봉에 오르는 관문으로 소나무에 매달아 놓은 밧줄을 잡고 올라서서 바위 옆구리에 매달린 밧줄을 잡고 가는데 아슬아슬한 천길 낭떠러지가 위협하지만 스릴은 그만이다.

조령산 첫 번째 내리막 전경

두 번째 내리막 전경

돌고래 등처럼 날렵한 암릉을 외나무 다리를 건너가는 심정으로 건너가면 이전보다 더 넓은 배바위가 나오고 큰 바위틈을 통과하면 이번에는 마당처럼 넓은 바위가 나온다. 이런 바위지대는 비록 정상은 아니지만 사방팔방 어디를 둘러봐도 절경이 아닌 곳이 없다. 심지어 앞을 가로막은 신선암봉 마저도 웅장한 벼랑 앞에서 말문이 막히고 감탄사가 저절로 나온다. 지나온 조령산은 물론 원풍과 새재계곡이 시원스럽게 펼쳐지고 앞으로 진행된 928m 고지의 치마바위는 보면 볼수록 신비하고 웅장하게 다가온다.

마당바위에서 밧줄을 잡고 암릉 위에 올라서면 신선들이 달밤에 놀았다고 해서 불리는 신

877m 고지 전경

신선암봉 관문

등바위

새재계곡

연풍면 전경

조령산 전경

신선암봉과 928m 고지 전경

선암봉에 도착한다. 비록 달밤은 아니지만 눈과 암릉이 어우러진 이곳이야말로 진정한 선계가 아닌가 싶다. 주흘산 방향으로 약간 기울어진 신선암 주변의 경관이 빼어나 발걸음이 떨어지지 않는다.

8:15출발–9:35도착 = 1:20+05분 = 1:25[2:40]–1:00[2:25] = 25분[15분]

신선암봉(937m)~조령 3관문(650m)은 4.1km / 2:00(누적 : 8.5km / 4:25)으로 신선암봉 내리막과 928m 암릉 구간은 험하기 이를 데 없는 구간이다.

정상 이정표(⇦ 깃대봉 3.6km / 한섬지기 3.6km ⇩ / 조령산 1.6km ⇨)에서 숲 구간을 빠져나가면 가파른 내리막이 시작되고 여기저기 무너져 내린 비탈길을 밧줄에 의지해 내려가면 주변 조망이 환상적인 전망대가 나타난다. 신선암봉 못지않은 자태를 뽐내는 928m 고지와 마패봉에서 부봉에 이르는 대간길은 물론 주흘산과 조령산의 웅장한 산줄기들이 모두 조망된다.

험한 비탈길로 내려가면 각기 다른 이정표에 한섬지기, 꾸구리바위 이름도 독특한 지명을 가진 사거리 안부가 나온다. 꾸구리바위는 새재계곡에 있는 바위로 전설에 의하면 바위 밑에 송아지를 잡아 먹을 정도로 큰 민물고기 꾸구리가 살고 있었다고 한다. 바위에 앉아 있으면 꾸구리가 움직일 때 바위가 움직였고 특히 아가씨나 새댁이 지나가면 희롱을 하였다고도 한다.

한섬지기는 연풍면 원풍리에 있는 산골짜기 마을이다. 부근의 골짜기 논들을 다 합해봐야 3,000여 평 정도 되는데 소출이 겨우 쌀 한 섬 밖에 되지 않아 한섬지기라 불려진다. 원래 한 섬이란 벼 200kg, 쌀 144kg(1.8가마)을 의미하지만 이 지역에서는 3,000평을 의미하기도 한다. 그만큼 땅이 척박하다는 것을 에둘러 표현한 것으로 여겨진다.

신선암봉에서 조령산 전경

신선암봉 정상

신선암봉 내리막 전경

초반에 밧줄을 잡고 올라가야할 만큼 급경사를 이루지만 갈수록 완만해진다. 톱니처럼 연속된 암릉 지대를 완만하게 올라가면 바위와 소나무가 절묘하게 조화를 이루는 암봉이 나타난다. 바위봉우리 정상에 오르면 지나왔던 조령산과 신선암봉 대간길은 물론 조령계곡 굽이굽이 눈을 뗄 수 없는 겨울산의 진풍경이 펼쳐진다.

조금 진행하면 바로 앞에 겉보기에는 그저 평범한 928m 고지가 올려다보인다. 직선거리로 몇 걸음이면 될 것 같은데 곧바로 오르지 않고 험한 바위 협곡을 건너가야 한다. 첫 번째 밧줄로 동여맨 '유(∪)'자 모양의 홈 바위를 넘어가는데, 얼마나 많은 사람들이 넘나들었는지 반질반질하다. 두 번째는 암벽에 붙어 있는 철 손잡이를 잡고 내려가고 마지막 세 번째는 수직 암벽에 매달린 2단 밧줄을 잡고 올라서야 한다.

아마 이 부근에서 1991년 3월, 6구간(이화령~대미산) 종주에 나선 「사람과산」 검증팀이 잊어버린 산줄기를 찾아 여섯 번째 대장정에 올랐을 때 예상치 못한 변덕스런 날씨 때문에

928m 고지 오르막 암봉 전경

유(U)자 홈 바위

철 손잡이

928m 고지

얼어붙은 암릉에 갇혔던 곳으로 추정된다.

어려운 3단계 관문을 통과해 흙길 능선으로 올라가면 928m 고지에 도착한다. 전형적인 암봉 같은데 막상 올라가니 거죽만 살짝 흙으로 덮여있는 육산을 이룬다. '계림요업 백두대간 원정대'가 세운 표지판 주변은 숲이 우거져 조망은 좋지 않지만 왼편으로 내려서면 주흘산 방향으로 열려 있는 전망대가 있다. 부봉, 주흘산, 새재계곡, 조령산, 신선암봉 등 보는 곳마다 진경산수화가 펼쳐진다.

산수화 감상을 마치고 정상부 능선으로 조금 진행하면 첫 번째 넘어야할 무명 암봉들이 범상치 않게 다가온다. 마치 문경새재 2관문 갈림길까지 험난함을 예견하는 것 같다. 무너져 내린 비탈길로 내려서서 바위들을 피해 올라가면 문경소방서 '조령산 05'가 있고 밧줄이 매

달린 바위 능선을 오른 뒤 비탈길로 내려서면 입(入)자 모양의 바위가 나타나면서 갑자기 길이 뚝 끊어진다. 바위를 딛고 넘어가려고 하는데 밧줄이 없고 좌우를 둘러봐도 길은 보이지 않는다. 당황해 하면서 옆으로 돌아가니 두 바위 사이에 겨우 한사람 지나갈 만한 좁은 틈이 보인다. 배낭을 바짝 당겨 매고 몸을 최대로 홀쭉하게 해서 통과했다.

바위 모퉁이를 돌아 내려가면 두 번째 암봉이 보인다. 괴산 소방서 '신선암봉 12'를 지나 암벽을 타고 올라가면 주흘산 방향으로 열린 전망대가 나타난다. 능선 상에 고사목이 되어버린 낡은 이정표를 지나 잡목 구간을 통과하면 바위 절벽이 나타난다.

우측 비탈길로 내려서서 많은 리본이 붙어 있는 협곡을 건너가면 무너져 내린 바위가 천정을 막아서 생긴 네모난 창문바위가 있고 밧줄이 매달린 암릉 구간을 넘어가면 협곡 안부가 나온다. 2관문은 능선으로 가고 3관문은 좌측 비탈길로 내려가는데 마치 계곡처럼 보인다.

능선으로 복귀해 완만하게 내려가면 주변 조망이 좋은 긴 암반지대가 나타난다. 바로 앞에 757m 고지와 깃대봉 그리고 마패봉에서 부봉으로 건너가는 잔잔한 대간길 뿐만 아니라 새재계곡 건너편으로 주흘산의 부봉, 영봉, 주봉이 웅장하게 다가온다.

밧줄이 매달린 반쪽짜리 암반을 내려서서 잠시 숲으로 들어가면 괴산소방서 '신선암봉 10'이 나오고 쓰러진 소나무를 넘어가면 주흘산 방향으로 열린 공간이 나타난다. 숲이 울창한 757m 고지를 넘고 깃대봉을 향해 올라가면 우측으로 문경소방서 '조령산 09' 지점에 마대바위가 있다. 조망점은 낮지만 힘들게 내려왔던 928m 고지 주변의 암봉과 주흘산이 거칠 것 없이 조망된다.

능선 정상부에 있는 둥글넓적한 바위와 삼각점을 지나 조금 내려가면 깃대봉 갈림길이 나온다. 깃대봉(850m)은 악휘봉과 희양산처럼 분수계에서 약간 벗어나 있지만 10여 분이면 충

암반지대에서 대간길 전경

마대바위에서 부봉 전경

마대바위에서 암릉 구간 전경

분히 오를 수 있다. 넓은 나대지에 표지석과 이정표가 있고 아쉬운 대로 지나온 대간길이 조망된다. 바위 뒤로 돌아가면 조령 3관문 방향으로 시야가 확 트인 전망대가 나타난다. 안부에 자리한 조령 3관문(새재)이 내려다보이고 마패봉에서 부봉으로 이어지는 평탄한 대간길과 탄항산 너머 포암산까지 뚜렷이 조망된다.

갈림길로 복귀해 가파른 밧줄 구간을 내려가면 얕은 안부에 낡은 이정표(⇦ 조령 3관문 0.8km / 깃대봉 0.42km ⇨)가 나오고 낮은 무명봉우리에서 좌측으로 굽어 내려간다. 역사의 흔적이 남아 있는 성터를 지나 나무계단으로 내려가면 옛 정취가 물씬 풍기는 돌계단이 나타난다. 산령각에서 눈길 산행의 무운을 빌고 즐겨 마시면 무병장수 한다는 백수영천(百

깃대봉에서 조령 방향

壽靈泉)으로 목을 축이며 조령 3관문을 건너가는데 사람 그림자 하나 보이지 않는다.

조령관 좌측 수계는 하곡을 따라 괴산군 연풍에서 쌍천으로 흘러들고, 우측 수계는 초곡천으로 흐른다. 오늘날 조령은 남쪽 이화령의 개통으로 관광객이나 등산객 이외에는 이용되지 않고 있다. 백두대간의 조령산과 마패봉 사이를 넘는 이 고개는 옛 문헌에는 초점(草岾)으로 「신증동국여지승람」에는 조령(鳥嶺)이라고 기록되어 있는데 그 어원은 풀(억새)이 우거진 고개 또는 새도 날아서 넘기 힘든 고개에서 유래되었다고 한다.

또한 하늘재와 이우리재(이화령) 사이에 있다고 해서 새재 혹은 새(新)로 만든 고개라서 새재라고도 한다. 조령은 조선시대에는 영남과 한양을 잇는 중요한 길목으로 영남대로라 불렸으며 군사적 요충지로서의 중요한 역할을 담당하기도 하였다.

이외에도 문경은 신라의 여덟 번째 임금인 아사달 이사금 때 계립령을 개척한 이후 신라가 대간을 넘어 한강유역으로 진출할 때까지 줄곧 국경의 요충지였다. 이러한 지정학적 위치로 볼 때 새재의 의미는 새 고개가 아닌 요새 고개였을 가능성도 있다고 한다.

예로부터 영남의 많은 선비들이 청운의 뜻을 품고 과거를 보러 한양으로 가는 길은 새재를

비롯하여 남쪽의 추풍령과 북쪽의 죽령이 있는데 추풍령으로 넘으면 추풍낙엽과 같이 떨어지고 죽령을 넘으면 대나무처럼 미끄러진다 하여 과거를 보는 선비들이 문경새재를 주로 넘나들었기 때문에 과거길이라고도 한다.

⏱ **9:40출발-12:15도착 = 2:35+00분 = 2:35[5:15]-2:00[4:25] = 35분[50분]**

조령 3관문(650m)~동암문(735m)은 4.2km / 2:00(누적 : 12.7km / 6:25)으로 매우 가파른 마패봉을 넘어가면 동암문까지는 조망점 하나 없이 지루하게 진행되는 구간이다.

남루한 성문 건너편에 있는 이정표(⇦ 마패봉 0.9km / 조령산 6.1km ⇨)에서 군막터 위로 올라가면 상태가 양호한 성벽이 나타난다. 가파른 계단으로 올라가면 봉분이 허물어져 가는 묘지가 나오고 갈수록 가팔라지면서 성벽은 자연스럽게 소멸된다.

이후 경사가 심한 돌길과 나무계단으로 번갈아 올라가면 완만한 지점에 산객들의 간절한 기원이 담겨 있는 탑 모양의 선바위가 나타나고 갈수록 가팔라지는 돌길은 마침내 수직 암벽으로 변한다. 밧줄을 잡고 올라가면 우측으로 그냥 지나치기 쉬운 전망바위가 있다. 바위에 걸터앉으면 발아래 조령3관문과 아침부터 아득히 걸어온 조령산이 파노라마로 펼쳐지지만 아쉽게도 오후가 되면서 조령산은 벌써 희미해지기 시작한다.

빨랫줄처럼 늘어진 밧줄을 잡고 암릉 구간을 벗어나 완만하게 올라가면 암반에 커다란 표지석이 있는 마패봉(922m)에 도착한다. 아침부터 걸어왔던 조령산은 물론 탄항산 너머 하늘재까지 거침없이 조망된다.

문경새재 도립공원과 월악산 국립공원에 속해 있는 마패봉은 암행어사 박문수가 이곳에 마패를 걸어 놓고 쉬어 갔다는 데서 유래되었다고 한다. 좌측 신선봉으로 내려가는 능선이 신선

조령3관문 전경

지맥(神仙枝脈)으로 남한강수계 쌍천의 지류인 원풍천과 달천의 지류인 석문동천을 가른다.

이후부터 대간길은 월악산 국립공원으로 들어간다. 이정표(⇦ 하늘재 8.6km)에서 조금 떨어진 곳에 돌탑이 있고 그 옆에 넓은 공터는 송계계곡과 월악산이 조망되는 최고의 전망대가 된다. 내리막이 시작되는 지점에 사문리 갈림길(⇦ 하늘재 8.5km, 부봉삼거리 3.9km / 사문리 2.2km ⇩ / 마패봉 0.1km ⇨)인데 아직도 하늘재는 까마득하다.

가파른 각목계단과 완만한 흙길로 번갈아 내려가면 왕 소나무 옆에 가파른 철계단이 고도를 급격히 낮춘다. 성벽 흔적을 따라 가파르게 내려가면 깊은 안부에 성문터 흔적만 남아 있는 북암문에 도착한다. 방향만 표기된 이정표에서 지릅재 방향은 가파른 계곡을 이루고 조령3관문으로 내려가는 동화원 방향은 발길 흔적이 뚜렷하게 남아 있다.

북암문 안부에서 가파르게 올라가면 첫 번째 능선 봉우리가 756m 고지이고, 두 번째 무명

마패봉에서 부봉 방향

월악산 전경

마패봉 내리막 철계단

봉우리에서 좌측 지릅재로 내려가는 계명지맥(鷄鳴枝脈)이 남한강수계 달천의 지류인 석문동천과 남한강의 지류인 동달천을 가른다.

북암문에서 동암문까지 거리는 정확하게 알 수 없지만 능선 중간에 0.5km마다 나타나는 이정표만 해도 5개나 된다. 계명지맥 분기점을 넘어가면 첫 번째 이정표(⇦ 하늘재 7.5km / 마패봉 1.1km ⇨)가 나오고 잔 기복이 심한 구릉성 능선으로 한 시간 정도 조망점도 없이 지루하게 진행하면 넓은 안부에 성문터 흔적만 남아 있는 동암문에 도착한다. 동암문에서 성

북암문

동암문

문 방향으로 직진하면 평천재로 갈 수 있지만 문화재 보호를 위해 '출입금지'로 되어 있다.

⏱ **12:15출발–14:20도착 = 2:05+00분 = 2:05[7:20]–2:00[6:25] = 05분[55분]**

동암문(735m)~하늘재(525m)는 4.8km / 2:15(누적 : 17.5km / 8:40)으로 지형적인 특성상 부봉 삼거리까지는 남진(南進), 주흘산 갈림길까지는 동진(東進), 평천재까지 북진(北進)으로 진행되며 주흘산 갈림길까지는 가파른 오르막이 펼쳐지고 이후 하늘재까지는 긴 내리막 구간이다.

동암문에서 가파른 데크계단에 올라서서 성벽을 따라 400여 미터를 올라가면 부봉 삼거리가 나온다. 조금 힘은 들지만 10여 분 발품을 팔면 부봉에 오를 수 있다. 부봉(921m)은 문경새재 제2관문인 조곡관 뒤에 우뚝 솟아 있는 바위산으로 모두 6개 봉우리로 이루어져 있다.

그 중 제1봉(934m)이 백두대간과 접해 있고, 제2봉(921m)이 제일 높으며 그 뒤에 차례로 6봉까지 이어진다. 깃대봉처럼 분수계에서 약간 벗어나 있지만 넓은 암반 위에 표지석이 있고 주흘산 갈림길에서 대미산에 이르는 대간길 뿐만 아니라 월악산까지 조망되는 천혜의 전망봉이 되기도 한다.

부봉 삼거리에서 조금 내려가면 수직과 수평으로 된 철계단이 고도를 높여 놓는다. 이정표(⇦ 하늘재 4.0km / 부봉삼거리 0.6km ⇨)에서 낮은 무명봉(908m)을 넘고 10여 분 울퉁불퉁한 바위 길로 올라가면 주변이 평탄한 주흘산 갈림길(⇩ 하늘재 3.6km / 부봉삼거리 1.0km, 매패봉 5.0km ⇨)에 도착한다.

주흘산으로 뻗은 능선이 낙동강·영강수계 조령천의 지류인 초곡천과 조령천수계 신북천

부봉에서 주흘산 방향

의 지류인 산이천을 가른다. 뒤돌아보면 조령산과 신선암봉이 손에 잡힐 듯 가깝게 보이지만 새재계곡을 돌아오는 만큼 거리는 만만치 않다.

대간은 북쪽으로 90도 굽어 평천재까지 600여 미터를 내려가는데 가파른 철계단만 내려서면 한동안 완만하게 진행된다. 등산로가 능선 우측으로 갈라지면서 급경사를 이루고 중간에 작은 계곡(谷)을 가로질러 내려가면 깊은 안부에 위치한 평천재(⇦ 마패봉 5.6km, 부봉삼거리 1.6km / 하늘재 3.0km ⇨)에 도착한다. 평지처럼 넓은 산중 고개로 이정표 뒤쪽으로 직진하면 동암문과 연결되지만 흔적이 미미하다.

동쪽으로 서서히 굽어지면서 제법 가파르게 올라가면 이정표(⇦ 부봉삼거리 1.9km / 하늘재 2.7km ⇨)에 가려진 삼거리가 나온다. 이정표 뒤쪽으로 미륵리 방향이고 그대로 직진하면 탄항산으로 간다. 20여 분 진행하면 나대지 공터에 표지석이 있는 탄항산(856m)에 도착한다.

하늘재를 사이에 두고 포암산과 마주하고 있지만 숲이 울창해 조망은 좋지 않고 부근에 봉수대 터가 있다고 하는데 확인이 되지 않는다. 얕은 능선 안부를 건너가면 문경읍 평천리 방향으로 열린 전망바위가 있다. 고사목 너머로 주흘산 갈림길에서 평천재로 내려오는 대간길

908m 고지 철 계단에서 부봉 방향

주흘산 갈림길

주흘산 갈림길에서 조령산 방향

과 주흘산의 백미라 일컫는 깎아지른 벼랑이 손에 잡힐 것 같고 평천리 계곡 너머로 여우목 고개를 건너온 운달지맥이 시원스럽게 조망된다.

능선 중간 지점에 이정표(하늘재 1.5km ⇨)가 있고 넓은 암반이 나타나면서 길이 뚝 끊어진다. 노송 좌측 비탈길로 내려서서 '브이(V)'자 모형의 바위를 통과하면 비석 모양의 입석바위가 있다. 이후 대간은 북쪽으로 굽어 하늘재로 내려간다.

암릉 비탈길을 내려가면 길쭉한 바위 능선이 나타나고 가파른 내리막이 잠시 주춤하는 지점에 소나무가 무성한 암봉(766m)이 솟아 있다. 등산로는 좌측으로 비껴가지만 암봉에 오르

평천재

탄항산

탄항산 전망대

입석바위

면 조령산 전망대 못지않은 비경을 볼 수 있다.

발아래 보기 힘든 모래산과 하늘재가 내려다보이고 건너편 포암산에서 대미산에 이르는 굴곡진 백두대간 파노라마가 펼쳐진다. 뿐만 아니라 좌측으로 충주 미륵리와 우측 문경의 관음리, 평천리, 중평리 너머 여우목고개에서 운달산에 이르는 운달지맥까지 거침없이 조망된다.

가파른 내리막 중간 지점에 보기 드문 쌍삼각점이 있고 한 번 더 달음질하면 탄항산 방향 경사면에 풀 한포기 나지 않는 나대지가 나온다. 암석이 풍화되는 과정에서 형성된 거친 알갱이성 토양으로 식물이 뿌리내리기 쉽지 않아 나대지로 남아 있는데 마치 모래처럼 보여 모래산이라 한다. 조금씩 어린 소나무들이 싹을 틔우고 있어 머지않아 사라질 것만 같다.

모래산에서 하늘재까지 600m를 내려가는데 각목계단과 골이 깊은 등산로가 나타나고 우측 오미자 재배지를 따라 완만하게 내려가면 하늘처럼 넓은 공원이 나온다. 좌측 미륵리 방향은 숲이 울창하지만 우측 관음리 방향은 마치 하늘이 뻥 뚫린 것처럼 시원스럽게 열려 있

766m 고지에서 하늘재 전경

어 하늘재(525m)라 한다.

표지석이 하늘에 닿을 듯이 서 있고 건너편에 포암산 베 바위가 예사롭지 다가온다. 하늘재에서 미륵리 방향은 완만한 숲길인데 반해 동로면 방향은 아스팔트가 포장되어 있고 건너편에 계립령 유허비가 있다.

모래산

「삼국사기」에 따르면 신라 아달라왕 3년(156)에 개통되었는데 이는 죽령(竹嶺)보다 2년 앞서 열린 가장 오래된 고갯길로 알려져 있다. 이곳은 삼국시대 군사적 요충지로 고구려가 남진할 때 중요한 거점이 되었으며 신라가 북진할 때에도 길목이 되어 충주지방을 확보하는 통로였다. 계립령은 시기마다 이름이 달랐는데 신라시대에 계립령, 고려시대에 대원령으로 불리다가 한울재가 되었는데 조선시대에 이르러 하늘재로 바뀌었다고 한다.

14:20출발-17:00도착 = 2:40+00분 = 2:40[10:00]-2:15분[8:40] = 25분[1:20]

사람과산 ——— 1991년 3월~3월 11일, 6구간(이화령~대미산) 종주에 나선 「사람과산」 검증팀은 잊어버린 산줄기를 찾아 여섯 번째 대장정에 올랐다. 남난희 씨에 의하면 2월의 이화령 표정은 봄이었는데 3월은 다시 겨울로 되돌아갔다고 회상했다.

1일째 조령산까지는 무난했으나 내리막 암릉 구간은 포근한 날씨에 얼음이 녹아내리다 꽃샘추위가 엄습하자 그대로 얼어붙어 버렸다. 미끄럼틀로 변한 암릉을 아이젠도 없이 위태롭게 진행하였고 날씨마저 변덕스러워 싸락눈이 내리다가 어느새 비로 변하는가 싶더니 곧바로 얼어붙어 비에 젖은 옷은 금방 갑옷으로 변했다. 조령 3관문까지 가야 하는데 928m 고지 부근에서 날이 어두워져 옹색한 암굴에서 밤을 보내야만 했다.

2일째 전날 먹다 남은 빵으로 아침을 해결하고 여전히 얼어붙은 능선을 나섰으나 미끄럼틀로 변해버린 바위를 만날 때마다 많은 시간을 소비하며 겨우 조령 3관문에 도착했지만 도움을 받기로 했던 김규천 씨를 만나지 못했고 힘들게 마패봉에 올랐으나 시계 불량으로 어느 곳이 주능선인지 몰라 헤매다가 겨우 길을 찾아 2차 약속 장소인 동암문에서 김규천 씨 일행을 만났는데 그동안 의문으로 남았던 '백두대간 동지회'를 이끌었던 분이 김규천 씨라는 것을 그때 알았다고 한다.

3일째 되던 날 부봉에 오르고 하늘재에서 포암산으로 들어갔으나 3km 떨어진 937m 고지 부근에서 짙게 깔린 운무에 갇혀 헤매다가 하루를 마감하고, 4일째 눈 덮인 대미산으로 향했지만 첫날 조령산 암릉 구간의 후유증으로 꼭두바위봉에서 1,000m 고지를 지나 문경읍 갈평리 꼭두바위 마을로 하산하면서 4일 만에 6구간산행을 마무리 지었다고 한다.

928m 고지 부근 암굴

17구간

이화령~조령산~하늘재(17.5km / 8:40)는 10시간(7:00 출발 – 17:00 도착) 소요, 예상보다 1시간 20분이 더 지체되었다.

하늘공원

하늘재 계립령 유허비

이 구간은 암봉과 암릉이 많아 예상보다 1~2시간 정도 더 소요되는 것이 오히려 정상이다. 특히 조령산~마패봉은 주변 경관이 빼어날 뿐만 아니라 오르는 곳은 모두 전망대가 되어 산행시간을 예상하는 것 자체가 무의미하다. 마패봉~부봉은 큰 오름내림도 없이 잔잔한 구간이라 빠르게 진행되었고, 부봉~하늘재는 기복이 심해 몹시 힘들었던 것으로 기억된다.

현재 조령산은 훼손이 심한 구간 중심으로 데크계단 공사가 진행 중이다. 이화령 쪽의 잣나무 숲 구간과 신선암봉 방향 첫 번째 내리막의 절반이 완공되었고 동암문과 부봉 오르막의 데크계단은 최근에 새로 설치된 것이다. 백두대간 남한구간 중에서 밧줄이 많기로 유명한 곳인데 이제 밧줄이야기는 산악인들 사이에 옛 이야기로만 전해질 날이 머지않은 것 같다.

백두대간 17구간 안내도
충주시
상모면
괴산군
연풍면
문경시
문경읍
문경새재도립공원
포암산
961.7
17구간
도착
하늘재
포암
모래산
766
856
탄항산
평천재
월항
960
주흘산
갈림길
908
921
부봉
916
동암문
760
764
756
북암문
922
마폐봉
967
신선봉
조령
(3관문)
조령산
자연휴양림
850
깃대봉
928
신선암봉
887
조령산
1026
758
17구간
출발
이화령
이화령터널
주흘산(영봉)
1079
주흘산(주봉)
1079
혜국사
꼬깔봉
점말
안말
미륵리
중마
평천리
비지재
영산리
팔영리
지곡리
하초
중초
하초리
사시동
새재
휴게소
화천리
소조령
소조령터널
수옥
폭포
수옥
한섬지기
원풍리
마애불상군
신풍
절골
율전
행촌리
심기골
중부내륙고속국도
45
3

백두대간, 눈으로 그리다 1

초판 1쇄 인쇄 2018년 4월 25일
초판 1쇄 발행 2018년 5월 8일

지은이 | 김태연
발행처 | 도서출판 산악문화
출판등록 | 1990년 6월 27일 제 6-105호
주소 | 서울시 금천구 가산디지털 1로 212, 301(가산동, 코오롱 디지털타워 애스턴)
전화 | 02-2082-8833
팩스 | 02-2082-8822
홈페이지 | www.mountainkorea.com

값 35,000원
ISBN 978-89-85526-74-6 03810